诉讼法学新兴领域研究创新文库

齐鲁法律文化研究

国家与社会治理创新的传统智慧

王德新 著

山东省高等学校青年创新团队发展计划
诉讼法学新兴领域研究创新团队资助成果
山东省社会科学规划研究项目成果（16CFXJ04）

知识产权出版社
全国百佳图书出版单位
—北京—

图书在版编目（CIP）数据

齐鲁法律文化研究：国家与社会治理创新的传统智慧/王德新著. —北京：知识产权出版社，2022.5

ISBN 978-7-5130-8123-8

Ⅰ.①齐⋯　Ⅱ.①王⋯　Ⅲ.①法制史—文化史—研究—山东　Ⅳ.①D927.52

中国版本图书馆 CIP 数据核字（2022）第 060549 号

内容提要

齐鲁法律文化是中国先秦时期在齐鲁大地酝酿形成的一种地域法律文化形态，是齐鲁文化的重要组成部分。其形成于西周时期齐国、鲁国建国之际，以齐法家和鲁儒家为主要代表，历史源头可以追溯到夏商乃至更早的历史时代。秦汉以后，齐国、鲁国不复存在，但齐鲁法律文化经由儒法合流已以一种地域法律文化形态融入中华主流法律文化体系之中。齐鲁法律文化可谓中华传统法律文化的母体形态和主干部分，蕴含着古人丰富的治国理政学术思想。在当代中国法治本土化构建过程中，齐鲁法律文化传统在德法兼治、民本思想、无讼思想、司法调解和乡村治理等诸多领域仍能产生重要的思想启迪。

责任编辑：吴亚平　　　　　　　　　责任校对：潘凤越

封面设计：杨杨工作室·张　冀　　　责任印制：刘译文

齐鲁法律文化研究
——国家与社会治理创新的传统智慧
王德新　著

出版发行：	知识产权出版社有限责任公司	网　　址：	http://www.ipph.cn
社　　址：	北京市海淀区气象路 50 号院	邮　　编：	100081
责编电话：	010-82000860 转 8672	责编邮箱：	yp.wu@foxmail.com
发行电话：	010-82000860 转 8101/8102	发行传真：	010-82000893/82005070/82000270
印　　刷：	三河市国英印务有限公司	经　　销：	新华书店、各大网上书店及相关专业书店
开　　本：	787mm×1092mm　1/16	印　　张：	16
版　　次：	2022 年 5 月第 1 版	印　　次：	2022 年 5 月第 1 次印刷
字　　数：	290 千字	定　　价：	68.00 元

ISBN 978-7-5130-8123-8

出版权专有　侵权必究

如有印装质量问题，本社负责调换。

创新、突破与发展
——"诉讼法学新兴领域研究创新文库"总序

毋庸置疑,改革开放以来,我国民事诉讼法学的研究已经有了相当大的发展,每年都有几百篇民事诉讼法学的论文发表。但在民事诉讼法学研究繁荣发展的同时,也存在诸多隐忧。一些研究成果还只是较低层次的重复,不少研究还是为评定职称需要而作的"应用文",有"为发表而发表"之嫌。

我曾撰文指出我国民事诉讼法学研究存在"贫困化"的问题,认为我国民事诉讼法学研究还缺乏深度、欠缺原创性和自主性。原因自然是多方面的:民事诉讼法学理论研究与司法实践的隔离;[1] 缺乏足够的理论积淀;未能将法律制度建构与经济、政治、文化等环境因素予以融合;不能充分把握法律制度发展的大趋势,做到与时俱进;未能突破法律内部学科之间的藩篱,实现法学学科之间的内部交叉;欠缺法学与人文学科的外部交叉;未能及时跟踪、吸纳新兴科学领域最新的研究成果等。要实现民事诉讼法学研究的跨越,大幅度提升研究水平,产出更多的研究成果,就必须在上述方面有所突破,有所发展和进步。

齐鲁文化是中国传统文化的主干之一,一直拥有多元、开放的特性,正因如此,齐鲁文化能够不断实现自身历史的超越。在我国进入法治建设的高速发展的 21 世纪,齐鲁的法学研究也应与值得齐鲁人骄傲的文化一样,要敢于实现引领和创新。

要实现这种引领和创新,人才是根本。为此,山东省政府也出台多项政策予以支持。2019 年 6 月山东省教育厅开始实施"山东省高等学校青创人才引育计划",支持高校面向部分亟须重点发展的学科专业,加强人才团队建

---

[1] 张卫平:《对民事诉讼法学贫困化的思索》,《清华法学》2014 年第 2 期。

设,引进和培养一批40周岁左右的有突出创新能力和潜力的青年人才,带动所在学科专业建设水平明显提升。山东师范大学法学院王德新教授牵头申报的"诉讼法学新兴领域研究创新团队",经过严格评审获得立项建设。入选该"计划"有一个条件,即聘请一位同专业领域著名法学家作为团队导师,当时王德新非常诚恳地多次与我联系,邀请我作为团队的导师,出于帮助年轻人尽快成长和支持家乡法学事业发展的责任考量,我欣然接受了这一邀请。

客观地说,该团队计划的建设任务并不轻松。按照团队建设任务,需要在1年内以服务山东省法治建设的需求为导向,本着引人育人并重、突出学科交叉、聚焦新兴领域的思路完成组建"诉讼法学新兴领域研究创新团队";经过3—5年的建设,完成"五个一流"的建设任务(打造一流团队、培养一流人才、推动一流教学、建设一流智库、产生一流成果)。团队完成组建后,我多次参与该团队组织的活动,设定了五个特色研究方向,即"民商法与民事诉讼法协同研究""司法文化与裁判方法研究""社会权的司法救济创新研究""诉讼证据制度创新研究""诉讼制度的法经济分析"。团队的一个重要任务,就是策划出版一套"诉讼法学新兴领域研究创新文库",打造这一套文库,不仅是为了产出一批高质量的科研成果,更重要的是能提升团体每一个成员的研究素质,为今后迈向更高层次的研究打下扎实的基础。

据我所知,该团队的一批年轻人围绕团队建设任务和五个特色方向,目前已陆续完成一批颇有新意的书稿,如《民法典与民事诉讼法协同实施研究》《英国家事审判制度研究》《人工智能司法决策研究》等。这些研究选题,有的突出了实体法与程序法的交互协同视角,有的充分回应了近年来司法改革的实践主题,有的指向了人工智能的司法决策这类前沿问题,总体上在坚持以民事诉讼法学为中心,同时"突出学科交叉、聚焦新兴领域"的研究定位,取得了令人欣慰的进展。我们研究团队的每一位老师都为此付出了辛勤的劳动。

在此,我作为研究团队的导师,也对他们的辛勤劳作和付出表达由衷的感谢之意。

2022年3月5日于清华园

前 言

推进国家治理体系和治理能力现代化是一个重大实践命题,也是一个重要学术命题。2019年11月党的十九届四中全会审议通过《中共中央关于坚持和完善中国特色社会主义制度 推进国家治理体系和治理能力现代化若干重大问题的决定》,对"推进国家治理体系和治理能力现代化"作出重要战略部署,并指出"中国特色社会主义制度和国家治理体系是以马克思主义为指导、植根中国大地、具有深厚中华文化根基、深得人民拥护的制度和治理体系"。[1]

推进国家治理体系和治理能力现代化,需要从中国法律文化传统中汲取智慧和经验。正如习近平总书记所指出的那样,中国的哲学社会科学研究要体现继承性、民族性,"中华优秀传统文化的资源,这是中国特色哲学社会科学发展十分宝贵、不可多得的资源","中国古代大量鸿篇巨制中包含着丰富的哲学社会科学内容、治国理政智慧"。[2] 在探寻国家和社会治理的传统智慧时,先秦时期的诸子学说总是充满巨大的吸引力。在先秦时期,国家治理和区域治理学说处于异常活跃的状态,东方的齐鲁文化与中原文化、南方的楚文化、北方的燕赵文化、西方的秦晋文化一样都取得了辉煌灿烂的成绩。其中,齐鲁法律文化是由发祥于齐鲁大地的"齐文化"与"鲁文化"交融而成的特色鲜明的地域法律文化,也是先秦时期最为灿烂夺目的地域法律文化形态。虽然齐国、鲁国早已不复存在,但齐鲁法律文化已在秦汉以后以一种地域法律文化形态融入中华主流文化体系,并构成中国主流法律文化传统的主

---

[1] 《中共中央关于坚持和完善中国特色社会主义制度 推进国家治理体系和治理能力现代化若干重大问题的决定》,《人民日报》2019年11月6日,第1版。
[2] 习近平:《在哲学社会科学工作座谈会上的讲话》,《人民日报》2016年5月19日,第2版。

干部分，蕴含着古人丰富的治国理政的学术思想。

本书以先秦时期孕育于齐鲁大地的"齐鲁法律文化"为研究对象，以齐鲁法律文化的传承和创新为主线，以当代国家治理体系和治理能力现代化为落脚点，重点挖掘国家和社会治理的传统经验和智慧。本书在结构上分为六章：

第一章为齐鲁法律文化释义，从"文化""法律文化""齐鲁法律文化"三个基础性概念着手，寻找齐鲁法律文化与现代国家治理的逻辑关联。研究表明，汉语中的"文化"一词来源于"人文化成"，在产生之初就与国家治理密切相关。法律文化是文化现象之一，是特定人群的法律心理、法律思想和法律价值观。齐鲁法律文化是先秦时期最具代表性的地域法律文化形态，具有鲜明的地域性、历史性、融合性特征。

第二章为齐鲁法律文化的历史溯源，从先周时期的社会形态演进切入，着重分析原始社会、族邦社会、王国社会等三个社会形态的治理观念和法律文化。研究表明，齐鲁法律文化中的"礼治""德治""刑治"等思想虽直接源于周王室的国家治理思想，但也与之前的夏、商王国，甚至更早社会形态中的治理思想有着密切的传承关系。这些研究，有助于澄清齐鲁法律文化从哪里来的问题。

第三章为西周时期的国家治理与区域治理文化，从周王室主流法律文化和东夷非主流文化双重视角，探讨作为地域文化的齐文化和鲁文化形成的思想环境。主要讨论两个层面的问题。其一，周王室的国家治理思想。具体包括五个方面，即王权的正当性思想（天命王权，以德配天）、国家治理的基本方略（修身立德，明德慎罚）、国家治理的基本制度（礼乐为本，权利等差）、国家政权的基本结构（分封建国，宗法等级）、周代的区域治理文化（统一治理，区域特色）。其二，齐鲁之地的区域治理思想。从东夷地区的古文化视角，着重分析齐国、鲁国的区域治理思想的特色。

第四章为东周时期的治理危机与齐鲁学派的兴起，从周王的失德、违礼和虐民，贵族集团僭越礼制，黎民百姓隐忍与反抗交织的法律心理，描述东周以后"礼崩乐坏"的文化剧烈冲突场景。具体讨论以下问题：一是春秋时期的齐法家，以管仲、晏婴为早期代表，已初步形成了"礼法并用、以法治国"的思想；二是春秋晚期的孔孟儒家，其"德礼之治"的思想具有显著的伦理教化色彩；三是战国时期齐法家与鲁儒家的交流融合，主要分析稷下学宫、阴阳五行学、黄老学、齐法家、荀子儒学等诸子学说的交互影响和杂糅特性。

第五章为秦汉时期齐鲁学派的传承与融合，秦汉大一统的帝国秩序建立之后，国家治理学说百家争鸣的局面被终结，齐鲁法律文化也逐渐被吸收或整合。秦帝国奉行一种有别于齐法家的"法治"，并出现以"焚书坑儒"为标志的法律文化一统的局面。汉帝国初期实行"黄老之治"，随着中央集权的帝国统治秩序的稳定，在汉武帝时期实施"罢黜百家、独尊儒术"的政策，并完成"儒法合流的三部曲"。从此以后，齐鲁法律文化作为一种"显形"的地域文化形态和学说流派不复存在，但它已深刻融入中华主流法律文化体系，并以法律文化传统的"隐形"形式在中国社会长期发挥着巨大的影响力。

第六章为齐鲁法律文化传统的现代启迪，对齐鲁法律文化讨论的目的除了正本清源、廓清迷雾以外，便是"言古以鉴今"。本章选取五个观察点，一是齐鲁法律文化中"礼治、法治兼用""德治、法治并重"的治国方略及其现代意义。二是在比较齐鲁法律文中的"民本"与西方"民主"思想源流的基础上，揭示"民本"思想与当代"以人民为中心"的发展思想之间的传承关系。三是考证孔子时代"无讼"思想的本来意旨，秦汉以后其异化为"息讼""抑讼"的国家治理策略，民间则出现了"耻讼""厌讼"与"好讼""健讼"并存的诉讼文化形态，在此基础上对当代中国"立案登记制改革"和"案多人少"问题的应对策略进行讨论。四是从东西方司法文化的差异性入手，考察中国特色的司法调解在不同时代的政策表现形式及其文化底蕴，从宏观历史场景中揭示诉讼文化传统与中国诉讼制度变革之间的互动关系。五是聚焦国家治理的"神经末梢"——乡村治理，总结自古以来逐渐积累起来的"官治"与"民治"相结合的中国乡村治理经验，强调当代乡村治理须妥善处理"自治、法治、德治"的关系。

本书是针对齐鲁法律文化的第一次专题性、系统性研究，着重发掘国家与社会治理和纠纷化解的传统智慧，并在中西文化比较的视域下探索法治建设的中国精神、中国风格、中国话语体系。本书研究有几个特点：一是注重历史溯源，紧扣中国语境下"文化同国家与社会治理"的内在关联，探讨齐鲁法律文化形成的思想源头、时代背景和传承发展；二是注重思想挖掘，遵循体系化思维，并立足于宏观历史场景，研讨先秦时期以齐法家和鲁儒家为代表的齐鲁学派的差异、争鸣与融合；三是注重当代国家与社会治理创新的立意，植根于齐鲁法律文化传统，为中国国家与社会治理创新探寻传统智慧启迪。本书在研究中也难免存在一些不足，恳请读者批评指正，为中国国家治理体系和治理能力的现代化贡献更多的学术智慧。

目 录

第一章 齐鲁法律文化释义 … 1

一、文化 … 1
（一）"文化"的语源 … 1
（二）"文化"的社会科学意蕴 … 3

二、法律文化 … 7
（一）法律文化的释义 … 7
（二）法律文化的结构 … 11

三、齐鲁法律文化 … 13
（一）齐鲁法律文化的内涵 … 13
（二）齐鲁法律文化的研究现状 … 19

第二章 齐鲁法律文化的历史溯源 … 22

一、社会形态演进的理论模式 … 22
（一）摩尔根的人类社会进化"三阶段说" … 23
（二）马克思、恩格斯的社会形态理论 … 24
（三）奥伯格的人类社会进化"六阶段说" … 25
（四）塞维斯的人类社会进化"四阶段说" … 26
（五）中国学者的古国、王国、帝国理论 … 27

二、原始社会的治理与原始习惯 … 30
（一）原始社会的分期 … 30
（二）原始社会的公共治理与原始习惯 … 37

三、族邦社会的治理与习惯法 ……………………………………… 42
　　（一）族邦社会形态 ……………………………………………… 43
　　（二）族邦社会的习惯法 ………………………………………… 50
四、王国社会的治理与法律 ………………………………………… 54
　　（一）王国社会的形态 …………………………………………… 54
　　（二）王国社会的国家治理与法律 ……………………………… 61

第三章　西周时期的国家治理与区域治理文化 …………………… 74

一、周族的兴起 ……………………………………………………… 74
二、周王室的国家治理思想 ………………………………………… 78
　　（一）王权的正当性思想：天命王权，以德配天 ……………… 78
　　（二）国家治理的基本方略：修身立德，明德慎罚 …………… 80
　　（三）国家治理的基本制度：礼乐为本，权利等差 …………… 86
　　（四）国家政权的基本结构：分封建国，宗法等级 …………… 91
　　（五）周代的区域治理文化：统一治理，区域特色 …………… 95
三、齐鲁之地的区域治理思想 ……………………………………… 99
　　（一）东夷地区古文化 …………………………………………… 99
　　（二）齐国的治理思想 …………………………………………… 104
　　（三）鲁国的治理思想 …………………………………………… 108

第四章　东周时期的治理危机与齐鲁学派的兴起 ………………… 110

一、"礼崩乐坏"的治理危机 ……………………………………… 110
　　（一）周王的失德、违礼和虐民 ………………………………… 111
　　（二）贵族集团对礼制的僭越与破坏 …………………………… 113
　　（三）黎民百姓隐忍与反抗交织的法律心理 …………………… 115
二、春秋时期的齐法家 ……………………………………………… 118
　　（一）齐学与齐法家 ……………………………………………… 118
　　（二）齐法家的礼法思想 ………………………………………… 119
三、春秋时期的孔孟儒家 …………………………………………… 127
　　（一）鲁学与儒家 ………………………………………………… 127
　　（二）孔孟儒家的伦理法思想 …………………………………… 132

四、战国时期齐学、鲁学的交流融合 ……………………… 141
　　（一）稷下学宫：齐学、鲁学交流的舞台 ……………… 141
　　（二）本土齐学：阴阳五行学与黄老学 ………………… 143
　　（三）战国齐法家：黄老学、儒家思想的交互渗透 …… 152
　　（四）荀子儒学：黄老学、齐法家交互影响的产物 …… 155

第五章　秦汉时期齐鲁学派的传承与融合 …………………… 165

一、秦国与秦晋法家思想 ………………………………………… 165
　　（一）秦国-秦帝国时期"诸子学说"的融合 …………… 166
　　（二）齐法家与秦晋法家的法律思想比较 ……………… 168
二、西汉初期的黄老学与黄老之治 …………………………… 170
三、西汉时期"儒法合流"的三部曲 ………………………… 173

第六章　齐鲁法律文化传统的现代启迪 ……………………… 179

一、国家治理：从"为政以德"汲取"良法善治"的智慧 …… 179
　　（一）"轴心时代"的国家治理思想 …………………… 179
　　（二）齐鲁法律文化蕴含的"规则之治"思想 ………… 182
　　（三）齐鲁法律文化蕴含的"道德之治"思想 ………… 188
　　（四）从齐鲁法律文化中汲取"良法善治"的智慧 …… 190
二、人民立场：从"民本"到"以人民为中心"的思想传承 … 195
　　（一）齐鲁法律文化传统中的民本思想 ………………… 195
　　（二）民主思想的起源及其发展演进 …………………… 196
　　（三）从"民本"到"以人民为中心"的发展理念 …… 201
三、社会治理：从"无讼"哲学看"诉讼社会"的纠纷化解 … 202
　　（一）先秦时期诸子学说中的"无讼"思想 …………… 202
　　（二）古代官府"息讼"与民众"好讼"的文化悖论 … 207
　　（三）诉讼社会中"无讼"思想的借鉴价值 …………… 211
四、以和为贵：中国司法调解的历史传承与文化底蕴 ……… 214
　　（一）中国古代的官府调解及其文化底蕴 ……………… 215
　　（二）新中国的法院调解政策及其文化底蕴 …………… 217
　　（三）重构我国司法调解政策的思考 …………………… 224

五、乡村治理：自治、法治、德治融合的治理体系之构建 …………… 228
　（一）国家治理与乡村治理 ……………………………………… 228
　（二）古代乡村治理的历史变迁 ………………………………… 229
　（三）古代乡村治理的现代启发 ………………………………… 234

参考文献 ………………………………………………………………… 240
后　记 …………………………………………………………………… 243

第一章 齐鲁法律文化释义

本章的首要任务是澄清本书研究中的三个基础性问题，即什么是文化，什么是法律文化，什么是齐鲁法律文化。齐鲁法律文化既是一种历史文化形态，也是一种地域法律文化形态，是在中国特定的历史时期，由发祥于齐鲁大地的齐文化与鲁文化交融而成的地域法律文化形态。从历史的视角看，齐鲁法律文化的型塑以西周初年周王室分封建立齐、鲁两个诸侯国为开端，并随着战国末期鲁国、齐国相继灭亡而逐渐沉寂。从地理的视角看，齐鲁大地的法律文化并不局限于齐、鲁两国存在的时间，其往前可追溯的历史更为久远，除了受周王室治理文化的影响之外，东夷本地的古文化也发挥了重要影响。从文化传承的视角看，齐鲁地域法律文化不只是特定历史时期的文化形态，其在秦汉时期已经有机融入中华主流法律文化体系之中，并成为其中的主干部分，在中国两千多年的社会发展中，甚至在当代仍然以"隐形"的形式发挥着巨大的影响力。

一、文化

（一）"文化"的语源

在汉语中，"文化"作为一个合成词最早出现于西汉时期，但古籍中很早就有"人文化成"的表达。如先秦文献《周易·贲卦》中讲："刚柔交错，天文也；文明以止，人文也。观乎天文以察时变，观乎人文以化成天下。"这句话的大意是：冷暖交替是自然运行的规律，行有所止是文明社会的面貌；观察天气冷暖变化规律，以明耕作渔猎之时序，加强人伦道德规范建设，通过教化使天下百姓的行为都规范有序。❶ "观乎天文以察时变，观乎人文以化成天下"的表达，蕴含着丰富的"道法自然、道德教化"的国家治理思想。西汉时期的刘向在《说苑·指武》中指出："圣人之治天下也，先文德而后武力。凡武之兴，为不服也；文化不改，然后加诛。"其中，"文德"是一个名词，即特定社会的礼仪规范和道德思想；"文化"是一个动词，意为以"文德"进行"教化"，即通过礼仪规范和道德思想对天下百姓进行教化。刘向著作中的"文化"，传承了《周易》中的"人文化成"的思想。可见在古汉语中，"文化"的初始含义是指一种国家治理方式，即以"文德"进行"教化"，具有浓郁的礼仪性、道德性、教化性和文明性；同时，与"武力镇压（征服）"的国家治理策略形成对照，将"文化"作为一种优先的国家治理策略加以强调。

在西方语言中，"文化"在早期主要用于描述物质生产意义上的农耕活动，直到晚近才发展出精神层面的含义。在英语中，直到17世纪初才出现"culture"一词，其源自拉丁文的colo、coleman、colic、cultum等动词，这些拉丁词汇的基本意思是"to till the ground, to tend and care for"。❷ 因此，在土地上进行耕作、种植以满足人的生活需要，构成了culture的初始含义。18世纪末期，英语词汇culture的语义开始复杂化，有了low culture（植物的栽培，动物的驯养，人的技能、品格和心灵的修炼，人际关系的培养）和high culture（艺术，科学，对神祇的供奉和膜拜）之分。但直到19世纪末期，culture一词才开始主要用于指称"一种物质上、知识上和精神上的整体生活方式"。❸ 法语词汇culture一词直到18世纪还指称"正在被栽培或培养的事物"（the matter being cultivated）。从18世纪中叶起，法语中的culture才开始与civilization交织在一起，强调人类社会的发展状态，并暗含启蒙主义的精神。在德语中，直到18世纪末才借用法语产生了一个词汇cultur，德语词汇

---

❶ 《周易》，杨天才、张善文译注，中华书局2018年版，第207-208页。
❷ Don Cupitt, After God: The Future of Religion, London: Weidenfeil and Nicolson, 1997, pp. 22-23.
❸ 韦森：《文化与制序》，上海人民出版社2003年版，第9页。

kultur 则是 19 世纪 40 年代以后才出现的。德国学者克莱姆（G. F. Klemm）在其 1843—1852 年完成的《人类文化史通论》中着重讨论了人类社会从野蛮、驯化到自由的进化过程，这时 kultur 才用以表达与 civilization 相同的意思。❶

在跨语际的语言交流时，日本学者最早使用汉字"文化"一词对译英语词汇"culture"，我国在清末时期引入这一译法并沿用至今。❷ 汉语中"文化"与英语中"culture"总体上可以相互指代，都是多义词。在现代汉语中，"文化"一词主要有三种含义：（1）人类在社会历史发展过程中所创造的物质财富和精神财富的总和，特指精神财富，如文学、艺术、教育、科学等；（2）考古学用语，指同一个历史时期的不依分布地点为转移的遗迹、遗物的综合体，如龙山文化；（3）指运用文字的能力及一般知识。❸ 但比较来看，在词汇产生的早期，英语 culture 更侧重于"化物"（从自然界获取产品），汉语"文化"更侧重于"化人"（对人的教化治理）；英语 culture 一词的现代意蕴形成较晚，而汉语中的"文化"概念则从一开始就专注于社会治理和人的精神领域。

前述对"文化"的语源分析表明，汉语中的"文化"一词从其产生之初就与国家和社会的治理密切相关。中国的古人习惯于用"人文"来描述特定社会的文明状态，将"教化"作为社会文明状态的实现手段，将"文德"（文明礼仪、道德规范）作为教化的主要内容，将"治内百姓"和"治外族群"作为教化的对象，将"内修文德"作为统治者优先选用的治理策略，将"社会有序、百姓安居乐业"的美好治理状态描述为"化成天下"。

（二）"文化"的社会科学意蕴

在哲学社会科学领域，"文化"作为一个学术概念始于 19 世纪后期，并很快被引入人类学、社会学、文化学、政治学、哲学、历史学、法学等诸多

---

❶ [英] 雷蒙·威廉斯：《关键词：文化与社会的词汇》，刘建基译，生活·读书·新知三联书店 2005 年版，第 101－106 页。
❷ 周蔚、徐克谦：《人类文化启示录》，学林出版社 1999 年版，第 4 页。
❸ 中国社会科学院语言研究所词典编辑室：《现代汉语词典》（第 5 版），商务印书馆 2005 年版，第 1427 页。

学科领域。其中，人类学或文化学❶对"文化"学术概念的形成作出了历史性的贡献。不过关于什么是文化，不同学科领域的认知极其多样。据统计，"文化"作为一个社会科学术语，在1920年以前主要有6种不同的定义，到1987年已经增加到260种。❷ 概括来看，以下三种观点最具代表性。

第一种观点：文化即文明，是人类知识和能力的复合整体。

英国人类学家泰勒（Edward B. Tylor）是第一个赋予"文化"以科学意义的人。他在1871年出版的《原始文化》一书中提出，"所谓文化或文明乃是包括知识、信仰、艺术、道德、法律、习惯以及其他人类作为社会成员而获得的种种能力、习性在内的一种复合整体"❸。泰勒的定义初步明确了文化的范畴，为此后人类学家对文化的研究勾勒了理论轮廓。沿着这种宽泛的文化定义思路，英国人类学家马林诺夫斯基（Bronislaw K. Malinowski）创立了文化功能学派。文化功能学派包括三个重要的主张：一是以文化论统合所有社会科学，"文化是指那一群传统的器物、货品、技术、思想、习惯及价值而言的，这概念包容及调节着一切社会科学"；❹ 二是认为文化的功能在于满足人的需要，"文化是一套工具及一套风俗——人体的或心灵的特性，他们都是直接或间接地满足人类的需要"；❺ 三是认为文化有四要素，即物质设备、精神文化、语言和社会组织，一切规则、法律、习惯及规矩都属于精神文化的范畴。❻ 这种宽泛的文化定义影响甚广，我国著名文化学者庞朴就曾沿着这种思路提出，文化是一个由三层结构组成的"立体的系统"：一是外层，即物质层，即经人的劳动改造了的自然物；二是里层，即心理层，即文化心理状态，包括价值观念、思维方式、审美趣味、道德情操、宗教情绪、民族性格等；

---

❶ 文化学（culturology）是由文化人类学（cultural anthropology）演进而来的。文化人类学是1901年由美国考古学家W. H. 霍姆斯创设的概念和学科，旨在研究人类的文化史，以区别于研究人类自然史的体质人类学（physical anthropology）。美国学者所谓的文化人类学，在英国称社会人类学（social anthropology），在欧洲大陆相当于民族学的范畴。文化学虽源于文化人类学，但与之又存在区别：文化人类学是通过人所创造的文化去研究人类本身；文化学是通过人类本身来探讨文化的起源、演变、传播、结构、功能、本质，文化的共性与个性、特殊规律与一般规律等问题。参见 Serena Nanda & Richard L. Warms, Cultural Anthropology (9th edition), Belmont: Thomson Wadsworth, 2009, pp. 84 – 113.

❷ 刘作翔：《法律文化理论》，商务印书馆1999年版，第12页。

❸ ［英］泰勒："文化之定义"，转引自庄锡昌、顾晓鸣、顾云深编：《多维视野中的文化理论》，浙江人民出版社1987年版，第98页。

❹ ［英］马林诺夫斯基：《文化论》，费孝通等译，中国民间文艺出版社1987年版，第2页。

❺ ［英］马林诺夫斯基：《文化论》，费孝通等译，中国民间文艺出版社1987年版，第14页。

❻ ［英］马林诺夫斯基：《文化论》，费孝通等译，中国民间文艺出版社1987年版，第5–7页。

三是中间层,即心物结合层,即人类精神产品的非物质形式,如教育制度、政治组织、法律制度等。❶ 这种器物文化、观念文化、制度文化三层文化结构理论,在我国人类学和文化学领域仍有强大的影响力。

第二种观点:文化即生活,是人类群体的一整套生活式样。

克鲁克洪(Clyde Kluckhohn)是美国的文化人类学家,曾任美国人类学学会主席。他提出过三个重要观点,一是,在文化的定义上,他认为,"所谓'一种文化',它指的是某个人类群体独特的生活方式,他们整套的'生存式样'"❷。二是,在文化的核心内容上,他认为,"文化基本核心由二部分构成,一是传统(从历史上得到并选择)的思想,一是与它们有关的价值"❸。三是在文化的主体方面,他认为,"文化……具有为整个群体所共享的倾向,或是在一定时期中为群体的特定部分所共享"❹。在20世纪早期,我国也有不少学者持类似观点。例如,有"最后一位儒家"之称的梁漱溟在其《东西文化及其哲学》一书中明确主张,文化乃是"人类生活的样法";❺ 在《中国文化要义》开篇中指出,文化就是"吾人生活所依靠之一切","如吾人生活,必依靠于农工生产。农工如何生产,凡其所有器具技术及其相关之社会制度等等,便都是文化之一大重要部分。又如吾人生活,必依靠于社会治安……所有产生此治安此条理秩序,且维持它的,如国家政治,法律制度,宗教信仰,道德习惯,法庭警察军队等,亦莫不为文化重要部分"。❻ 胡适是另一位持此类观点的重要学者,他在《我们对于西洋近代文明的态度》一文中指出,"文明(Civilization)是一个民族应付他的环境的总成绩","文化(Culture)是一种文明所形成的生活的方式"。❼ 当代文化社会学家司马云杰先生也曾给过一个简洁的定义,即"文化乃是人类创造的不同形态的特质所构成的复合体"。❽ 概言之,这类文化观念与前述认为"文化即文明"的观点基本接近,只是观察角度略有不同而已。

---

❶ 庞朴:《文化结构与近代中国》,《中国社会科学》1986年第5期。
❷ [美] 克鲁克洪:《文化与个人》,高佳等译,浙江人民出版社1986年版,第4页。
❸ [美] 克鲁克洪:《文化与个人》,高佳等译,浙江人民出版社1986年版,第5页。
❹ [美] 克鲁克洪:《文化与个人》,高佳等译,浙江人民出版社1986年版,第6页。
❺ 梁漱溟:《东西文化及其哲学》,上海人民出版社2006年版,第95页。
❻ 梁簌溟:《中国文化要义》,上海人民出版社2005年版,第6页。
❼ 《胡适文集》(4),北京大学出版社1998年版,第3页。
❽ 司马云杰:《文化社会学》,山东人民出版社1987年版,第5页。

第三种观点：文化是进化的产物，体现为文化传统。

英国学者达尔文（Charles Robert Darwin）于1859年发表《物种起源》一书，提出生物进化论。受其影响，以泰勒为代表的一批人类学家创立了文化进化论。摩尔根（Lewis H. Morgan）是美国人类学的奠基性学者，他在《古代社会》一书中提出，"人类的进步是从发展阶梯的底层开始的"，在文化发展阶段上都经历了"低级蒙昧社会、中级蒙昧社会、高级蒙昧社会、低级野蛮社会、中级野蛮社会、高级野蛮社会、文明社会"的进化过程。❶值得注意的是，早期的文化进化论充斥着欧洲文明中心论和白人种族主义的观点，认为欧洲文化或白人社会代表着人类社会进化的最高阶段，对世界上其他民族的文化充满歧视，因此遭到激烈的批评。当代仍有一些学者追随文化进化论，但去除了其中种族歧视的成分，例如，英国著名哲学家哈耶克（Friedrich August von Hayek）就特别强调"文化传统"在文化进化中的基础性作用，"文化既不是自然的也不是人为的，既不是通过遗传承继下来的，也不是经由理性设计出来的。文化乃是一种由习得的行为规则构成的传统"❷。

综上，早期的人类学家对文化的定义，无论是"复合整体"还是"生活式样"，都习惯于将器物文化、观念文化和制度文化包含在内，使得"文化"成了一个包罗万象的概念。20世纪50年代以后陆续有学者对如此宽泛的定义提出批评，认为宽泛的定义不具有理论分析的可操作性，主张将文化概念"缩小到一种狭义的、专业化的……理论上更为有力的文化概念"。❸美国学者亨廷顿也直言不讳地指出，"文化若是无所不包，就什么也说明不了。因此，我们是从纯主观的角度界定文化的含义，指一个社会中的价值观、态度、信念、取向以及人们普遍持有的见解"❹。无疑，这种理解把握住了文化论的本质。将文化限定在观念文化的范围，是社会科学理论研究应当贯彻的基本观点。

本书认为，文化的概念不宜包罗万象。从本质上说，文化只能是特定人群的观念形态，主要由这个人群的价值观、思想和心理等组成。从文化与其

---

❶ [美]路易斯·亨利·摩尔根：《古代社会》（上册），杨东莼、马雍、马巨译，商务印书馆1981年版，第3页。
❷ [英]弗里德利希·冯·哈耶克：《法律、立法与自由》，邓正来等译，中国大百科全书出版社2000年版，第517页。
❸ [美]克利福德·格尔茨：《文化的解释》，译林出版社1999年版，第4页。
❹ [美]塞缪尔·亨廷顿等：《文化的重要作用》，新华出版社2002年版，第3页。

他事物的关系上看：文化影响并塑造人的行为，但文化并不是人的行为本身；文化外化为某种制度，但文化并不是制度本身；文化对象化、物化成为各种人造的器物或者社会组织，也并不意味着文化就是器物或者社会组织。因此，如果说文化是"本体"，则人的行为、制度、器物、组织等是本体的"影子"或"衍生物"，不可将二者混为一谈。不过也不能将二者完全割裂，认识和解读一种文化往往需要借助于人的行为方式、制度、器物、社会组织等媒介。

二、法律文化

（一）法律文化的释义

什么是法律文化？学者们的认识也不尽一致，呈现明显的学科专业差异和与时俱进的特点。下面，择要评介四种最具代表性的观点。

1. 文化人类学视野中的法律文化

文化人类学者一般认为，法律是众多文化现象中的一种，是人类文化整体的一个组成部分。把法律放在整体文化大背景下进行研究，可以对法律制度作出更加合理的安排，以满足人类社会的需要。例如，英国人类学家马林诺夫斯基主张，"文化是指那一群传统的器物、货品、技术、思想、习惯及价值而言的，这概念包容及调节着一切社会科学"[1]。美国学者霍贝尔认为，"从人类学角度考虑，法律只是我们文化的一个因素，它运用组织化的社会集团的力量来调整个人及团体的行为，防止、纠正并且惩罚任何偏离社会规范的情况"[2]。

在法学领域，"法律是一种文化现象"的观点也得到不少学者的认可。如美国学者博登海默曾明确指出，"法律是一个民族文化的重要部分"。[3] 我国学者梁治平认为，"法正是文化的题中应有之义"，"社会（文化）是一个大

---

[1] ［英］马林诺夫斯基：《文化论》，费孝通译，中国民间文艺出版社1987年版，第2页。
[2] ［美］霍贝尔：《原始人的法》，严存生等译，法律出版社2006年版，第4页。
[3] ［美］E. 博登海默：《法理学、法律哲学与法律方法》，邓正来译，中国政法大学出版社1999年版，作者致中文版前言。

的系统,法则不过是其中的一个有机部分"。❶ 我国法律史学者武树臣也认为,"法律文化是人类文化的组成部分之一,它是社会上层建筑中有关法律、法律思想、法律制度、法律设施等一系列法律活动及其成果的总和"❷;"法律文化学是以法律这一综合性的社会现象为研究对象的一门学科"❸。

将法律视为文化现象之一种,是对如何研究法律这一问题的一个回应。正如图恩瓦尔德所言,"法律是受到思考方式与心灵状态以及祖先们的规则习惯所限定的。我们必须根本上认定:整个文化是法律的背景"。❹ 因此,单纯地就法律研究法律的视野太过狭窄,必须透过对其他社会文化脉络的掌握来对法律作出解释。但问题是,法律除了文化属性之外,还有规则属性、控制属性、价值属性和社会属性等其他属性;由此得出的结论是,法律确是一种文化现象,但又不仅仅是一种文化现象。

2. 法律社会学视野中的法律文化

"二战"结束后,受战争的破坏,发展问题成为世界各国关注的社会问题。美国法律学者弗里德曼(Lawrence M. Friedman)洞察时代发展的新形势,围绕"现实世界如何型塑人的观念,人的观念变化又如何影响法律,进而法律的变化又如何影响社会的发展"这一基本问题,❺ 创造性地提出了"法律文化"(legal culture)的概念,并以此作为解释法律制度是如何适应和推动社会发展的理论工具。弗里德曼的理论具有里程碑式的意义,因为在此之前,人们习惯于循着"法律与文化的关系"的进路来思考问题;在此之后,

---

❶ 梁治平:《比较法与比较文化》,《读书》1985年第9期,第80-81页。

❷ 武树臣:《中国法律文化探索》,转引自刘作翔:《法律文化理论》,商务印书馆1999年版,第60页。

❸ 武树臣等:《中国传统法律文化》,北京大学出版社1994年版,第10页。

❹ [英]马林诺夫斯基:《原始社会的犯罪与习俗》,原江译,云南人民出版社2002年版,第93页。

❺ 弗里德曼是以提出一系列问题的方式勾画了法律文化问题的轮廓,即"不同人群关于法律和法律制度的态度是什么;谁会去法院和为什么进行诉讼;谁扮演着如下的角色——律师、法官和警察,还有这些扮演者如何行事;法律制度变化的进程是什么样的,即需求如何被处理,由谁处理,并且如何作出决定;哪些长官有决断的自由,哪些没有;什么样的问题是关乎制度的问题,什么样的问题是关乎决断的问题;制度的不同部分是官僚化的还是容易改变的;人口迁移的作用是什么样的,我们如何测量这些作用;什么是一个制度合法性的来源;谁应是立法者,谁应是执法者;是否的确存在腐化和舞弊,并且原因是什么"。See Lawrence M. Friedman, Legal Culture and Social Development, Law & Society Review, Vol. 4, No. 1 (Aug., 1969), p. 34.

法律文化本身成为理论分析工具，并在欧美社会形成了声名显赫的法律社会学派。

弗里德曼认为，法律制度（legal system）是整个社会体系的一部分，"法律文化"是法律制度的一个构成要素。法律制度由"结构"（structure）、"实体"（substance）和"法律文化"（legal culture）三个要素构成。其中，"结构"是法律制度的躯干、架构和长久风格，如法庭、警察机构等国家机关组织体系；"实体"是规定法律如何运作的实体规则，也是制度中行动者可观察的行为模式；法律制度是社会的一部分，但法律制度的启动和运转来自制度之外的"要求"，这一要求的产生来自"法律文化"。所谓法律文化，即"与法律有关的价值观和态度的总和，其决定了人们在何时、为何和在何地选择求助于法律或政府，或者选择规避法律或政府"❶。此后，他在1994年又对法律文化的概念进行了修正，认为法律文化是"特定社会中的人们对法律所持有的看法、态度、期待和意见……它是'法律变化的直接源泉，而无论终极源泉是什么'"❷。

在弗里德曼看来，法律文化的核心是人们看待法律的"态度"和"价值观"。受其影响，美国法律学者也大都是在人的主观观念意义上使用法律文化概念的。例如，L. S. 温伯格和 J. W. 温伯格认为，"法律文化这个概念包括人们对法律、法律机构和法律判决的制作者，诸如律师、法官和警察等人的知识、价值观念、态度和信仰"❸。埃尔曼也认为，法律文化是"个体的意愿与如何发挥法律制度功能之间的联系环节"，❹ 他更加突出了"个人意愿"这一点。

3. 法律史学视野中的法律文化

法律史学者更加接近于历史学者，习惯于从法律的历史传承的视角来看

---

❶ "It is the legal culture, that is, the net work of values and attitudes relating to law, which determines when and why and where people turn to law or government, or turn away." See Lawrence M. Friedman, Legal Culture and Social Development, Law & Society Review, Vol. 4, No. 1 (Aug., 1969), p. 34.

❷ [美]弗里德曼：《选择的共和国：法律、权威与文化》，高鸿钧等译，清华大学出版社2005年版，第251页。

❸ [美]李·S. 温伯格、朱迪思·W. 温伯格：《论美国的法律文化》，潘汉典译，《环球法律评论》1985年第1期。

❹ [美]埃尔曼：《比较法律文化》，贺卫方等译，三联书店1990年版，第20页。

待法律文化现象。他们倾向于认为，法律文化是法律文明的历史积淀，是源于过去、融于现在，并在一定程度上作用于未来的法律传统。

什么是"传统"？美国学者希尔斯认为，传统"就其最明显、最基本的意义来看，它的涵义仅只是世代相传的东西（traditum——拉丁语，笔者注），即任何从过去延传至今或相传至今的东西。……决定性的标准是，它是人类行为、思想和想象的产物，并且被代代相传"❶。但是，不能把传统与现代绝对对立起来，不能认为不是"过去的东西"绝对不是传统，也不能认为"凡是过去的"就是传统。从哲学意义上说，那些仅仅属于过去，但已经僵化和死亡的东西，也是不能被称为传统的，"传统的正确意义，应该是在保持稳定的连续性中的变革和创新的文化时间过程。任何文化，作为传承的东西而且成为'统'，都是保守与变革在整合中的统一，都是在连续性中的发展"❷。有学者认为，某一事物要成为传统需具备四个关键的因素：一是时间要素，不经历时间的沉淀无法成为传统；二是传承性，即由古至今的延续性；三是规定性，即延续下来的事物仍然发挥作用；四是观念性，即传统主要是主观的、精神的东西。❸

在法律史学研究中，经常使用"法律传统""法律文化传统"或者"传统法律文化"的概念，这很容易滋生"法律传统"即"法律文化"的错觉。尽管"法律文化"与"法律传统"关系密切，二者却非等同的概念。"法律传统"是"文化传统"中有关法律的那一部分，或者说是"传统法律文化"。❹但从更广阔的意义上说，"文化"包括"传统"，但不限于"传统"，除了传统以外还包括现代文化、域外文化等。相应地，"法律文化"包括"法律传统"，但不限于"法律传统"，其在内涵与外延上要远远大于"法律传统"。不过，研究法律传统有助于更好地把握法律文化的历史样态，以及更好地从历史传承关系上把握法律的发展轨迹。

4. 法律哲学视野中的法律文化

法律哲学对法律文化的研究主要集中在六个基本理论问题点，即法律文

---

❶ ［美］爱德华·希尔斯：《论传统》，傅铿、吕乐译，上海人民出版社2009年版，第12页。
❷ 李鹏程：《当代文化哲学沉思》，人民出版社1994年版，第380页。
❸ 参见安秀伟：《人民政法传统的历史生成与法治转型》，《河南社会科学》2016年第2期。
❹ 参见姚建宗：《法律传统论纲》，《吉林大学社会科学学报》2008年第5期。

化的释义、法律文化的结构、法律文化的功能、法律文化的模式、法律文化的冲突和法律文化的现代化。这里着重介绍法律文化的释义问题。

张文显教授在考察几十种定义后,将它们归纳为五大类,即"法律上层建筑说""法律实践及其成果的总和""法律观念形态、法治协调水平、法律知识沉淀、法律文化总功能的总和""法律观点与态度""法律生活方式"等。在此基础上他指出,法律文化没有先验的内涵,其意义是给定的,作出何种定义取决于研究者的认识前提和价值目标,进而从法哲学的角度认为,"(应当)把法律文化理解为法律现象的精神部分,即由社会的经济基础和政治结构决定的、在历史进程中积累下来并不断创新的有关法和法律生活,特别是权利和义务的群体性认知、评价、心态和行为模式的总汇"。❶ 从界定方法看,这种观点立足于马克思主义法学的立场,体现了唯物主义的分析路径,具有高度抽象的哲学化色彩。

(二)法律文化的结构

有关法律文化的认知分歧,主要由学者基于不同学科视角观察的差异性所致。就应用的角度看,纠缠于法律文化的抽象概念没有太大的意义。在将法律文化总体视为文化的一部分,并且主要是指人们关于法律现象、法律制度、法律组织和法律设施的认知观念的前提下,分析法律文化的结构要素可能更具现实意义。

法律文化的结构,是指法律文化的构成要素和组合方式。对法律文化进行结构分析,是受西方"结构主义"思潮影响的产物。❷ 关于法律文化的构成要素,学界主要有以下代表性观点。(1)认为法律文化由四大要素组成,即法律思想、法律规范、法律设施、法律艺术。❸ (2)从是否易被感知的角

---

❶ 张文显:《法哲学范畴研究》,中国政法大学出版社2001年版,第235页。
❷ 结构主义不是一种学说或者哲学,而是一种研究方法,与"有机论""系统论"相似,都强调对事物的内部组成部分进行解构,重视整体与部分、部分与部分之间的关系。参见[瑞士]皮亚杰:《结构主义》,倪连生等译,商务印书馆1986年版,译者前言。
❸ 参见武树臣:《让历史预见未来》,《法学研究》1989年第2期。

度，将法律文化分为显型文化和隐型文化，❶或者制度性法律文化和观念性法律文化。❷（3）从法律文化的意识形态出发，认为法律文化包含观念价值性法律文化（意识形态性的）和技术性法律文化（非意识形态性的）两大部分。❸（4）从反映法律文化的深度，将法律文化区分为认知结构、评价结构、心态结构和行模结构。❹对比各家观点可以发现，是否应当将"制度性文化"或"物质性文化"包含在内，是分歧的焦点所在。

本书采狭义的理解，认为法律文化由法律心理、法律思想和法律价值观三层要素构成。不能把某一历史时期民众的法律心理等同于法律文化，同样也不能将某一历史时期学者的法律思想学说等同于法律文化，法律文化是一个综合的观念形态体系。具体来说，法律文化的三层结构犹如一个同心圆（图1-1）。

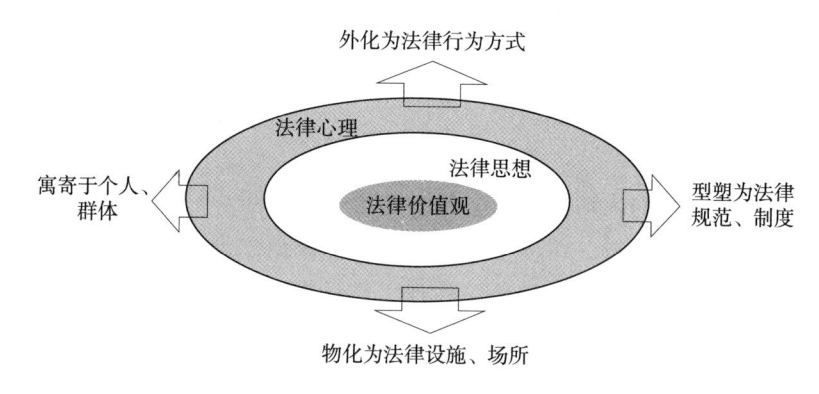

图1-1 法律文化的层次结构

法律心理，即人们在日常生活中对于各种法律现象（法律制度、法律组织、法律设施、法律活动等）的感性认知和情绪。法律心理具有感性、多样

---

❶ 按美国人类学家克鲁克洪的文化结构理论，文化分为显型文化和隐型文化两大结构，其中，显型文化可以经人们耳濡目染的证实直接总结出来；隐型文化则是一种源于推断的二级抽象，实质上是该文化作为集体潜意识的价值取向。参见［美］克鲁克洪：《文化与个人》，高佳等译，浙江人民出版社1986年版，第6页。

❷ 刘作翔教授提出，如果将制度性文化看作显型文化，把理念性文化看作隐型文化，从而可以构造出法律文化的结构模式，并提出了当代中国法律文化二元结构理论，其中一元是观念性法律文化，包括法律心理、法律观念和法律思想等；另一元是制度性法律文化，包括法律规范、法律制度及法律组织结构和法律设施等。参见刘作翔：《法律文化理论》，商务印书馆1999年版，第118-149页。

❸ 孙国华：《法学基础理论》，中国人民大学出版社1987年版，第308页。

❹ 张文显：《法哲学范畴研究》，中国政法大学出版社2001年版，第241页。

性、群体共享性、历史承继性等特征。在法律文化的层次结构中，法律心理位于最外层，属于法律文化的感性层次、初级形态，每个人、每个群体都有自己的法律心理。

法律思想，即法律思想体系或者法律意识形态，是指法律职业群体对各种法律现象的理性化、理论化、体系化的认知和知识，是法律意识的高级形态。法律思想在法律文化层次结构中位于中间层，属于法律文化的理性层次，一般以法学理论、学说等形式表现出来，主要指法律思想家、法律工作者创作形成的法律知识（理论），但能够被一般社会成员所习得。在其形成过程中，法学家、法律思想家、法律工作者发挥了重要的作用，他们不仅是法律思想的总结者、创造者，还是法律思想的主要传播者。

法律价值观，是指社会个体、群体、政党等组织对各种法律现象和自己的法律行为结果的意义、作用、效果和重要性的总体评价。简言之，是关于"什么是善（good）""什么是应该"的总体看法。法律价值观是社会主体的法律价值观和社会价值观的一部分，它往往是推动并指引一个人采取决定和行动的原则、标准，是个性心理结构的核心因素之一。法律价值观位于最里层，隐藏于法律心理、法律思想背后，是法律文化中最核心、最隐秘的部分，每个人、每个群体都有自己的法律价值观。

三、齐鲁法律文化

（一）齐鲁法律文化的内涵

齐鲁法律文化是齐鲁文化的组成部分，是在中国古代特定的历史时期，由发祥于齐鲁大地的齐文化与鲁文化交融而成的地域法律文化形态。无论是齐鲁文化还是齐鲁法律文化，历史性、地域性、融合性都是其基本特征。

1. 历史性

讨论齐鲁文化或齐鲁法律文化，须从西周初期分封建国的历史背景谈起。周王朝建立后，如何以小驭大、统治广袤的疆土呢？周王采取了"封建亲戚以藩屏周"（《左传·僖公二十四年》）的分封建国政策，分封的对象以同姓贵族、异姓的功臣谋士为主。据《左传·昭公二十八年》记载："昔武王克商，光有天下，其兄弟之国者十有五人，姬姓之国者四十人。"《史记·周本纪》记载："武王为殷初定未集……封诸侯，班赐宗彝……于是封功臣谋士，而师尚父为首封。封尚父于营丘，曰齐。封弟周公旦于曲阜，曰鲁；封召公奭于燕；封弟叔鲜于管，弟叔度于蔡。馀各以次受封。"

齐鲁法律文化中的"齐鲁"，狭义上指称的就是周王室分封的两个诸侯国，即齐国和鲁国。齐国，始封国君为周武王太师太公望（本名姜尚❶，因其先祖曾被封在吕地，也称吕尚，被武王尊为尚父），封为齐侯，国都在营丘（今山东省淄博市临淄区）。在整个周代，齐国作为诸侯国前后存在了800余年，分为姜齐、田齐两个时期，直至公元前221年为秦国所灭。鲁国，首封国君为周武王弟弟周公旦。由于周公旦要留在镐京辅佐周天子，于是让自己的长子伯禽代为赴任，定都曲阜。《史记·鲁周公世家》记载："楚考烈王伐灭鲁。顷公亡……鲁起周公，至顷公，凡三十四世。"鲁国国君传承三十四世之后，最终被楚国所灭。

关于齐鲁文化的历史性特征，齐鲁文化学者多有论述，但有一定的分歧。有的学者认为，"所谓齐鲁文化，一般是指当今山东地区的历史文化。它是以公元前11世纪至公元前3世纪在此出现的齐、鲁两国文化为基本内涵形成的"❷。这是一个相对中性的表述，重点强调齐鲁文化形成的历史阶段。有的学者认为，"齐鲁文化不仅是一个区域文化，更是一个历史文化概念，认为深刻影响中华文化几千年的儒学体系，是齐、鲁文化相互融通的结晶。截至战国末期，齐鲁文化的融合基本完成，同时，作为一个特殊的历史——区域文化体系，齐、鲁文化也就此结束"❸。按此观点，齐鲁文化仅仅是一种特定历史阶段曾经存在的文化现象，战国末期以来已不复存在。但也有学者从文化传承的视角指出，"狭义地讲，'齐鲁文化'是指先秦时期齐、鲁两国的文化，是各自独立又互相渗透融汇，各有特点的两种文化。秦汉时期，它们完全融于传统文化之中，而不复单独存在了"；但广义的齐鲁文化，"既涵盖了先秦

---

❶ 姜尚，姜姓、名尚，字子牙，商末周初的政治家、军事家。被周文王姬昌拜为"太师"（武官名），尊称太公望，周武王尊称其为"师尚父"。姜尚是西周的开国元勋，先后辅佐文王、武王、成王、康王等四代周王，周初受封为齐侯，是齐国的缔造者，也是齐文化的创始人。

❷ 王志民：《齐鲁文化与中华文明》，人民出版社2015年版，第93页。

❸ 马斗成：《"第一届齐鲁文化国际学术研讨会"综述》，《管子学刊》2004年第1期。

的齐文化、鲁文化即'齐、鲁文化',而且也涵盖了秦汉以后的在齐鲁大地上的山东文化,它是贯通古今的,所以,我们的'齐鲁文化',也就是'山东文化',其上限起自旧石器时代的沂源猿人,下限为近现代,所论主要是传统文化,但对近现代中富有地方特色的山东文化,也适当加以论列"。❶

综上可见,关于齐鲁文化主要生成和存在于周代齐国和鲁国两个诸侯国存续期间(约公元前11世纪到公元前3世纪),学术界有共识。关于齐国、鲁国灭亡以后,齐鲁法律文化是否延续以及延续到何时,学术界有不尽一致的认识。值得强调的是,如果仅仅从史学视角研究历史上的齐鲁法律文化现象,则其存续期间显然限于历史上的特定时间阶段;但如果从齐鲁法律文化传承与创新的视角看,我们关注的实际上是"齐鲁法律文化传统",鉴于"传统"是具有跨时代传承价值的文化因素,则齐鲁法律文化传统在当代仍然有生命力。

2. 地域性

齐鲁法律文化是特定历史时期出现的一种地域文化形态,具有地域性特征。其地域范围,在西周时期当以齐国、鲁国两个诸侯国的疆域为限。西周在今山东区域内除了分封齐国、鲁国两大诸侯国之外,还有其他数十个诸侯小国。不过经由东周春秋战国时期的兼并战争,到战国晚期在今山东境内只存在齐、鲁两个大的诸侯国了。因此,以"齐鲁"代指今山东地域也非失当;而且,齐国和鲁国之所以能兼并周边小国,其文化的强盛是一个重要的原因。

在西周初年,齐国的疆域限于今山东北部地域,以营丘(今淄博市临淄区)为国都,东与纪国、莱国,西南与鲁国,北与燕国、卫国为临。春秋战国时期,齐国先后兼并了周围的祝国、纪国、谭国、遂国、鄣国、阳国、莱国、薛国等数十个诸侯国,并多次与附近的鲁国、宋国等大国发生战争。齐桓公时期开始称霸诸侯,成为春秋五霸之一,也是春秋时期的第一位霸主。❷在齐国800余年的发展历程中,孕育了具有鲜明特色的齐文化。

鲁国初封之时,疆域也不是很大。据《孟子·告子下》记载,"周公之封于鲁,为方百里也……太公之封于齐也,亦为方百里也"。但鲁国作为周王室

---

❶ 周立升、蔡德贵:《齐鲁文化考辨》,《山东大学学报》(哲学社会科学版)1997年第1期。
❷ 《史记·齐太公世家》记载:"(齐桓公)七年,诸侯会桓于甄,而桓公于是始霸焉。"

"宗藩",在周王室的扶持下逐渐发展成为地域强国,以致鲁南、豫东南、苏北、皖北、赣北都属于鲁国的势力范围,❶ 曹、滕、薛、纪、杞、毂、邓、郳、牟、葛等地方诸侯不得不时常朝觐鲁侯。即便在国力最为强盛之时,鲁国也没有达到在诸侯国中称霸的程度。不过,鲁国还是先后兼并了周围的极国、余丘多个诸侯小国。❷ 春秋中后期以后,随着春秋五霸、战国七雄的崛起,特别是随着临近的齐国、楚国的称霸,鲁国国力逐渐衰微。但在鲁国780余年的发展历程中,孕育了具有鲜明特色的鲁文化。传承了周王室治理思想正统的鲁文化,经由孔孟儒家思想的传播,在后世被发扬光大。

3. 融合性

在齐国生发的齐文化与在鲁国生发的鲁文化,究竟是两种完全独立的文化形态,还是一种整合形态的"齐鲁文化"?对此,学术界一度存在不同的认识。

有的学者重视"齐文化""鲁文化"的差异,使用"齐、鲁文化"的表达。如季羡林曾指出,专就山东一省的文化而论,过去笼统称为齐鲁文化,实则齐文化和鲁文化并不完全是一码事。❸ 早在2000多年前齐、鲁两国尚存之时,孔子就分析过齐文化、鲁文化的差异,"知者乐水,仁者乐山;知者动,仁者静;知者乐,仁者寿"(《论语·雍也》)。宋代朱熹认为,齐文化重

---

❶ 鲁国全盛时期的状况,在古籍中有记载。《诗经·閟宫》载曰:"公车千乘,朱英绿滕,二矛重弓。公徒三万,贝胄朱绶,烝徒增增,戎狄是膺,荆舒是惩,则莫我敢承!"这里描述的是鲁国军队装备盛况,及周围诸侯国对鲁国的敬畏。"泰山岩岩,鲁邦所詹。奄有龟蒙,遂荒大东。至于海邦,淮夷来同。莫不率从,鲁侯之功。""保有凫绎,遂荒徐宅。至于海邦,淮夷蛮貊。及彼南夷,莫不率从。莫敢不诺,鲁侯是若。"这里描述的是鲁国的势力范围。

❷ 春秋初期,鲁国先后派大夫无骇、公子庆父率军攻灭了极国、余丘国。据《左传·隐公二年》载:"夏五月……无骇帅师入极。"《左传·庄公二年》载:"夏,公子庆父帅师伐于余丘"。春秋中期,鲁国先后兼并了周边的项国、须句国和鄣国。据《左传·僖公十七年》载:"夏,灭项。"《左传·文公七年》载:"三月甲戌,取须句,置文公子焉。"《春秋·成公六年》载:"春王正月,公至自会。二月辛巳,立武宫。取鄣。"春秋晚期,又兼并了邿国、滥国、邾国等国。据《左传·襄公十三年》载:"夏,邿乱,分为三。师救邿,遂取之。凡书'取',言易也。用大师焉曰'灭'。弗地曰'入'。"《左传·昭公三十一年》载,"冬,黑肱(滥国国君——笔者注)以滥来奔",滥国就此归鲁。而邾国先是被郳国占领,后来鲁国派军困困邾国,邾国不得不割邾国故土给鲁国,邾国就此灭亡。《左传·昭公十八年》载:"六月,邾人入邾。"《左传·哀公三年》载:"叔孙州仇、仲孙何忌帅师围邾。"

❸ 季羡林:《祝贺"齐文化专号"》,《文史知识》1989年第3期。

"智"，鲁文化重"仁"；齐文化急功利、喜夸诈、从霸政，鲁文化重礼教、崇信义、循王道（《论语集注·雍也》）。也有学者从儒家学术思想流派的角度，使用"齐学""鲁学"的概念。如梁启超认为，"两汉以前，儒家学派，可以地域区分，所谓齐学鲁学，风气各自不同。鲁是孔子所居的地方，从地理方面看，在泰山以内，壤地褊小，风俗谨严……齐与鲁接壤，蔚为大国，临海富庶，气象发皇，海国人民，思想异常活泼。……若以欧洲学风比之，鲁像罗马，齐像希腊"❶。胡适也使用类似的概念，"齐学包括阴阳家，神仙家，道家（黄老）。因为这些都是起于齐国，故总名'齐学'"❷。

有的学者侧重于"齐文化"与"鲁文化"的交叉融合，在综合性的地域文化形态意义上使用"齐鲁文化"的概念。如张达认为，齐鲁文化"特指先秦时代齐鲁两国在那个历史背景下共同创造的，有着特定内涵的文化。这是一个特定的文化系统"❸。有的学者则认为，从"齐、鲁文化"到"齐鲁文化"，体现了两种地域文化的合流演进过程。如魏建、贾振勇认为，"我们习惯上所说的'齐鲁文化'，在先秦时期是应称作'齐、鲁文化'的。也就是说，它是由当时差异较大的'齐文化'和'鲁文化'两部分组成……齐文化与鲁文化之间，存在着许多对立的因素。……两地文化各自不同的优势在合流后的'齐鲁文化'中打上了深深的烙印。总的来看，齐文化以它政治、经济上的优势征服了鲁文化，而鲁文化以它在思想、道德上的优势更多地征服了齐文化"❹。孟祥才认为，"西周时期的齐鲁文化是一种以周文化为主导，融合了夏商文化与东夷文化的个性鲜明的地域文化。这一文化系统是由齐文化与鲁文化两个亚文化系统组成的……齐鲁文化在战国时期的发展与整合，为汉代齐鲁文化跃升为主流文化打下了坚实的基础"❺。

有的学者则区分不同意义，使用不同的表达。如蔡德贵指出："所谓'齐鲁文化'，实际上有两层含义。广义上，从地域文化圈来讲，它与中原文化、秦晋文化、燕赵文化、吴越文化、荆楚文化、巴蜀文化等相并提，是一个有别于这些文化的独立的文化体系；其地域范围，当以古齐、鲁领地，即今山

---

❶ 梁启超：《饮冰室诸子论集》，江苏广陵古籍刻印社1990年版，第27页。
❷ 《胡适文集》（6），北京大学出版社1998年版，第630页。
❸ 张达：《论齐鲁文化的形成及其根本特征》，《理论学刊》2003年第6期。
❹ 魏建、贾振勇：《齐鲁文化渊源论》，《东方论坛》1996年第2期。
❺ 孟祥才：《从地域文化到主流文化——论齐鲁文化在先秦秦汉时期的发展》，《齐鲁文化研究》2002年第1辑。

东地区为主；时限上则贯通古今。狭义地讲，'齐鲁文化'是指先秦时期齐、鲁两国的文化，是各自独立又互相渗透融汇、各有特点的两种文化。秦汉时期，它们完全融于传统文化之中，而不复单独存在了。……从字面上来表述，广义的'齐鲁文化'写作'齐鲁文化'，而狭义的'齐鲁文化'则似应写作'齐、鲁文化'。只是因为方便和习惯，一般都通用'齐鲁文化'来表述。"[1]

实际上，齐鲁文化包含两个亚文化系统，一为齐文化，一为鲁文化。一方面，从宏观的时代背景看，齐文化、鲁文化均是在西周国家建立后实行"分封制"的政治背景下生成的；另一方面，从形成的地理环境、学说流派、诸侯国的治理策略及效果等方面看，齐文化、鲁文化又确实存在明显的差异。不过，在周代分封制下形成了中原文化、荆楚文化、吴越文化、燕赵文化等典型地域文化形态，如果从不同地域文化形态之间的特质与比较看，齐文化与鲁文化交互影响形成了"齐鲁文化"这一整合性地域文化形态的判断是妥当的。特别是到了战国时期，齐文化、鲁文化相互渗透，"齐文化以它政治经济上的优势征服了鲁文化，而鲁文化以它在思想、道德上的优势更多地征服了齐文化"[2]，最终融汇成具有鲜明地域特征的齐鲁文化，这一论述较为妥当。

在法律文化领域，齐文化与鲁文化的交互融合的特征更为明显。众所周知，鲁文化以孔孟儒学为典型代表，而齐文化以齐法家思想为典型代表，在东周战国时期，齐法家与孔孟儒学在融合发展的过程中更是衍生出对后世影响深远的融合性思想流派，使得齐鲁法律文化的称谓更加适当。兹举两例：

其一，是齐学化的儒学学派，即荀子思想。荀子是继孔孟之后儒家学派的代表性人物，他继承了孔孟儒学思想，但他也曾在齐国游学，并三次出任齐国稷下学宫的祭酒（首席学者），在齐学影响下对孔孟儒学进行了发展。例如，在人性论方面，荀子认为人性本恶，主张"仁人"既要"爱人"，也要"恶人"，进而倡导"化性起伪"的道德教化论（《荀子·性恶》）；在政治治理方面，主张"贵贤，仁也"，"推恩而不理，不成仁"（《荀子·大略》），强调选贤与能，追求治理正义；在社会起源方面，提出"名分使群"的社会起源说（《荀子·富国》），主张礼、法并重，"礼义生而制法度。法者，治之端也"（《荀子·君道》）。受荀子法治思想的启发，他的弟子李斯、韩非后来成

---

[1] 蔡德贵：《论齐鲁文化的特点及其诚信传统》，《齐鲁学刊》2006年第5期。
[2] 魏建、贾振勇：《齐鲁文化渊源论》，《东方论坛》1996年第2期。

为秦晋法家的代表人物。可以说，荀子思想虽总体上归属于儒家，却蕴含了法家思想的萌芽，这种法家思想的萌芽是在齐法家影响下形成的；秦晋法家思想是从儒家思想、齐法家思想中脱胎出来的，而荀子思想发挥了媒介的作用。

其二，是儒学化的管仲学派，即齐法家。齐法家始于春秋时期担任齐相国的管仲，后与秦晋法家并列为先秦法家的两个重要学派，但二者治理思想差异颇大。（1）在礼法关系上，齐法家吸收了儒家思想的合理成分，主张礼法兼容，"法出于礼，礼出于治。治、礼，道也。万物待治，礼而后定"（《管子·枢言》）。据此，"礼"获得了"法"之本原的地位；因此，齐法家既重视"法治"也重视"礼""义"，主张以法治国、法教兼重，"仁义礼乐者，皆出于法"（《管子·任法》）。而秦晋法家主张，"不别亲疏，不殊贵贱，一断于法"（《史记·太史公自序》），与儒家"礼"的思想进行了割裂。（2）在治理手段上，齐法家主张宽刑省禁，"故省刑之要，在禁文巧；守国之度，在饰四维"（《管子·牧民》），这与儒家主张的"为政以德"（《论语·为政》）、"明德慎罚"（《尚书·康诰》）有相通之处。而秦晋法家倡导严刑峻法、赏罚分明，反对在"法令"之外讲仁爱，"明其法禁，察其谋计。法明，则内无变乱之患；计得，则外无死虏之祸。故存国者，非仁义也"（《韩非子·八说》）。（3）在法治目的上，齐法家主张"政之所兴，在顺民心；政之所废，在逆民心"（《管子·牧民》），强调法治的目的是"富民""商德保民"（《管子·治国》），这与儒家思想中的"民本"思想是相通的。而秦晋法家则主张"强国弱民"，将法、术、势视为维护君主权威、驾驭百姓的手段，认为"民，辱则贵爵，弱则尊官，贫则重赏。以刑治民，则乐用；以赏战民，则轻死"（《商君书·弱民》）。

（二）齐鲁法律文化的研究现状

齐鲁文化是一种地域文化形态。早在20世纪80年代，著名史学家李学勤针对中国历史上有影响力的地域文化提出了"七文化圈说"，即中原文化圈、北方文化圈、齐鲁文化圈、楚文化圈、吴越文化圈、巴蜀滇文化圈、秦文化圈。❶ 从此，齐鲁文化的用语逐渐流行起来，对齐鲁文化的学术研究也开始活跃起来。

近 40 年来，有关齐鲁文化的研究取得了重要进展，但对齐鲁文化的专门性研究仍存在一些不足。一方面，与对其他地域文化的研究相比，对齐鲁文化的研究文献总量并不是很充分。截至 2021 年 5 月 31 日，在"中国知网"以"齐鲁文化"为主题词进行检索，中文文献仅能检索到 1989 条，最早的一篇始于 1987 年。❷ 而同期，"中原文化"能检索到 6432 条，"楚文化"能检索到 7211 条，"巴蜀文化"有 3366 条，"秦文化"有 1586 条，"北方文化"有 1150 条，"吴越文化"有 813 条（图 1-2）。

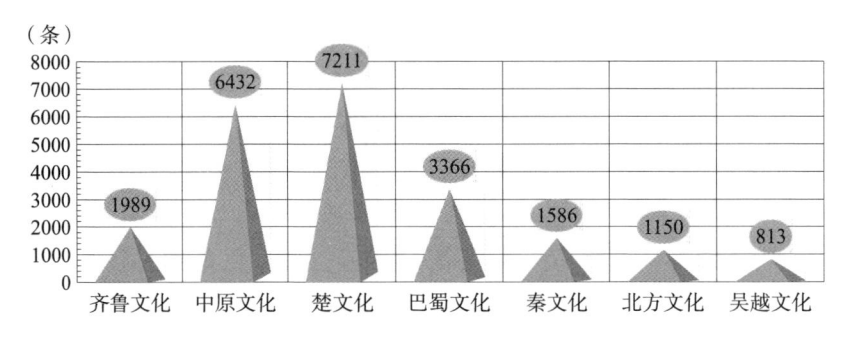

图 1-2 地域文化研究论文数量对比

另一方面，对齐鲁文化的整体性研究与局部性研究呈现不均衡状态。20 世纪 80 年代以来，尽管"学术会议不断举行，学术机构相继建立，还创办学术刊物，组建学术组织"，但至 2003 年"相对于孔子、儒学研究的热烈开展，以先秦鲁国的历史文化作为独立单元进行研究的学术著作却不多"，甚至落后于同期"已进入系统化、系列化与综合化的阶段"的齐文化研究。❸ 截至 2021 年 5 月 31 日，在"中国知网"以"齐鲁文化"为主题词进行检索，中文文献共检索到 1989 条；其中，以"鲁文化"为主题词仅能检索到 425 条，以"齐文化"为主题词能检索到 1431 条。如果以"孔子""儒学"等为主题词进行检索，则文献量以数十万篇计，但这多数已经超出地域文化的研究

---

❶ 李学勤：《东周与秦代文明》，文物出版社 1984 年版，第 11-12 页。
❷ 李善峰：《齐鲁文化与现代化进程》，《东岳论丛》1987 年第 3 期。
❸ 杨朝明：《春秋战国时期齐鲁文化研究评述》，载山东师范大学齐鲁文化研究中心编：《齐鲁文化研究》（总第二辑），山东文艺出版社 2003 年版，第 246、248 页。

范畴。

  如果聚焦地域法律文化，则可以说相关研究还处于初期阶段。截至2021年5月31日，在"中国知网"以"地域法律文化"为主题词进行检索，中文文献能检索到7篇；以"齐鲁法律文化"为主题词仅能检索到2篇文献；以"齐法家"为主题词能检索到72篇文献。不过，如果考虑到关于孔子、孟子、荀子、管子等齐鲁法律文化形成时期的人物思想的数以万计的研究文献，则有关齐鲁法律文化的研究领域也不能说是有待开发之域，只能表明研究视角的偏差而已。但就有意识且系统化的齐鲁法律文化的研究，专门性研究成果仍然偏少。

第二章　齐鲁法律文化的历史溯源

齐鲁法律文化作为一种特定历史时期出现的地域法律文化形态，并不是在周代突然出现的，其中的某些思想必然在夏代、商代乃至更早的社会形态中有一个长期的传承和发展过程。在孔子生活的时代，"礼"泛指一切公共治理、法律制度、道德规范和社会风俗。对于"礼"的起源与传承，孔子说，"殷因于夏礼，所损益，可知也。周因于殷礼，所损益，可知也"（《论语·为政》）。"夏礼"也不是最初的源头，早在尧舜禹时期就有了较为复杂的公共治理规范，《史记·五帝本纪》载，"帝尧者，放勋……能明驯德，以亲九族。九族既睦，便章百姓。百姓昭明，合和万国"。如果再往前，还可以追溯到原始社会的氏族生活和习惯法。冯天瑜教授曾指出，"文化生成，如同生命机体的新陈代谢，经历着'诞生—拓展—成熟—式微—衰亡'诸阶段，若能把握新机缘，还可以于衰退之际得以中兴，重获昌盛"[1]。是故，考察齐鲁法律文化的生成需要对其进行回溯性研究，这种回溯表明法律文化的演进与社会形态的演进几乎是同步进行的。

一、社会形态演进的理论模式

齐鲁法律文化与之前商代、夏代乃至更早的原始社会文化之间，存在着

---

[1] 冯天瑜：《中国文化生成史》（上册），武汉大学出版社2013年版，第11页。

传承和发展演化关系。如果说人类文明肇始于原始社会，那么法的起源亦可追溯到原始社会的习惯。

人类文化是何时产生的？根据生物进化论，人类是由古猿进化而来的。大约在300万年前，某种灵长类动物（原猴类）进化成森林古猿，然后沿着猿人、能人、直立人、智人的顺序不断进化。在考古学上将距今约300万年至约1万年的期间称为"旧石器时代"，但直到智人出现（距今约25万年到1万年）才到了进入"人类社会"临门一脚的状态。赫拉利在《人类简史：从动物到上帝》一书中指出，智人"开始创造出更复杂的架构，称为'文化'。而这些人类文化继续发展，就成了'历史学'"，在历史的路上有三次重要革命，"大约7万年前，'认知革命'让历史正式启动。大约12000年前，'农业革命'让历史加速发展。而到了大约不过是500年前，'科学革命'可以说是让历史画下句点而另创新局"。❶ 为什么智人能够在优胜劣汰的进化竞争中获胜呢？因为大约7万年前的一次基因突变，使智人掌握了区别于其他动物的语言和想象能力，能够将感知的事实，特别是想象的事情在同类之间进行交流，能够使用劳动工具改造自然环境，并能将经验、想法、新的行为方式传授给下一代。

随着智人进化成现代人类，人类社会进入原始社会形态；又经过数千年的演化，人类社会进入国家形态。关于这一时期社会形态的演进，学术界存在多种理论学说。

（一）摩尔根的人类社会进化"三阶段说"

摩尔根是美国著名的民族学家、人类学家，在其1877年出版的名著《古代社会》一书中首倡人类社会进化"三阶段说"，即"蒙昧时代—野蛮时代—文明时代"。

摩尔根认为，"蒙昧时代"相当于考古学所称的旧石器时代，人类处于前氏族公社时期，过着狩猎、采集、渔猎生活，已经发明了弓箭和陶器。"野蛮时代"相当于考古学上所称的新石器时代，人类处于氏族社会形成、发展、

---

❶ ［以色列］尤瓦尔·赫拉利：《人类简史：从动物到上帝》，林俊宏译，中信出版社2014年版，第3-4页。

繁荣时期，开始使用精制石器、青铜器和铁器等生产工具。而一旦发明了文字，人类就进入了"文明时代"。在此基础上，摩尔根提出了他的原始社会理论，将原始社会划分为前氏族公社、母系氏族公社、父系氏族公社三个发展阶段，其间依次出现了原始人群、血缘家庭、氏族、胞族、部落、部落联盟等社会组织形式，最后发展成为民族。❶ 在摩尔根看来，氏族是以血缘家庭为纽带而形成的早期人类社群，是氏族社会的最小组成单元；原始社会是家庭性的、平等的、无阶级的和共产性质的，不存在阶级划分和强制性的政府。摩尔根的原始社会理论呈现鲜明的"氏族中心主义"立场，他认为，"人类没有任何一个其他的制度对于人类进步的历程具有氏族制这样古老、这样突出的关系"。❷ 不过，摩尔根将"氏族成员平等"视为贯穿整个原始社会的基本特征，这就产生了一个疑问，即以平等为特征的原始社会是如何过渡到不平等的阶级社会的呢？因为按照摩尔根的理论，"从原始社会到政治社会的政治变迁，相对而言是突然发生的"❸。因此，摩尔根的氏族理论受到一些批评，这也为后来"酋邦"理论的产生埋下了伏笔。

（二）马克思、恩格斯的社会形态理论

马克思的重要理论贡献之一就是发现了人类社会发展的规律，认为人类社会历史是一个由低级形态向高级形态发展更替的进程。马克思关于社会形态演进有多种描述，如根据阶级关系，将人类社会发展过程描述为"无阶级社会阶段—阶级社会阶段—无阶级社会阶段"；根据生产资料占有关系，分为"原始公有制阶段—生产资料私有制阶段—社会主义共产主义公有制阶段"等。❹ 不过，马克思并没有来得及对早期人类社会的形态进行详细考证。

恩格斯在1884年出版的《家庭、私有制和国家的起源》序言中指出："以下各章，在某种程度上是实现遗愿。不是别人，正是卡尔·马克思曾打算

---

❶ ［美］路易斯·亨利·摩尔根：《古代社会》（上册），杨东莼、马雍、马巨译，商务印书馆1981年版，第65页。

❷ ［美］路易斯·亨利·摩尔根：《古代社会》（下册），杨东莼、马雍、马巨译，商务印书馆1981年版，第374页。

❸ Elman R. Service, A Century of Controversy: Ethnological Issues from 1860 to 1960, Oriando, FL Academic Press, 1985, p.131.

❹ 项新时：《社会发展阶段理论与中国特色社会主义发展阶段》，《理论导刊》1999年第6期。

联系他的——在某种限度内我可以说是我们两人的——唯物主义的历史研究所得出的结论来阐述摩尔根的研究成果……摩尔根在美国，以他自己的方式，重新发现了40年前马克思所发现的唯物主义历史观。"❶ 恩格斯对摩尔根的人类社会进化"三阶段说"给予了极大肯定，认为"摩尔根是第一个具有专门知识而尝试给人类的史前史建立一个确定的系统的人"。❷ 不过，恩格斯并没有局限于此，他进一步正面地考察了国家产生的根源和消亡的规律，认为国家是随着私有制和阶级的出现才出现的，"以血族团体为基础的旧社会，由于新形成的各社会阶级的冲突而被炸毁，代之而起的是组成为国家的新社会，而国家的基层单位已经不是血族团体，而是地区团体了"；未来，"随着阶级的消失，国家也不可避免地要消失"。❸ 恩格斯深刻地指出了原始社会形态向国家形态过渡的两个决定性变量，一是私有制的出现（生产关系领域），二是阶级的出现（上层建筑领域）。在质性研究方面，马克思和恩格斯的理论具有重大创新；但对于私有制和阶级产生过程中的过渡性社会形态，在考古学、人类学领域还有进一步细化和丰富的空间。

（三）奥伯格的人类社会进化"六阶段说"

奥伯格（Kalervo Oberg，1901—1973）是美国著名人类学家，他在对墨西哥南部印第安部落进行考察的基础上，将早期人类社会组织形态的演进归纳为六个阶段：（1）同缘部落（homogeneous tribes），即具有血缘关系的成员形成的村落或聚落；（2）异缘部落（segmented tribes），即同一部落里面包含两个以上的非直系血缘群体；（3）政治上组织起来的酋邦（politically organized chiefdoms），即在一定地域范围内的多村落组成了联盟，由一名最高酋长统领；（4）联邦型国家（federal type states），部落之间的平等议事机制让位于一个强有力的统治者，形成了稳定的统治阶层，贵族世袭制盛行，国家形态开始出现；（5）城邦国家（city states），手工业的发展促进了商业和贸易，出现了农村和城镇二元结构，农业人口向城市流动产生了城邦国家；（6）神权帝国（the theocratic empire），在一个最高统治者——王的领导下形成以城市

---

❶ 《马克思恩格斯选集》（第4卷），人民出版社1995年版，第1页。
❷ 《马克思恩格斯选集》（第4卷），人民出版社1995年版，第18页。
❸ 《马克思恩格斯选集》（第4卷），人民出版社1995年版，第174页。

为中心的帝国，统治机构比较完善，宗教与政权获得了结合。❶

对奥伯格的理论应当一分为二来看：一方面，他的六阶段理论建立在对墨西哥南部印第安部落考察的基础上，特别是其概括的"城邦""神权帝国"的社会形态在世界其他地区能否适用存疑；另一方面，他首倡"酋邦"理论，对从原始社会向政治国家过渡的社会形态提供了更为合理的解释。奥伯格在1955年的文章中首次使用"政治上组织起来的酋邦"这一表达，用于指称一种介于（平等关系的）"部落"和（拥有统治力量的）"国家"之间的社会组织形态。❷酋邦是一种多村落结构，由一位最高酋长进行统治；最高酋长控制着很多区和村落，而区和村落由低级酋长统治。❸也就是说，酋邦社会存在"中心管理层"和"地方管理层"双层管理结构，酋邦内部出现了不平等现象和政治性的统领者，但还没有建立起政府、军队等国家统治机构，是一种介于原始社会和政治国家之间的过渡性社会形态。

（四）塞维斯的人类社会进化"四阶段说"

塞维斯（Elman R. Service，1915—1996）是美国著名文化人类学家，他在1975年出版的《国家与文明的起源：文化演进的过程》一书中将早期人类社会的演进描述为四个直线式发展阶段。（1）游群（band），这是一种以血缘关系为纽带，以家庭为基本单位组成的地域性狩猎采集群体。游群内部是一种比较松散的组合形式，没有极端的高压和服从关系，即便存在首领，也是一种"魅力型"首领（因个人能力、智慧、体力等而获得拥护）。（2）部落（tribe），即靠婚姻关系来维系的，由若干母系或父系世系群聚合而成的大型社会。部落的形成既有资源和人口生产的内在动力，也有外部竞争和对外防御的需求，部落成员之间的关系总体上是平等的，即便存在部落首领，也主要遵循民主议事规则。（3）酋邦（chiefdom），这是一种拥有永久性协调机制的再分配社会，由多个部落组成，存在一个酋长。（4）国家（state），早期的

---

❶ 夏利彪：《论原始习惯向习惯法的转化》，中央党校博士学位论文，2016年，第41-43页。

❷ Kalervo Oberg, Types of Social Structure among the Lowland Tribes of South and Central America, American Anthropologist, 57 (1955), pp. 472-487.

❸ ［荷兰］亨利·J. M. 克莱森：《从临时领导到最高酋长：社会—政治组织的演化》，郭子林译，《历史研究》2012年第5期。

国家具有许多酋邦的特点,因为"每一个后继的社会发展阶段总是保留有许多前一发展阶段的特点,但是新出现的社会组织形式则是具有决定性的"。❶ 国家区别于酋邦社会的关键在于,它具有明确的政治结构和社会阶级划分,存在履行暴力制裁职责的合法组织和执行者。

塞维斯沿用了奥伯格的"酋邦"概念,又极大地丰富和发展了酋邦理论。塞维斯认为,酋邦社会最为显著的特征有二。(1) 酋邦是一个广泛存在"阶等"的"圆锥形社会",这与以平等为特征的游群和部落形成对比。"不平等现象存在于酋邦社会的各个部分、各个角落,整个酋邦的社会结构就是一座大的金字塔,小的地方性组织,小的亲族群体结构,也是一座座微型的金字塔"。❷ 但是,阶等是特定的、精确的,尚没有出现稳定的阶级、阶层。在酋邦的某种社会关系中,"一位贵族也是一种特殊的贵族"。❸ (2) 酋邦拥有固定的或常设的领导中心,即酋长。酋长和酋邦社会的上层分子根据世袭的权威角色形成"阶等",但其"权威"不同于拥有垄断武力的政府,即酋邦缺少镇压的暴力。❹ 缺少暴力机制的酋邦社会,依靠什么来维持社会秩序呢? 塞维斯认为,这种社会拥有一种非正式的公共约束力,处于制度化的现代法与原始的家族习惯之间。❺

(五) 中国学者的古国、王国、帝国理论

我国在 20 世纪 80 年代引入塞维斯的酋邦理论,在历史学界和考古学界引发了强烈反响。❻ 但也有一些学者持不同意见,认为塞维斯的社会发展四阶

---

❶ 陈淳:《文明与早期国家探源:中外理论、方法与研究之比较》,上海世纪出版集团 2007 年版,第 99 页。

❷ 易建平:《从摩尔根到塞维斯:酋邦理论的创立》,《史学理论研究》2008 年第 4 期。

❸ Elman R. Service, Primitive Social Organization: An Evolutionary Perspective, New York: Random House, 1962, p. 155.

❹ See Elman R. Service, Primitive Social Organization: An Evolutionary Perspective, New York: Random House, 1962, pp. 150 – 151; Elman R. Service, Origins of the State an d Civilization: The Process of Cultural Evolution, New York: W. W. Norton & Company, 1975, pp. 12, 16, 86, 285.

❺ Elman R. Service, Origins of the State and Civilization: The Process of Cultural Evolution, New York: W. W. Norton & Company, 1975, p. 97.

❻ 参见张光直:《中国青铜时代》,生活·读书·新知三联书店 1983 年版;谢维扬:《中国国家形成过程中的酋邦》,《华东师范大学学报》1987 年第 6 期;叶文宪:《部落冲突与征服战争:酋邦演进为国家的契机》,《史学月刊》1993 年第 1 期;陈淳:《酋邦的考古学观察》,《文物》1998 年第 7 期;陈淳:《文明与早期国家探源:中外理论、方法与研究之比较》,上海世纪出版集团 2007 年版;易建平:《从摩尔根到塞维斯:酋邦理论的创立》,《史学理论研究》2008 年第 4 期;等。

段理论是一种"单线社会进化论",不符合人类历史发展路径的多样性;或者认为"酋邦理论"并非是普适真理,不应该机械地套用,反对生硬地按照某种模式划分人类社会的历史阶段。❶ 对于中国古代社会的演进过程,有学者明确反对套用西式的酋邦概念,"就用中国古代习用的名称叫国。因为这时的国刚刚从部落社会中脱胎出来,还保留浓厚的部落社会的印记。为了跟后来比较成熟形态的国家相区别,可以称为原始国家或古国,代表中国古代文明的黎明时期"❷。在这种认知背景下,中国学者提出了一些颇具本土特点的理论。

苏秉琦早在 1986 年就提出,中国早期社会的演进经历了"古文化—古城—古国"三个阶段。"古文化主要指原始文化;古城主要指城乡最初分化意义上的城和镇,并非指通常所理解的城市或都市;古国指高于部落之上的、稳定的、独立的政治实体。"❸ 该三阶段理论主要立足考古发掘的立场,对考古工作的开展富有指导意义。在此基础上,考古学界对"古国时代"的识别展开了争鸣。如车广锦认为,"长江流域、黄河流域和辽河流域等地区的新石器时代晚期文化,都应是众多古国的文化。我们将这古国林立的时期,称为古国时代"❹。张学海认为,黄河下游约在距今 5000 年前的大汶口文化中期之末,进入古国时代。❺ 苏秉琦认为,"就全国六大区系而言,社会发展总是不平衡的,是有快有慢的,但相对于历史长河而言,史前社会发展的步伐又是大体同步的。不迟于四五千年前大体都进入古国时代,即城邦、万国林立时代"❻。

如何对夏、商,乃至更早时期的社会形态进行整体性划分呢?学术界提出了若干种有代表性的学说:

其一,历史学家田昌五在 1995 年提出"洪荒时代—族邦时代—封建帝制时代或帝国时代"三阶段说。他认为,"洪荒时代"主要讲人类起源的历史,

---

❶ 参见范永禄:《再论"酋邦"的应用问题》,《中原文物》2014 年第 4 期;苏秉琦:《中华文明的新曙光》,《东南文化》1988 年第 5 期;张学海:《聚落群再研究——兼说中国有无酋邦时期》,《华夏考古》2006 年第 2 期;王震中:《中国文明起源的现状与思考》,载陕西省文物局等编:《中国史前考古学研究——祝贺石兴邦先生考古半世纪暨八秩华诞文集》,三秦出版社 2003 年版,第 461 页。

❷ 严文明:《黄河流域文明的发祥与发展》,《华夏考古》1997 年第 1 期。

❸ 苏秉琦:《辽西古文化古城古国》,《文物》1986 年第 8 期。

❹ 车广锦:《论古国时代》,《东南文化》1988 年第 5 期。

❺ 张学海:《东土古国探索》,《华夏考古》1997 年第 1 期。

❻ 苏秉琦:《中国文明起源新探》,生活·读书·新知三联书店 1998 年版,第 131、140 页。

"族邦时代"主要讲中国文明起源和宗族城邦以及相应的宗族社会结构演变的历史,"封建帝制或帝国时代"主要讲两千多年来中国社会循环往复变迁的历史。❶

其二,历史学家张忠培提出中国古代文明的"三期五段说"。第一期为方国或古国时期,又分为公元前3000年初期前后和龙山时代或尧舜时代两段,神权与王权并立,掌握神权和王权的人成为社会主宰。第二期为王国时期,又分为夏商和西周两段,两段在是否存在王室分封方面有差异。第三期为帝国时期,从东周开始过渡,正式始于秦汉。❷

其三,历史学家王震中认为"古国"的含义不够清晰,容易与夏商时代的"方国"概念混淆;"族邦"并不能完全反映商、周时期的国家结构。因此,他将中国古代进入文明社会以后的政治实体的演进过程表述为"邦国—王国—帝国"三个阶段和三种形态。❸ 中国古代最早的国家形态是小国寡民式的邦国(对应考古学上的龙山文化时代),邦国的进一步发展是王国(对应夏、商、周),王国以后通过专制主义的中央集权走向了帝国(秦汉以后)。其中,是否出现了王权或中央集权,是三个发展阶段界分的关键节点。

其四,夏商周断代工程首席专家之一的李伯谦持"古国—王国—帝国"三阶段说。❹ 他在2005年提出,古国时代是指红山文化、良渚文化、大汶口文化等所反映的社会结构,神权支配一切,主持宗教事务者是整个社会的主宰;王国时代是指以军权为支撑的王权、军权、神权相结合的王权国家开始形成,是中国古代文明的形成期,始于龙山文化时代,夏商周也属于此类王权国家。秦汉以后则属于中央集权的帝国阶段。

综上可见,中外学者围绕古代社会形态演进的理论解说多种多样,既有共性也有差异。鉴于古代社会已很遥远,世界各地社会形态演进又具有多样性,传世文献不足或者不足为证,因此围绕古代社会形态的理论远未形成定论。有学者指出,"在理论建设过程中,我们应力图用中国考古学的新发现勾画出中国国家起源的方式和道路的特点,决不能躺在摩尔根、恩格斯和现代

---

❶ 田昌五:《中国历史体系新论》,山东大学出版社1995年版,转引自王震中:《邦国、王国与帝国:先秦国家形态的演进》,《河南大学学报》2003年第4期。
❷ 张忠培:《文化·人物·考古——贺宿白先生九十华诞》,《中国历史博物馆馆刊》2012年第3期。
❸ 王震中:《邦国、王国与帝国:先秦国家形态的演进》,《河南大学学报》2003年第4期。
❹ 李伯谦:《中国古代文明化历程的启示》,《决策探索》2015年第3期。

酋邦或早期国家的已有理论上无所作为，而应不断丰富对国家起源这一世界性课题的内容"❶。这一判断是中肯的。尽管关于古代社会形态演进的理论未有定论，还是有必要从传世文献、出土文献、民俗学和考古遗存相结合的角度，对我国先周时期的社会形态及其社会治理进行初步讨论，以揭示其间法律文化产生与发展的样态。本书倾向于把早期人类社会形态的演进划分为三个阶段，即"原始社会—族邦社会—王国社会"。

二、原始社会的治理与原始习惯

从旧石器时代中晚期（距今约 5 万年）开始到新石器时代晚期（距今约 5000 年）止，人类处于原始社会形态之中。在这一时期，人类的经济生活形态逐渐由采集、狩猎为主向种植农业、畜牧业、游牧业转变；人类社会的组织形态逐渐从原始人群向氏族、部落转变，即便存在首领也不影响成员之间的平等特质；人类在生产生活中逐渐积累形成了丰富的原始习惯，民主议事和原始习惯成为调节社会生活的主要手段。

（一）原始社会的分期

1. 原始人群阶段

考古学认为，从距今 300 万年至 1 万年大致上属于"旧石器时代"。这一时期的人类普遍使用简单的石器，逐步掌握火的使用和缝衣御寒的技术，萌生了原始的审美意识和宗教意识，经历着极其缓慢的演进历程。

从社会组织样态看，这一时期的人类大多过着小规模的群居生活，原始人群以血缘关系为纽带，主要栖居在自然形成的山洞之中，主要使用简单的石器工具谋生，食物来源以采集、狩猎、捕鱼为主。根据生存需要和生活经验，在狩猎分工、食物分配、埋葬死者等方面开始出现一些共同生活准则，即原始习惯。

---

❶ 林沄：《中国考古学中"古国""方国""王国"的理论与方法问题》，《中原文化研究》2016 年第 2 期。

这一时期有丰富的考古学证据：在陕西省蓝田县发现的距今 163 万年的古人类化石和距今 212 万年的旧石器，是早期中国人在黄土高原活动的最早痕迹。❶ 考古人员在蓝田县公王岭发现的距今约 115 万年至 110 万年的古人类化石，在陈家窝发现的距今约 65 万年至 50 万年的古人类化石，也都属于旧石器时代早期的文化遗存。在山西省襄汾县的丁村遗址有 50 余处旧石器和化石遗存，考古人员发现了 30 万年前人类用火的遗迹，这时仍处于考古学上的旧石器时代中期。自从距今约 7 万年的"认知革命"开始，人类具备了想象的能力和文化创造能力。在早期人类创作的贺兰山岩画中，有些动物在新石器时代已经灭绝，其最晚创作于旧石器时代晚期。❷ 发现于河南新郑的具茨山岩画，部分岩画创作的时代经测定不晚于距今 6000 年。❸ 在北京周口店发现的山顶洞文化遗存距今约 3 万年，这时的山顶洞人已经掌握了钻孔和磨光技术，是典型的旧石器时代晚期文化遗存；山顶洞人使用的骨针表明已具有缝衣（兽皮）御寒的能力，遗存的用赤铁矿染过的装饰品表明人类开始萌生审美意识，墓地则表明他们过着多人群居的生活，埋葬死者撒赤铁矿粉的仪式则表明他们已开始对生命与死亡进行思考。❹

这一时期的人类生存和生活样式，也成了后世文献进行揣测和创作的对象。例如，关于盘古"开天辟地"的传说（《艺文类聚·天部上》援引三国时代吴国人徐整的《三五历纪》），是后人关于世界起源的想象；女娲"抟黄土作人"的传说（《太平御览·皇王部三》），是后人关于人类起源的想象；而有巢氏"构木为巢以避群害"、燧人氏"钻燧取火以化腥臊"（《韩非子·五蠹》）等传说，未尝不是后人对上古时代人类生活样式的合理想象。虽然盘古氏、女娲氏、有巢氏、燧人氏未必真有其人，或者不只有一个，或者是对那个时代英雄人物的文学化再现，但也不乏人定胜天的科学思想，与进化论思想也有一定程度的契合。

---

❶ 朱照宇等：《中国黄土高原最早的古人类活动记录》，《科学》2019 年第 3 期。
❷ 薛正昌：《贺兰山岩画文化》，《宁夏社会科学》2004 年第 2 期。
❸ 汤惠生、刘五一：《具茨山岩画：中华文明可考的源头》，《光明日报》2014 年 1 月 22 日，第 7 版。
❹ 参见胡明：《从山顶洞人装饰品看原始人对美的追求》，《兰台世界》2015 年第 12 期；黄也平：《从"方便葬"到"文化葬（土葬）"：中国葬文化的历史过渡——山顶洞人的"葬式"与中国葬文化的史前转折》，《华夏文化论坛》2010 年卷，第 225 页。

2. 母系氏族阶段

从距今约 1 万年的旧石器时代晚期或新石器时代早期开始，血缘群居的原始人群演化成母系氏族。在母系氏族社会里，妇女居于统领地位，氏族规模逐渐增大，成员依母系血缘关系确定，氏族成员地位平等，共同生产劳动，尚不存在家庭和私有制。甘肃天水的大地湾文化遗存（距今 8000—4800 年）一定程度上揭示了母系氏族社会的生活面貌。该文化遗存面积 13800 平方米，出土陶器、石器、骨器、角器 8000 多件，房址 240 余座，灶址 104 个，从深穴式窝棚建筑向半地穴式居室发展，陶窑 38 处，墓葬 79 座，氏族墓地没有发现男女合葬墓，子女随母葬，随葬的生活用具和装饰品差别不大。❶ 在大地湾文化一期遗存中还发现了人工培养的黍、油菜等植物的种子，❷ 意味着彼时已出现了旱作农业。

为什么是女性，而不是男性首先获得氏族社会的主导作用呢？有两方面的原因：一是在从狩猎生活向原始农业转型过程中，妇女在推动农业、畜牧业、制陶业、纺织业的发展中作出了更大的经济贡献；二是除了要进行物质生产外，妇女还承担了生育的重任。这种母系血缘依赖，也是原始人群时期遗留下来的群婚制的结果，"只要存在着群婚，那么世系就只能从母亲方面来确定"。❸ "只知其母，不知其父"是母系氏族成员在血缘关系方面的基本特征。

在旧石器时代，人类生存方式主要是被动地适应环境，以采集、狩猎、捕鱼的方式从自然界获取食物。进入新石器时代，人与自然的关系由"被动适应"转为"主动利用和改造"，磨制石器和陶器等生产工具的出现显著提升了人类改造自然的能力，种植农业、对野生动物驯化的禽畜饲养业和游牧业开始出现，农业生产带来了稳定的定居生活（形成聚落）或者（逐草而居的）游群，氏族社会由此拉开帷幕。"农业起源（含饲养业和陶器起源）是新石器时代革命的主要标志"，❹ 也是氏族社会得以形成的经济前提。新石器

---

❶ 汪国富：《从大地湾遗址一、二期遗存看母系氏族社会》，《史前研究》2002 年卷。
❷ 甘肃省文物考古研究所：《秦安大地湾：新石器时代遗址发掘报告》，文物出版社 2006 年版，第 374 页。
❸ 《马克思恩格斯文集》（第 4 卷），人民出版社 2009 年版，第 38 页。
❹ 林向：《近年来史前考古的新发现》，《光明日报》1999 年 7 月 9 日，第 7 版。

文化遗存遍布全国各地，可分为早期、中期、晚期三个阶段：❶ 距今10000年至7000年前后为早期阶段，出现了原始的刀耕农业，家畜饲养业以饲养羊、牛等食草动物为主，农业生产工具以打制石器为主、磨制石器较少，开始出现陶器制作的生活用品。❷ 距今7000年至5500年前后为中期阶段，石锄、石铲等磨制石器得到应用，经济形态进入锄耕农业阶段，黄河流域以种植粟、黍为主，长江流域以种植水稻为主，生活用品从夹砂陶发展为泥质陶器。距今5500年至4000年为晚期阶段，黄河、长江流域以及华南地区都已迈入发达的锄耕农业阶段，太湖流域甚至出现了犁耕农业，北方的草原地带从狩猎经济开始向游牧经济过渡。陶器以灰、黑陶为主，黄河下游龙山文化的"蛋壳黑陶"是这一时期陶器艺术的杰作。在红山文化、良渚文化、石峡文化中，还普遍发现了大量的随葬玉器。

在古文献中，有关庖牺氏（伏羲）❸的记述，大致符合新石器时代早期农业和母系氏族社会的生活样态。庖牺氏的主要贡献是"取牺牲以供庖厨，食天下，故号曰庖牺氏"，"仰观象于天，俯观法于地，观鸟兽之文与地之宜，近取诸身，远取诸物"（《帝王世纪·自开辟至三皇》）❹，这表明当时的人类已经开始从狩猎生活向驯化野生动物的畜牧农业（或游牧业）转化，采集生活仍然重要，但还没有种植农业和发明农具的记述，较为符合新石器时代早期或中期阶段的状态。伴随着农业的发展，天文、地理、四季等知识开始成长，更为抽象的八卦文化开始萌生。司马迁说，"余闻之先人曰：'伏羲至纯厚，作《易》八卦'"（《史记·五帝本纪》），这也是符合社会文化发展逻辑的。古文献明确了庖牺氏的母系血统，但均未记载其父系血统，这是典型的"只知其母，不知其父"的母系氏族社会形态。"太皞帝庖牺氏，风姓也，母

---

❶ 参见毛曦：《中国新石器时代文化地理》，陕西师范大学2001年博士学位论文，第60、61页。
❷ 参见王吉怀：《论黄河流域前期新石器文化的文化特征和时代特征》，《东南文化》1999年第4期。
❸ 古籍中对于"庖牺氏"有多种称谓，如《史记》称伏羲，《三坟》称伏戏，《周易》《帝王世纪》称庖牺，《左传》称炮牺，《汉书》称包羲，《拾遗记》称庖羲，《世本》称虙戏，《管子》《庄子》作虙仪，《尸子》作宓牺，《楚帛书》作雹戏。王献唐认为，"戏、牺、仪三字同音，伏、虙与包、庖为双声音转，皆以音同或音近通用。包与伏、虙，俱牟之音转。虙今读如密，密固出于牟也"（参见王献唐：《炎黄氏族文化考》，齐鲁书社1985年版，第451页）。
❹ 皇甫谧等：《帝王世纪、世本、逸周书、古本竹书纪年》，陆吉等点校，齐鲁书社2010年版，第2、3页。如无特别注明，本书后文注引《帝王世纪》《世本》《逸周书》《古本竹书纪年》《今本竹书纪年》的内容均来自该版本。

曰华胥。燧人之世，有大人之迹出于雷泽之中，华胥履之，生庖牺于成纪"（《帝王世纪·自开辟至三皇》）。当然，文献记述的庖牺氏只是一种传说，或许庖牺氏不是一个特定的人，而是一个规模很大的氏族族团（以"庖牺"为祖先崇拜），而且延续了若干世系，由各氏族女性首领轮流担任部落首领。❶母系氏族社会的生活总体和谐、少征伐，"当是时也，民结绳而用之，甘其食，美其服，乐其俗，安其居，邻国相望，鸡狗之音相闻，民至老死而不相往来"（《庄子·胠箧》）。

3. 父系氏族阶段

考古发现，在距今约6000年到4000年的时代，遍布中国各地的氏族组织开始相继进入父系氏族社会。❷ 其中，位于黄河中游地区的仰韶文化遗存（分布在西起甘青接壤地带、东至豫东地区、南达鄂西北、北到长城沿线及河套地区的广大地域），与夏、商、周中心活动区域毗邻，备受考古界关注。仰韶文化早期主要包括半坡类型、史家类型（约公元前5000年至公元前4000年，以关中地区为核心），出土的陶器上有女性的塑像或画像，应属母系氏族社会高级阶段。仰韶文化中期主要是庙底沟类型（约公元前4000年至公元前3500年，以豫、陕、晋三省为中心），主要经营种植粟、黍等作物的旱作农业，磨制石器占绝大多数，出土的彩陶缸上绘制有木耒、木耜图形，已进入典型的锄耕农业阶段；圆形房屋骤减，单间房屋为主，双间房屋开始出现，显示对偶家庭盛行；出土了男性崇拜的陶塑，父系氏族社会的某些特征已经出现。仰韶文化晚期主要有西王村类型、秦王寨类型（约公元前3500年至公元前3000年，以山西芮城、河南荥阳为中心），出现了以大型聚落为中心，中型聚落和小型聚落散布周边的现象，成年男女合葬墓较为普遍，随葬陶器和其他用具较少，但作为财富象征的猪下颌骨较为普遍，多寡差异明显（少则几个，多则七八十个）。❸ 而一夫一妻制和家庭私有制的出现，是父系氏族社会的特征。

---

❶ 《帝王世纪·自开辟至三皇》载，"女娲氏，亦风姓也。承庖牺制度。亦蛇首人身，一号女希，是为女皇……及女娲氏没，次有大庭氏、柏皇氏、中央氏、栗陆氏、骊连氏、赫胥氏、尊庐氏、混沌氏、昊英氏、有巢氏、朱襄氏、葛天氏、阴康氏、无怀氏，凡十五世，皆袭庖牺氏之号"。
❷ 参见谢云新：《父系氏族取代母系氏族之谜》，《群文天地》2011年第15期。
❸ 巩启明：《从考古资料看仰韶文化的社会组织及社会发展阶段》，《中原文物》2001年第5期。

从母系氏族社会向父系氏族社会过渡是一个逐步的过程,也许其从母系氏族社会繁荣时期就已经开始了。其间,三个因素发挥了决定性作用。一是复杂农业、畜牧业、手工业的发展改变了男女的劳动分工,男性逐渐成为物质生产的中坚力量和社会财富的主要创造者,在财产分配上获得了更大的发言权,女性逐渐沦为经济从属地位。二是婚姻关系发生了深刻变革,在母系氏族社会繁荣时期婚姻形态已由群婚转化为对偶婚(男从妻居),男性迫切需要改变从妻而居的不利处境,以与婚配女性和子女保持稳定的家庭关系,个体家庭制和子女从父的血缘关系确认机制,是父系制战胜母系制的显著标志。三是农业、畜牧业的发展导致剩余产品的出现,人类对母系氏族社会中应对饥荒的生产资料公有制需求降低,剩余产品为私有制的产生提供了可能,基层社会的家庭私有制和上层社会的私有制加剧了社会分层,推动了原始公有制的解体,以及政治上向族邦社会和国家形态的快速演进。

在古文献中,有关神农氏的记述与母系氏族向父系氏族社会过渡阶段的人类生活景象有吻合性。

第一,神农时代的农业经济快速发展。如果说庖牺氏时代人类主要过着居无定所的渔猎生活,那么接下来的神农氏时代则进入了定居生活时代,以种植农业作为食物的主要来源。据东汉班固著《白虎通·号》载:"古之人民皆食禽兽肉,至于神农,人民众多,禽兽不足,于是神农因天之时,分地之利,制耒耜,教民农作,神而化之,使民宜之,故谓之神农也。"❶《周易·系辞下》载:"包牺氏没,神农氏作,斫木为耜,揉木为耒,耒耨之利,以教天下。"唐代欧阳询《艺文类聚·帝王部一》引《周书》载:"神农之时,天雨粟,神农耕而种之;作陶冶斤斧,为耒耜耨,以垦草莽。然后五谷兴,以助果蓏实。"❷ 在这些记述中,"斤斧""耒耜"等石器锄耕农具,以及"粟""五谷"等北方旱地农作物已出现,表明已进入种植农业和锄耕农业阶段。

第二,神农时代出现了商品交易现象。据《周易·系辞下》载:"神农氏作……日中为市,致天下之民,聚天下之货,交易而退,各得其所。"这里的

---

❶ 陈立:《白虎通疏证》(下),吴则虞点校,中华书局1994年版,第51页。《白虎通》又称《白虎通义》,这里的"号"是"称号"的意思,该篇开宗明义地指出"帝王者何?号也。号者,功之表也,所以表功明德,号令臣下者也"。

❷ 欧阳询:《艺文类聚》(上),汪绍楹校,上海古籍出版社1965年版,第2页。如无注明,后文注引该书内容均来自该版本。

"日中为市"和"聚天下之货"，意味着随着种植农业的发展，劳动分工开始进一步细化，氏族社会的物质生产已较为发达，可供交易的剩余产品开始出现。剩余产品的出现，为社会阶层的分化作了铺垫，也预告了以产品平均分配为主的氏族社会即将解体。

第三，神农氏时代的母系血缘仍然得到强调，但已开始出现父系血缘组织，男女固定搭配的对偶婚和个体家庭开始出现。如《庄子·盗跖》载："神农之世，卧则居居，起则于于；民知其母，不知其父，与麋鹿共处，耕而食，织而衣，无有相害之心。"有关"民知其母，不知其父"的记述，表明神农氏时代仍然处于母系氏族社会阶段。但《帝王世纪·自开辟至三皇》载："神农氏，姜姓也。母曰任姒，有蟜氏之女，名女登，为少典妃，游华阳，有神龙首感女登于尚（常）羊，生炎帝，人首牛身，长于姜水，因以为氏。"这里出现了神农氏父系血统（少典）的记载，表明其时已开始向父系氏族社会过渡。而《吕氏春秋·爱类》则更进一步，"神农之教曰：士有当年而不耕者，则天下或受其饥矣；女有当年不绩者，则天下受其寒矣，故身亲耕，妻亲织，所以见致民利也"。这表明，神农氏时代已出现了"身亲耕，妻亲织"的家庭形式，这是母系氏族社会群居生活向父系氏族社会个体家庭生活过渡的重要标志。

第四，传世文献中有关神农氏血缘关系和活动范围的记述，或许表明当时已出现了更大地域范围的血缘部落。《吕氏春秋·慎势》称，"神农十七世有天下。"《帝王世纪·自开辟至三皇》称，"神农氏，姜姓也。母曰任姒，有蟜氏之女，名女登，为少典妃……长于姜水，因以为氏"，"初都陈，又徙鲁"，"在位百二十年而崩，"葬长沙"，"至榆罔凡八世，合五百三十年"。在历史上，神农氏究竟有无其人，是一个人还是一个氏族部落的称号，生活在何时、何地，在时间上延续了多久？传世文献记述多有矛盾，考古资料无法证明，进行臆测和考证或已不必要，但如果把神农作为中国新石器时代农业大发展时期的杰出氏族首领（或许有多个）来认知，也是符合历史发展逻辑的。

最后，有几个问题值得重申。（1）中国文明起源的格局是多元一体的，而非一枝独秀。针对遍布全国的8000多处新石器时代文化遗存，考古学家苏秉琦提出"中华文明起源满天星斗说"，使"过去那种过分夸大中原古文化、贬低周边古文化的偏差开始得到纠正"。❶ 但是各地氏族社会发展程度有所差异，中原文化在发展中率先进入族邦社会和国家形态，也是可信的。（2）从母系氏族社会向父系氏族社会过渡是一个长期渐进的过程。以黄河中游的仰韶文化遗存为例，如果说仰韶中期（约公元前4000年至公元前3500年）开始出现一些父系氏族社会的特征，那么到夏王国父权宗法制度的确立（夏商周断代工程将公元前2070年确定为夏启建立夏王国的时间），则至少经历了一两千年的历史。（3）不同地域的母系氏族向父系氏族过渡的进程具有不平衡性。如果根据司马迁《史记·五帝本纪》的记述，自黄帝开始的五帝时代已出现明确的父系血统记载，表明黄河中下游的仰韶文化和龙山文化主体已经进入父系氏族社会。不过，无法由此得出各地氏族部落在同一时间均进入父系社会的结论，母系氏族与父系氏族可能混杂存在，而且持续的时间非常长。例如，我国海南省的黎族从汉代就开始了汉化进程，但直到1949年之前还处于"从母系文化向父权社会过渡的复杂阶段"，而云南"摩梭人的母系氏族一直到20世纪50年仍基本得以保留"。❷

（二）原始社会的公共治理与原始习惯

1. 原始社会的公共治理

农业的发展催生了人类的聚落生活和氏族组织，人口繁衍又导致氏族组织不断增大、裂变，并整合成松散联系的族团（氏族部落）——这对氏族社会的公共事务管理提出了要求。

一方面，氏族需要产生一个首领，甚至一些其他承担公共生活管理职责的人。在小规模的氏族中，氏族首领一般由存在血缘关系的群体的共同长辈（祖母）担任，其权威来自原始的生殖崇拜。对新中国成立前后的海南黎族和云南摩梭人残存的母系氏族组织的考察显示，母系氏族源于一个共同的母系祖先，由一个德高望重的祖母管理，父权的缺位由"舅权"填补，摩梭人有谚语说"最可靠的人是母亲，最信得过的是舅舅"，黎族也有"天上雷公大，

---

❶ 李学勤：《五十年来的中国考古学与古代文明研究》，《中国史研究》1999年第4期。
❷ 文丽敏：《黎人与摩梭人母系制遗存比较研究》，《南通大学学报》（社会科学版）2016年第6期。

人间舅公大"的说法。❶ 古罗马学者在考察日耳曼人的族群关系时也曾指出，"甥舅的关系是和父子的关系相等的"，❷ 这意味着，舅权可能是女性家长、族长向男性家长、族长和平过渡的一种方式。在一个大型母系氏族或者族团中，往往由一个德高望重的祖母充当共同的首领，这个首领是"魅力型"的，其权威来源于自身杰出的能力和对氏族的突出贡献，从而赢得全体氏族成员的自发拥护。在传世文献中，有关庖牺氏"取牺牲以供庖厨，食天下"和神农氏"制耒耜，教民农作"的记载，都表明氏族首领要亲自参加劳动，而且是劳动能手，是"魅力型"首领。

另一方面，氏族内首领的产生和重大事务遵循民主议事规则，不存在世袭和强力镇压机制。人类学的研究显示，氏族首领在生产劳动和产品分配方面不享有特权，全体氏族成员处于平等、自由的状态，如果有人不满意可以选择离开，从而导致氏族的裂变。摩尔根对北美印第安人部落的观察显示，"每个氏族所有的成员在人身方面都是自由的"，"在个人权利方面平等，首领和酋帅都不能要求任何优越权；他们是靠血缘关系结合起来的同胞。自由、平等、博爱，虽然从来没有明确规定，却是氏族的根本原则"。❸ 罗伯茨对非洲原始部落的考察也显示，"村庄的首领被限于一个母系氏族中，但没有规则指明由哪个特别的人来当选，结果是留待该氏族的个人成员相互竞争产生首领。激烈的争吵是这种竞争态势的表征，当新的首领产生后，一切就会平息"，"当首领的权威开始下降，他的潜在继承人之间的斗争变得激化……当新的领导地位确立后，一位或多位竞争者会与追随者一起离开并在别处成立新的村庄"。❹ 氏族的裂变为地域性的血缘族团或者部落的形成提供了基础。

2. 原始社会的原始习惯

在原始社会既没有阶级和国家，也没有法律或权利义务的观念。"氏族制度的伟大，但同时也是它的局限性，就在于这里没有统治和奴役存在的余地。

---

❶ 文丽敏：《黎人与摩梭人母系制遗存比较研究》，《南通大学学报》（社会科学版）2016 年第 6 期。

❷ ［古罗马］塔西佗：《日耳曼尼亚志》，马雍、傅正元译，商务印书馆 1959 年版，第 65 页。

❸ ［美］路易斯·亨利·摩尔根：《美洲土著的房屋和家庭生活》，李培茱译，中国社会科学出版社 1985 年版，第 8 页。

❹ ［英］西蒙·罗伯茨：《秩序与争议：法律人类学导论》，沈伟、张铮译，上海交通大学出版社 2012 年版，第 19－20、30 页。

在氏族制度内部，还没有权利和义务的分别；参与公共事务，实行血族复仇或为此接受赎罪，究竟是权利还是义务这种问题……是不存在的。"❶ 在缺乏国家和强力机制的时代，氏族成员的日常活动靠什么进行指引和规范呢？这主要是原始的习惯。原始习惯是对过往生活经验的总结，而不是由首领或者其他权威制定的；原始习惯主要靠全体氏族成员的默认遵守和报复的威慑来落实，缺乏强力执行机制；原始习惯的存在和其作用的发挥，以"落后的社会生产力与氏族成员的基本生存保障"这一总体社会矛盾的解决为根本指向。

原始习惯存在于氏族社会的各个方面，兹择要分析如下。

其一，劳动生产和产品分配习惯。原始社会的生产力低下，维持基本生存的物质匮乏，"落后的生产力与氏族成员的基本生存保障"构成了原始社会的主要矛盾。为了抵御饥荒和猛兽的袭击，人们根据血缘关系聚居在一起，形成由分散的村落组成的氏族组织，氏族成员共同参与劳动，平均分配产品。在原始农业发展过程中，畜牧业和手工业的出现导致了两次大的劳动分工。❷ 在劳动生产中，根据年龄、体力状况，会形成男人女人、老人孩子、多人协作的劳动分工习惯，文献中有关"神农之世，男耕而食，妇织而衣，刑政不用而治，甲兵不起而王"（《商君书·画策》）的记述，就是这种生产分工习惯的体现。在产品分配方面，实行平均分配和全员保障机制，是一种得到全体氏族成员默认的分配习惯。《礼记·礼运》将其描述为"大同社会"，"大道之行也，天下为公，选贤与能，讲信修睦。故人不独亲其亲，不独子其子，使老有所终，壮有所用，幼有所长，鳏、寡、孤、独、废疾者，皆有所养"。

其二，原始的婚姻习惯。摩尔根认为，"亲属制度并不基于天然关系，而基于婚姻……亲属制度以最明白的方式直接准确地反映了古代社会的情况"。❸ 原始人的婚姻在经过了原始的杂交阶段之后，依次经历了血缘群婚（有血缘关系的兄弟姐妹通婚）、伙婚（若干兄弟或姐妹有共同的配偶）、对偶婚（一男一女为婚，但不排斥与他人同居）、父权婚姻（一夫多妻）、专偶婚（一夫一妻）几种婚姻形式。在血缘群婚阶段，或许还经历了从班辈婚（直系血亲

---

❶ 《马克思恩格斯选集》（第4卷），人民出版社1995版，第159页。
❷ 《马克思恩格斯选集》（第4卷），人民出版社1995版，第163页。
❸ [美] 路易斯·亨利·摩尔根：《古代社会》（下册），杨东莼、马雍、马巨译，商务印书馆1981年版，第391页。

不能为婚，兄弟姐妹可以为婚）到族外婚（具有血亲关系的氏族成员不能为婚）的发展。在对偶婚及其以前，对应的是母系氏族社会的共产制生活方式。唐代李冘在《独异志·卷下》中描述，"昔宇宙初开之时，只有女娲兄妹二人……议以为夫妻"，❶ 即对原始社会存在血缘婚的历史记忆。唐代孔颖达在《礼记正义》中引三国时期蜀汉学者谯周的《古史考》说，伏羲"制嫁娶，以俪皮为礼，作琴瑟以为乐"。这表明即便在原始社会，也存在某种婚姻习惯或仪式。早期的婚姻习惯主要靠氏族社会的原始道德调节，到了父系氏族社会后期才开始出现某种外部强力机制。

其三，原始的祭祀习惯。由于对自然界和人的死亡现象认识有限，原始人基于恐惧心理产生了"万物有灵"的抽象思维，距今约3万年的山顶洞人往尸体上撒赤铁矿粉即为其早期体现。在"万物有灵"的基础上，氏族社会逐渐产生了图腾崇拜和原始的巫术。图腾（totem）是一个舶来语，印第安语的意思是"他的亲族"，"图腾崇拜既有自然崇拜，也有祖先崇拜"。❷ 普列汉诺夫认为，"图腾崇拜的特点，就是相信人们的某一血缘联合体与动物的某一种类之间存在着血缘关系"。❸ 不同的血缘氏族可能有不同的图腾崇拜，图腾也就顺理成章地成为氏族标志和原始姓氏的来源，一些古姓（姬、姜、姒、嬴、妘、妫、姚、姞）多为"女"字偏旁，显示他们可能来源于母系氏族社会的图腾崇拜。图腾具有超自然的"神灵"属性，与图腾崇拜相伴而生的是"巫觋"和祭神的"玉器"。东汉许慎的《说文解字·巫部》说，"能齐肃事神明也，在男曰觋，在女曰巫"；又说，"靈（灵），巫也，以玉事神，从玉"，段玉裁注曰，"巫能以玉事神，故其字从玉"。❹ 这表明了玉和巫的关系，玉是巫师祭神的礼器。《左传·僖公十年》载："神不歆非类，民不祀非族。"这表明直到周代还保留着各宗族分别祭祀自己的祖先神的传统。考古发现，中国早期的玉器主要集中在东北的辽河流域、中原黄河中下游及南方长江下游沿岸区域，辽河流域的玉器最早出现在距今8000年左右，黄河流域和

---

❶ 《独异志》今存仅为三卷，其作者有"李冘""李元""李冗""李宄""李伉"之说，实为"李冘"。参见刘泽华、王俊德：《〈独异志〉作者及其版本源流考辨》，《齐鲁师范学院学报》2016年第6期。

❷ 万九河：《中国原始社会的图腾》，《贵州民族研究》1983年第1期。

❸ 《普列汉诺夫哲学著作选集》（第3卷），汝信等译，生活·读书·新知三联书店1962年版，第383页。

❹ 许慎：《说文解字》，段玉裁注，上海古籍出版社1981年版，第201、19页。

长江下游地区的玉最早出现在距今7000年左右。[1] 在原始人的认知中，玉是人神沟通的神物，"在东北、东南、西北等地史前社会，玉有着其他物料所没有的通灵的功能"[2]。考古工作者在辽宁西部山区发掘一处原始社会末期的大型石砌祭祀坛遗址和一座女神庙，面积4万余平方米，遗址内有圆形和方形的祭坛，[3] 是早期巫觋文化的见证。虽然原始社会的祭祀习惯细节已不可考，但根据文化遗存不难想象祭神仪式的隆重程度，随着社会的发展祭神仪式就演变成了"礼"。[4]

3. 原始社会的纠纷解决

在任何社会形态下，争议的发生都是不可避免的，原始社会的争议解决机制是什么样的呢？一个总体的描述是，由氏族社会的成员协商解决。

恩格斯在《家庭、私有制和国家的起源》一文中进行过如下描述，"这种十分单纯质朴的氏族制度是一种多么美妙的制度呵！没有大兵、宪兵和警察，没有贵族；国王、总督、地方官和法官，没有监狱，没有诉讼，而一切都是有条理的。一切争端和纠纷，都由当事人的全体，即氏族或部落来解决，或者由各个氏族相互解决；血族复仇仅仅当成一种极端的、很少应用的威胁手段"[5]。但这一描述还不够生动具体，争议的协商解决机制具体是如何运行的？又如何产生一种具有压迫感的执行力呢？英国人类学家罗伯茨对赞比亚的汤加人的描述在一定程度上能为我们拨开认识迷雾：每个汤加人都属于构成社会的14个母系氏族部落中的一个，他们实行族外婚，分散居住在众多小村庄中，"尽管居住分散，他们中的小分支组成了支持和报复群体，随时准备帮助受到欺负或处于困境中的成员"，这种互不相容的忠诚"对争议者的亲属和同

---

[1] 李婵：《上古三代秦汉玉文化研究》，山东大学博士学位论文，2011年，第19-22页。
[2] 杨伯达：《巫玉之光——中国史前玉文化论考》，上海古籍出版社2005年版，第61页。
[3] 袁伟：《对红山文化玉三孔器的再认识》，《故宫博物院院刊》2005年第1期。
[4] 有不少学者认为，夏、商、周的"礼"来源于原始社会的祭神仪式。如王国维说："奉神人之事，通谓礼"；郭沫若说，"大概礼之起源于祀神，故其字后来从示，其后扩展而为对人，更其后扩展而为吉、凶、军、宾、嘉的各种仪制"（参见白银亮：《礼起源于原始宗教祭祀新论》，《世纪桥》2008年第4期，第45页）。
[5]《马克思恩格斯选集》（第4卷），人民出版社1995版，第95页。

居一处的人还形成压力,迫使他们为解决当下的争吵寻找解决方案"❶;具体方法可能是争议双方"交谈",也可能是接受某个"大人物"的提议把争议导向某种仪式(如歌唱比赛、交换财物,甚至巫术),或者实施"以眼还眼、以牙还牙"式的报复,还有可能是"公共的谴责",更为严重的是"放逐"。❷

随着母系氏族社会演化为父系氏族社会,特别是父权家庭和私有制的出现,阶层分化开始加剧,部落内部的强力机制已逐步出现,而部落之间为争夺资源的讨伐活动也开始出现。如《孙膑兵法·见威王》载:"昔者,神戎战斧遂。"这里的"神戎"当为"神农","斧遂"当为"补遂",《战国策·秦策》提供了旁证:"昔者,神农伐补遂。"《路史·后纪三》进一步描述了这一战的原因,"(神农时)补、遂不悏,乃伐补、遂,而万国定"。❸可见,神农氏部落与补、遂部落之间已经发生了历史上有文献记载的"中华第一战",原因就是补、遂部落"不悏"(可能是不愿进行某种生产资料的交易,也可能是不服从神农氏的权威)。司马迁在《史记·五帝本纪》开篇就指出,"轩辕之时,神农氏世衰,诸侯相侵伐,暴虐百姓,而神农氏弗能征","而蚩尤最为暴,莫能伐"。这表明,随着父系氏族社会的形成,一个争夺统治权的族邦时代即将到来。

三、族邦社会的治理与习惯法

到了中国新石器时代晚期(距今5000—4000年),在血缘组织方面大部分地区的母系氏族已演化为父系氏族,在生产力方面随着农业、手工业的进一步发展导致了剩余产品的出现。这二者的结合,在社会经济层面诱发了个体家庭私有制,在公共事务管理层面诱发了社会阶等分化,在社会组织结构方面孕育了更大地域范围内的跨血缘部落联盟,原始共产主义式的氏族社会

---

❶ [英]西蒙·罗伯茨:《秩序与争议:法律人类学导论》,沈伟、张铮译,上海交通大学出版社2012年版,第38页。
❷ [英]西蒙·罗伯茨:《秩序与争议:法律人类学导论》,沈伟、张铮译,上海交通大学出版社2012年版,第38-48页。
❸ 《路史》是南宋罗泌所撰杂史,本书后文引证皆来自清代乾隆时期编修的《钦定四库全书》史部四。

解体，人类社会进入以"阶等"为特征的族邦社会形态。族邦社会是一种从原始社会向国家形态过渡的中间形态，或者说是一种准国家形态、半国家形态，从中已能窥见国家的朦胧影像和具有强制力的习惯法现象。

（一）族邦社会形态

对于原始社会解体后出现的"阶等"社会，中西学者使用了"古国""方国""邦国""古城""聚落邑""部落联盟""酋邦""城邦"等多种称谓来描述，形成各具特色的理论阐释模式。其中，酋邦、城邦是外来语，酋邦理论在考古学界被援用得尤其普遍。所谓酋邦，美国人类学家塞维斯认为是一种集中型的社会政治体制（多为神权体制），酋长一般兼祭司，实行非强制性的权威与集中的管理，但没有政府；存在明确的阶等区分和世袭制，但还没有形成社会经济阶级。❶ 而卡内罗认为，酋邦是指由一个最高酋长长期控制下的多聚落或多元社群组成的自治政治单位。❷ 我国历史学家田昌五首倡"族邦"概念，他把从考古学上的龙山文化时代起至战国时期的诸侯国变法为止的阶段都称为"族邦时代"。❸

如果用以描述原始社会共产主义式的社会解体以后、国家出现之前的社会形态，则"族邦""酋邦""部落联盟"等概念并无本质区别。但比较而言，"族邦"既能与"协和万邦"（《尚书·尧典》）的文献记述契合，又能揭示此际"聚族而居""聚族成邦"的社会结构形态。因此本文沿用"族邦"概念，但把"族邦时代"的起点界定在争夺领导权的大型部落战争开始之际，终于夏王国的诞生前夕，对照古文献大致相当于黄帝至尧舜的"五帝"时代。❹

---

❶ Elman R. Service, Primitive Social Organization: An Evolutionary Perspective 2nd edition, New York: Random House, 1971, p. 164; cf. Elman R. Service, Pro files in Ethnology Rev. edition, New York: Harper & Row, 1963, p. 498.

❷ Carneiro, R. L., 1981, The chiefdom: Precursor of the state. In: The Transition to Statehood in the new World. G. D. Jones and R. R. Kauts (eds), Cambridge: Cambridge University Press, pp. 37 – 79.

❸ 田昌五：《中国历史体系新论》，山东大学出版社2009年版，第31页。

❹ 关于"五帝"存在多种说法：有的将"五帝"称为"五方神"，即东方太皞、南方炎帝、西方少昊、北方颛顼、中央黄帝（《礼记·月令》，东汉王逸注《楚辞·惜诵》）。有的则将其人化为五位部落首领，即黄帝、颛顼、帝喾、唐尧、虞舜（《世本》《大戴礼记》《史记·五帝本纪》）。

1. 族邦社会的形成机制

从氏族社会到族邦社会的演进，始于争夺一定地域内各氏族领导权的战争。族邦社会的形成机理呈现两个特征：一是血缘组织上的"聚族成宗"，二是地域关系上的"聚族成邦"。

首先，在血缘组织方面，出现了从"氏族"向"宗族"的转变。在母系氏族社会由于"只知其母、不知其父"，故氏族成员均以母系氏族的图腾为姓。随着向父系氏族社会过渡，"姓氏分而为二。男子称氏，妇人称姓。氏所以别贵贱，贵者有氏，贱者有名无氏"（《通志·氏族略》）。而且，父权的确立也使父系先祖能够开宗立姓，故有神农氏姓姜（母曰任姒、有蟜氏之女，长于姜水、因以为姓，因令人食谷以代牺牲、号神农氏）、轩辕氏姓姬（母曰附宝、有氏之女，长于姬水、因以为姓，因居轩辕之丘、号轩辕氏）、尧姓伊祁（生于伊祁山，又因受封陶、唐二地称陶唐氏）、舜姓姚（因生于姚墟而姓姚，又因居于妫水而姓妫）、禹姓姒（母曰修己、有莘氏之女，传说因吞食薏苡生禹）等传说。但母系氏族的群婚制使其无法形成"宗族"社会，即便形成氏族部落也是小规模的，缺乏强力机制使其很容易裂变。到了父系氏族社会，偶婚制进一步发展成为夫妻家庭制，以家庭为单位汇家成族，若干家族又基于父系血统汇聚成规模更大且有阶等的"宗族"组织。东汉史学家班固在《白虎通·宗族》中说："族者，凑也，聚也。谓恩爱相流凑也。""宗者，尊也。为先祖主者，宗人之所尊也。"郑玄为《司礼·地官·大司徒》"族坟墓"作注时说，"族犹类也，同宗者，生相近，死相迫"。反映在考古上，就是同一父系宗族成员生前聚居，形成层次分明的"小型聚落—次中心聚落—中心聚落"，家族长居住在次中心聚落，宗族长居住在中心聚落；死后在宗族的公共墓地中相聚而葬，同族死者紧密相从而葬，有族长和一般族众的区别，多族为一宗、相邻但分开埋葬。[1] 充满阶等的"宗族"的出现，为跨血缘的部落联盟或族邦的出现提供了组织基础。

其次，在地域关系方面，血缘"宗族"组织逐渐向跨血缘的"族邦"

---

[1] 参见巩启明：《从考古资料看仰韶文化的社会组织及社会发展阶段》，《中原文物》2001年第5期，第35页；部丽梅：《族邦的产生及其初期形态》，河北师范大学硕士学位论文，2006年，第3页。

(部落联盟）转变。在最早的文字甲骨文中，"邦"写作🌱，从邑、丰声。其中，"丰"为会意字，像植禾苗于田中，初始意思为农业种植（到了周代才引申为"分封""封疆"之意）；"邑"的核心意思是"人口的聚居"。❶ 随着父系氏族社会聚居一地进行农业生产活动，出现了城邑（或中心聚落）——这是一个父系宗族群体的活动中心，其在含有亲属关系的聚落社群中具有政治、文化和宗教等的中心地位和作用，也是与宗族长血缘较近的亲属集团的聚居地；普通聚落即一般的邑，多为与宗族长所在家族血缘关系较远或是一些外族成员聚居地。❷ 随着手工业群体、剩余产品和私有制的出现，在聚居地进行产品交易成为需要，产品交易又促进了不同宗族部落人口流动的现象，形成在中心聚落杂居的局面。《史记·五帝本纪》关于"舜耕于历山"的记载，即"一年而所居成聚，二年成邑，三年成都"，在一定程度上揭示了"聚落—城邑—都邑"的形成机制。对黄河中下游龙山文化遗存的考古发现，当时大部分家户形态已是个体家庭，农业和制陶手工业发达，出现基层集市、中心市场、跨区域贸易现象，基层聚落和中心聚落开始分化。❸ 这种以血缘为主的聚落群仍是宗族部落形态，随着跨父系血缘的部落之间持续联姻或者战争，最终将实现聚"宗族"成"族邦"的质的转变。

"聚族成邦"的过程并非完全自然的和平进化，主要是遍布各地的父系宗族部落通过频繁的战争和征服手段达成的。

根据文献记载，从黄帝到尧舜禹都处于一个"万国林立"的时代。这里所谓的"万国"，实为对各地父系血亲宗族部落的形象描述。据《史记·五帝本纪》载，黄帝轩辕氏时代，"置左右大监，监于万国"，这是族邦社会形成的初始标志。唐尧时期，尧"能明驯德，以亲九族。九族既睦，便章百姓。百姓昭明，合和万国"，这是对尧以德服众成为宗族（九族）首领，进而成为"万国"（各地林立的父系族团）首领过程的形象描述。而虞舜时期，"择吉月日，见四岳诸牧""岁二月，东巡狩，至于岱宗……遂见东方君长""五月，南巡狩；八月，西巡狩；十一月，北巡狩；皆如初""五岁一巡狩，群后四朝"等记载，也显示了各地父系血亲族团林立的场景。及禹，仍有"涂山

---

❶ 林沄：《关于中国早期国家形式的几个问题》，《吉林大学学报》（社会科学版）1986 年第 6 期。

❷ 王震中：《中国文明起源的比较研究》，陕西人民出版社 1994 年版，第 141 页。

❸ 孙波：《聚落考古与龙山文化社会形态》，《中国社会科学》2020 年第 2 期。

之会，诸侯承唐虞之盛，执玉帛亦有万国"的记述。

从"万国林立"到"炎黄主导"，主要是通过战争的手段达成的。据《史记·五帝本纪》载，"轩辕之时，神农氏世衰。诸侯相侵伐，暴虐百姓，而神农氏弗能征。于是轩辕乃习用干戈，以征不享，诸侯咸来宾从"。这表明，轩辕氏是通过战争征服各地散存的血缘部落的，通过"以征不享"，达到了"诸侯咸来宾从"的效果。对于不服从的部落怎么办？例如，"蚩尤最为暴，莫能伐"，[1] 黄帝采取的办法还是联合各部落进行征伐，"乃征师诸侯，与蚩尤战于涿鹿之野，遂禽杀蚩尤。而诸侯咸尊轩辕为天子"，通过这场战争，轩辕帝成为邦君（天子）。对新石器时代的文化遗址考古发掘也显示，以关中晋南豫西为中心，分布于黄河中游地区的仰韶文化（距今7000—5000年）的农业、手工业发展较为先进，并与西辽河流域的红山文化（距今6000—5000年）沿晋中的汾河、桑干河流域有明显的文化交流现象，结合《史记》记载的轩辕氏"修德振兵……教熊罴貔貅貙虎，以与炎帝战于阪泉之野"，"迁徙往来无常处，以师兵为营卫。官名皆以云命，为云师……有土德之瑞，故号黄帝"的记述，则可推断，轩辕氏部落发祥于黄土高原一带，其嫡系血族以"云"为图腾，并与以熊、罴、貔貅、貙、虎为图腾的氏族结成了部落联盟，在战争中获得了优势地位。黄帝部族在征服蚩尤、神农氏等部族之后，促进了黄河中下游和华北平原的民族大融合，成为中华炎黄文化的发源地。

2. 族邦社会的统治形态

族邦，是一个在邦君控制下的，由多元社群组成的松散的自治政治单位。在族邦社会的统治方面，存在一个以"邦君"为核心、以各血亲部族"首领"为主要组成部分的族邦统治中心，兼有战争、公共事务管理职能，但与之前的氏族社会和之后的国家形态又有明显的区别。

首先，邦君选任上实行"实力竞争制"，而非世袭制。族邦社会有一个统治中心即"邦君"（酋长），古文献称其为"帝"或"天子"。[2] 按《五帝德》

---

[1] 参见方燕明：《登封王城岗城址的年代及相关问题探讨》，《考古》2006年第9期，第21页。
[2] 《帝王世纪·自开辟至三皇》引孔子的话解释道："天子之德，感天地、动八方。是以功合神者称皇，德合天地称帝，义合者称王"。"帝"或"天子"是春秋战国以后的人所给予的嘉许称谓，并非当时的称谓。

《吕氏春秋》《史记》的记载，"五帝"是指黄帝、颛顼、帝喾、尧和舜，他们有一定的父系血缘关系。但根据文献记载，族邦社会并非只有"五帝"，只不过后人认为杰出者有五个而已；而且，五帝之间不见得是同一血缘氏族之间的传承。有学者考证认为，五帝时代是一个人神不分的神话时代，黄帝最初可能是崇玉部落的图腾神，炎帝可能是崇火部落的图腾神，蚩尤可能是蛇崇拜部族的图腾神，颛顼是崇日部族的图腾神，帝喾与帝舜应是同一族的先后神。❶ 周代将殷商"天神"观念进行了改造，至春秋战国时期盛行的"禅让"传说使得远古神话进入了"人王"系统，在万世一系观念搅拌下"五帝"进入同一血统，而司马迁的《史记·五帝本纪》将神话彻底地历史化。❷ 历史学家翦伯赞认为，从传说中的神农黄帝到尧舜禹时代曾存在"二头军长制"，❸ 反映了部落联盟内部激烈的争斗关系。而《史记·五帝本纪》循儒家学说记述了邦君的"禅让制"，如"帝挚立，不善，而弟放勋立"；尧以"不以天下之病而利一人"为由，禅让给以孝闻名的有虞氏舜，而不是自己的儿子丹朱；舜禅让给治水有功的伯禹，而不是自己的儿子商均。但是，也有一些文献记述了不同部落首领争为邦君的斗争，如"共工与颛顼争为帝"（《淮南子·天文训》）、"昔尧德衰，为舜所囚"、"舜囚尧于平阳，取之帝位"（《古本竹书纪年·五帝纪》）等。这些记述打破了五帝时期禅让制的美好想象。如果综合来看则以下判断大致可信：族邦社会的邦君是"实力型"首领，需要德才兼备、德高望重才能服众，而且不是世袭的，由族邦中各部落依据实力，协商产生（或者轮流坐庄）——这是族邦社会与夏商周三代"家天下"和"世袭制"形成鲜明对比的地方。

其次，政治决策上实行"军事民主制"，而非独断制。在族邦社会里，军事征伐是常见的现象，邦君掌握了一定的军权，不过其军事力量主要来自血缘部落联盟。从《史记·五帝本纪》的记述来看，黄帝时期是一个各部落相互征伐的混战时期，如"轩辕之时，神农氏世衰。诸侯相侵伐，暴虐百姓"，"炎帝欲侵陵诸侯"，而轩辕的策略是"习用干戈，以征不享""修德振

---

❶ 叶庆兵：《〈史记·五帝本纪〉系列人物神化史化考论》，山东大学硕士学位论文，2017年，第146页。

❷ 金荣权：《中国神话的流变与文化精神》，天津人民出版社1998年版，第71—89页。

❸ "二头"即并列为"军事酋长"，其中黄帝与颛顼为二头，颛顼与帝喾为二头，帝喾与帝挚为二头，帝挚与帝尧为二头，帝尧与帝舜为二头，帝舜与帝禹为二头，帝禹与伯益为二头。参见翦伯赞：《中国史十五讲》，中华书局2011年版，第5页。

兵……教熊罴貔貅䝙虎，以与炎帝战于阪泉之野""迁徙往来无常处，以师兵为营卫"。这表明，轩辕氏是一个乱世中武装力量较强的宗族势力，并与以熊、罴、貔貅、䝙、虎为信仰图腾的宗族部落进行了结盟。如果结合后世文献对夏代兵民一体的记述，则轩辕部落也极有可能是部落成员平时耕作或游牧、战时充当士兵的军耕一体制。❶ 不过，从《史记·五帝本纪》记载的"黄帝乃征师诸侯，与蚩尤战于涿鹿之野"来看，"征师诸侯"表明当时在族邦层面尚未建立常规军队，发动战争的征战力量还需族邦内各部落出人出力，邦君的军权更多是一种军事动员权，尚未建立统一指挥的族邦军队，这也是族邦与国家的重要区别。

最后，公共治理上实行"选贤与能制"，而非唯亲制。邦君是整个族邦社会的管理中心，拥有高于一般部落首领的统领权威，但尚未建立夏商周三代那样的"王族世袭"和凌驾于其他宗族部落的体制。在族邦公共事务管理层面，还存在一个包括各宗族部落的首领，以及得到邦君信任的能力出众的人组成的辅助管理层。邦君可以任命族邦内宗族部落首领担任一定职务，但宗族部落首领也分享了邦君的统治权，族邦公共事务管理者的选任总体遵循"选贤与能"机制，公共管理岗位的设置逐渐细化，涉及农耕、教化、治水、典乐、司法军政等广泛的公共管理职能。例如，文献中有关"命羲、和，敬顺昊天，数法日月星辰，敬授民时"的记载，在考古上也有印证，在山西襄汾的陶寺遗址中发掘的集观象授时与祭祀于一体的半圆形"观象台"，已具有观测太阳和确定节气的功能。❷ 另据《尚书·尧典》记载："帝曰：'咨！四岳。汤汤洪水方割，荡荡怀山襄陵，浩浩滔天，下民其咨，有能俾乂？'"这里出现了两个信息：一是尧舜禹时期的"四岳"，既是官职，也指古代四大名山，其在先秦时期指东岳泰山、西岳华山、南岳衡山（安徽霍山或大别山）和北岳常山（河北大茂山），❸ 这也大体显示了华夏族邦社会的大致活动范围；二是尧舜禹时期的"汤汤洪水"，使得"治水"成为当时一项重大公共管理事务。人文地理学的研究发现，在距今8000—3000年的全球气候进入了

---

❶ 《左传·哀公元年》描述了夏代少康时期的兵民一体制，即"有田一成，有众一旅"，以一成之田分配给一众之旅。

❷ 何驽：《陶寺中期观象台实地模拟观测资料初步分析》，《古代文明》（辑刊）2007年第6期。

❸ 周书灿：《中国早期四岳、五岳地理观念析疑》，《浙江学刊》2012年第4期。

温暖湿润期;[1]由于气温升高,我国东部亚热带的界限曾北移到黄河流域。[2]气温升高,冰川溶解,带来了持续的洪涝灾害,这也为尧舜禹时期的治水事业提供了佐证。

3. 族邦社会的阶层形态

在族邦社会,财产私有制逐步强化,社会阶层分化日渐明晰,阶层分化已经渗透到族邦层面和血亲部落内部的各个层面。这种阶层分化既与原始社会(母系氏族阶段)的平等制不同,也与夏商周三代以"王族"为核心的阶级分化有别,是二者之间的过渡形态。

首先,族邦社会是一个"聚族成邦"的社会,在族邦的整体架构上,各宗族部落是族邦社会的构成单元。而在各宗族部落内部,母系氏族社会那种氏族成员共同劳动、平等分配财产、死后统一埋葬在氏族公墓的制度遭到了破坏。取而代之的是一夫一妻的"家户"成为宗族部落的基本组成单元,由家庭聚居成为"家族",由家族聚居成为宗族,逐渐形成一种圆锥形社会结构。换言之,宗族长、家族长均有可能基于血统的尊卑获得了一定程度的对宗族社会财产、人事和家族事务的控制权和管理权,这些控制权和管理权是阶等社会的显著标志。根据对山东、豫东、淮北一代的龙山文化文化遗存的考古发掘显示,前期大汶口文化(母系氏族社会阶段)遗存中那种具有一定规模、以血缘继嗣群为单位的氏族或家族墓地已比较少见,出现较多的是埋在房子附近数量有限的墓葬,与生活遗迹组合构成聚落内的功能单位,推测龙山文化时期很可能大部分"家户"的形态已是个体家庭;基于血缘的家族制度可能还存在,但"血缘等级制度"适用范围大大缩小了,也许只保存于社会上层少数豪族世家中,"随着社会关系中血缘影响力的下降,为超越族权之上的公共领域预留了新的空间"。[3]

其次,在族邦社会,一种居于各宗族(血缘部落)之上的统治形态出现。族邦社会是一个"聚族成邦"的社会,是一个基于联姻和武力征服而形成的部落联盟,各部落的宗族长成为各自的首领,发挥着二级社群管理中心的职

---

[1] [英] A. 高迪:《环境变迁》,邢嘉明等译,海洋出版社1981年版,第124–170页。
[2] 黄春长:《环境变迁》,科学出版社1998年版,第138页。
[3] 孙波:《聚落考古与龙山文化社会形态》,《中国社会科学》2020年第2期。

能；各宗族部落首领凭借实力和声望竞争或协商产生邦君，进而成为族邦社会的一级管理中心。关于族邦社会的公共治理岗位和人员选任，前文已述及。反映在考古上，就是出现了"都邑"性质的大型城市文化遗存，在陕西神木发现的石峁遗址和在山西襄汾发现的陶寺遗址就是其典型代表。

最后，族邦社会的"贵族"阶层已经出现，贵族阶层、平民，甚至战争中的奴隶阶层的分化已经出现。对山西襄汾的陶寺遗址的发掘显示，陶寺早期的墓葬分为大、中、小型，90%以上是小型墓葬，几乎没有任何随葬品；大型墓葬随葬品十分丰富，除彩绘陶龙盘外，还有陶鼓、鼍鼓、石磬等礼乐器，财富与权力分化已极为明显。考古还发现，陶寺中期遗址中存在大型仓储区、祭天礼制建筑区，大型墓葬中发现一组散乱的人骨，棺侧板上残留石钺碎块，考古学家推测其在陶寺晚期遭受了人为的捣毁。❶ 不过，对于陶寺文化遗址属于尧都还是夏代，学界还有争论。

（二）族邦社会的习惯法

族邦社会是父系氏族社会进一步延伸和发展的形态，已经有了私有制，但尚没有形成固化的社会阶级，缺乏世袭制的证明，也尚未建立统一的军队等国家机器。族邦社会的约束性社会规范是原始习惯，还是有强制力的法律？在国家产生之前，有没有可能先行产生法律现象？

法律的产生是否以国家产生为前提，以国家强制力为后盾？对此有两种截然不同看法。一种观点认为，在人类历史上曾长期存在没有阶级的原始公社社会，那时候没有国家，也没有法律，但仍然有着一定的社会秩序，人们必须按照一定的规则办事。这些规则就是代表集体意志和集体利益的习惯，也是礼仪和风俗的要求，同时是宗教的戒条。❷ 也有人认为，人类社会历史上一度存在一种"具有普遍约束力的习俗统治"，但"作为阶级专政暴力工具的国家与法律，在那时是不存在的，也没有凌驾于群众之上的统治者"，因此尚不存在法律现象。❸ 但人类学家给出了另一种观点，如霍贝尔在《原始人的

---

❶ 何驽、高江涛：《薪火相传探尧都——陶寺遗址发掘与研究四十年历史述略》，《南方文物》2018年第4期。

❷ 陈春龙等：《法学通论》，吉林人民出版社1981年版，第16-17页。

❸ 秋浦：《鄂伦春社会的发展》，上海人民出版社1978年版，第202页。

法》一书中明确宣称"原始社会存在法律"。他认为，法律的产生有三个要素，即特殊的强力（privileged force）、官吏的权力（official authority）和规律性（regularity）。❶ 换言之，法律的存在并不一定以国家的出现为前提，只要存在某种实行强制的权力机构就行，即"在任何社会里，不论是原始社会还是文明社会，法律存在的真正的基本的必备条件是，社会授权的当权者合法地使用物质强制"。❷

实际上，对于法律现象的认识有一个历史语境的问题。如果从现代社会来看，由于国家这种强力机制已经出现，几乎垄断了法律的制定权和认可权，所以才将法律界定为国家制定或认可的具有强制力的规范系统。但是，如果从法律进化的过程来看，在国家产生之前未必不存在公认的强制性规范，而现代意义的法律在早期阶段无不是从习惯法演化而来。例如，古罗马的《十二铜表法》就是通过整理古罗马时期的社会习惯而来，而两河流域的《乌尔纳姆法典》《汉谟拉比法典》莫不如此。恩格斯也曾指出，"在社会发展某个很早的阶段，产生了这样一种需要：把每天重复着的产品生产、分配和交换用一个共同规则约束起来，借以使个人服从生产和交换的共同条件。这个规则首先表现为习惯，不久便成了法律"❸。

虽然对于早期阶段的法律都是从习惯演化而来这一点几乎没有争议，但是对习惯是在什么条件下发生质变的这一问题仍有分歧。认识法律的进化过程应当秉持两个基本立场，（1）法律进化的一般过程呈现"习惯—习惯法—制定法"的三阶段论。在原始社会，习惯的形成源于自发的生产生活经验积累和共识的达成，习惯的执行靠公共舆论、道德谴责、原始宗教形成的压迫感，其极端形式可能是"私力报复"或"族群驱逐"，但此时尚缺乏一个权威的第三方裁判和强制执行机制，故仍只能称之为习惯。到了族邦（酋邦）社会，当出现争议第三方裁判和强制执行机制之后，原始习惯就已经转化为准法律形态，即习惯法。即便到了现代社会，在国家几乎垄断了制定法生成权的时代，仍然不能消除习惯法和习惯在社会生活中的调节作用，需要例外

---

❶ ［美］霍贝尔：《原始人的法》，严存生译，法律出版社2006年版，第25－27页。
❷ ［美］霍贝尔：《原始人的法》，严存生译，法律出版社2006年版，第25页。
❸ 《马克思恩格斯选集》（第3卷），人民出版社1995年版，第211页。

地赋予习惯以某种强制执行力,❶ 从某种意义上说也是对族邦社会习惯法生成机制的历史延续。因此,当一种习惯主要依靠纠纷当事人自身的意愿或力量得到遵从时,它只是一种习惯;而当存在第三方裁判或者强制执行机制时,它就成了习惯法。(2) 观察中国古代法律现象,应当特别注意"法"的内涵中的第三方裁判因素,我国有学者已经正确地认识到这一点。❷ 东汉许慎的《说文解字·廌部》对"法"进行训诂时指出:"灋,刑也。平之如水,从水;廌,所以触不直者;去之,从去。"而王充的《论衡·是应》记载,"儒者说云:觟𧣾者,一角之羊也,性知有罪。皋陶治狱,其罪疑者,令羊触之,有罪则触,无罪则不触,故皋陶敬羊"。这是我国古文献中最早的关于"法""第三者审判"的记述,也显示了法律现象的产生与族邦社会(尧舜禹时期)的密切关联,对此应予以重视。

表 2-1 "法"的古体字演化

大盂鼎(金文);西周早期	恒簋盖(金文);西周中期	大克鼎(金文);西周晚期	睡虎地秦墓竹简(篆、隶);秦	《说文解字·廌部》(小篆);东汉	小篆;东汉

对族邦社会的法律现象,可以从以下几个方面进行初步认识。

第一,族邦社会已有类似法律的现象,存在第三方审判和强制执行的机制。据古文献记载,尧时已制定刑法,如《国语·鲁语上》载,"尧能单均刑法以仪民"。到了舜时期,不仅设置专门的"司法军政"岗位,即"士"这种执法岗位,还有"五刑"制度及刑罚的执行方法。如《尚书·舜典》载:"帝曰:'皋陶,蛮夷猾夏,寇贼奸宄,汝作士。五刑有服,五服三就;五流有宅,五宅三居。惟明克允。'"大意是:舜对皋陶说,你担任"士"这种执

---

❶ 例如,在《中华人民共和国民法典》中仍保留着"习惯"一词。其中,第 10 条规定"处理民事纠纷,应当依照法律;法律没有规定的,可以适用习惯,但是不得违背公序良俗",可见习惯在民法典中仍然具有基本原则的作用。

❷ 参见夏利彪:《论原始习惯向习惯法的转化》,中共中央党校博士学位论文,2016 年,第 28 页。

法岗位吧,对于外族入侵,抢劫、杀人、内外勾结的行为,用五刑的方法进行惩罚;五种刑罚分别在野外、市、朝三处执行,五种流放分别置于三个远近不同的地方;❶ 一定要查明案情,公允处理。

第二,族邦社会基于公共管理的需要,公法体系首先成熟起来。根据文献记载,"蛮夷猾夏,寇贼奸宄"等危害行为,应该主要指危害族邦社会公共秩序的行为;"五刑"的惩罚对象也主要是"族邦内各部落(首领),以及族邦外的其他部落(首领)",对部落首领、其所在的部族实行株连连带惩罚。例如,对族邦内的各部落,舜作摄政时曾请示尧"流共工于幽陵,以变北狄;放驩兜于崇山,以变南蛮;迁三苗于三危,以变西戎;殛鲧于羽山,以变东夷,四罪而天下咸服"。其中,共工为族邦内担任"水正"的部落首领,三苗为黄帝至尧舜禹时代的古族,驩兜为尧帝之臣(之子),鲧为有崇部落的首领,皋陶对这四个族邦部落(首领)分别采取了"流""放""迁"和"殛"的方法,体现了对四个部落的强制性惩罚。这种对族邦社会成员和非族邦社会成员的惩罚,体现了族邦社会运用"五刑"的方法进行强制性惩罚的治理策略,是维护族邦社会秩序稳定的常规手段,也是维护族邦社会公共秩序稳定的必要方法。从这个意义上说,维护族邦社会公共秩序的法律及官职已经相对稳定,对族邦社会基于"忠诚"和"统治"需要的公法秩序初步生成。

第三,在氏族社会习惯的基础上,族邦社会已产生了习惯法现象。这种主要作用于私人生活领域的习惯法,已经超越了社会成员共识和自愿遵守的程度,具有族邦社会公共秩序维护和强制执行的色彩。据东晋史学家干宝的《搜神记·卷十四》记载:"昔高阳氏时,有同产而为夫妇,帝放之于崆峒之野,相抱而死。"这表明,颛顼为邦君的时代,已经产生了"一夫一妻"制,对于违反当时习惯的行为,采取了"流放"和"驱逐"出血缘部落的强制性惩罚机制。例如,陶寺文化晚期已经出现了人祭的迹象,多为青壮年男性头骨,这表明部落征战中已经产生了"奴隶"殉葬的现象,透露出奴隶制国家的雏形;特别是,还出土了一具35岁左右的女性遗骨,两臂分开,两腿岔

---

❶ 《尚书正义·舜典》注曰:蛮夷猾夏、寇贼奸宄,"猾,乱也。夏,华夏。群行攻劫曰寇,杀人曰贼,在外曰奸,在内曰宄,言无教之致"。五服三就,"既从五刑,谓服罪也。行刑当就三处:大罪于原野,大夫于朝,士于市"。五流有宅,五宅三居,"谓不忍加刑,则流放之,若四凶者。五刑之流,各有所居,五居之差,有三等之居。大罪四裔,次九州之外,次千里之外"。参见李学勤:《十三经注疏·尚书正义》,北京大学出版社1999年版,第75页。

开，一腿弓起，被插入一根牛角，牛角长30厘米、进入盆腔10厘米，❶ 这也许是对扰乱父权社会秩序、违反"一夫一妻"制的习惯法的女性的严厉惩罚。

四、王国社会的治理与法律

随着族邦社会军事民主制的结束，出现了一个基于血缘关系的王族稳定地凌驾于其他部族之上的统治形态，军队、司法等政权机构出现，贵族阶级、平民阶级、奴隶阶级开始固化，中国社会开始进入"王国"社会形态。

（一）王国社会的形态

1. 王国社会的兴替机制

王国社会是从族邦社会脱胎而来的，它遗留了族邦社会的一些特征，作为王国社会统治力量的宗族势力就是从族邦社会延续下来的。无论是夏王族、商王族，还是周王族，它们的族源都可以追溯到族邦社会，甚至母系氏族社会向父系氏族社会过渡时期。同样，夏商周三代也都还没有建立起强大的中央集权政权，三族长期并存，势力此消彼长，❷ 当一族实力强大后就以"天命在己"为由建立新的王国，取代另一族成为天下的统治者。

夏王族是夏后氏，始于禹，而禹源自鲧的有崇氏，再向上可以追溯到颛顼和黄帝一系。❸ 据文献记载，尧、舜时期洪水为灾，鲧、禹是前后相继的治水英雄。面对洪水泛滥，尧曾请四岳推荐治水人才，"皆曰鲧可"（《史记·夏本纪》），可见鲧的能力和影响力之大。结果，鲧治水不力，"九年而水不息，功用不成"（《史记·夏本纪》），"鲧堙洪水，汩陈其五行……鲧则殛死，禹乃嗣兴"（《尚书·洪范》）。禹担起治水重任后，"伤先人父鲧功之不成受诛，乃劳身焦思，居外十三年，过家门不敢入"（《史记·夏本纪》），经过艰

---

❶ 邵晶：《石峁遗址与陶寺遗址的比较研究》，《考古》2020年第5期。
❷ 张光直：《中国青铜时代》，生活·读书·新知三联书店1983年版，第31页。
❸ 《史记·夏本纪》载："禹之父曰鲧，鲧之父曰帝颛顼，颛顼之父曰昌意，昌意之父曰黄帝。禹者，黄帝之玄孙而帝颛顼之孙也。"《国语·鲁语上》载："夏后氏禘黄帝而祖颛顼，郊鲧而宗禹。"

苦卓绝的努力，终于治水成功，又划定了九州，获得了巨大的声望。❶ 因禹治水有功，"舜荐禹于天，为嗣"，舜死后，禹"即天子位，南面而朝天下。国号曰夏后，姓姒氏"（《史记·夏本纪》）。禹即位后，都阳城，为进一步巩固势力又在淮水中游的涂山（今安徽蚌埠西郊怀远县）大会众多邦国和部落的首领，"执玉帛者万国"。❷ 据《史记·夏本纪》载，禹晚年也曾效仿尧舜，"立而举皋陶荐之，且授政焉，而皋陶卒"，"而后举益，任之政"，但在禹去世时，由于"禹子启贤，天下属意"，且"益之佐禹日浅，天下未洽，故诸侯皆去益而朝启"，于是启"遂即天子之位，是为夏后帝启"。❸ 自启以后，族邦社会的禅让传统不复存在，开启了姒姓部族"家天下"的夏王国统治时代，从启至桀传十四代十七王，被商汤所灭。

商王族，子姓，其族源可以追溯到尧舜禹时代的契，在夏王国统治时期一直作为一个地方势力长期存在。商族的发展历程，可分为先商、早商、晚商三个时期。先商时期，是商族起源和早期发展时期。据《诗经·商颂》载，"天命玄鸟，降而生商"，"有娀方将，帝立子生商"。而《史记·殷本纪》进一步细化为，"殷契，母曰简狄，有娀氏之女，为帝喾次妃。三人行浴，见玄鸟堕其卵，简狄取吞之，因孕生契。契长而佐禹治水有功……封于商，赐姓子氏。契兴于唐、虞、大禹之际"。可见，商王族源于契，契是自母系氏族社会过渡到父系氏族社会的最早的父系族源，也许是舜的宗族与有娀氏通婚的结果，❹ 且契的商族与禹的夏后氏几乎同时代兴起。据文献记载，商王族自契

---

❶ 儒、道、墨、法学派的著述中，都以大禹为夏商周"三代"圣王的第一人。《孟子·滕文公下》称，"禹抑鸿水而天下平"；《荀子·成相》说，"禹有功，抑下鸿，避除水患逐共工"，《庄子·天下》说，"禹亲自操橐耜而九杂天下之川。腓无胈，胫无毛，沐甚雨，栉疾风，置万国。禹大圣也，而形劳天下也如此"。

❷ 《左传·哀公七年》载："禹合诸侯于涂山，执玉帛者万国"。

❸ 关于启获得统治权的过程，有两种说法。一是按《孟子·万章》所言，"益之相禹也，历年少，施泽于民未久"，而"启贤，能敬承继禹之道"，又受"诸侯"的拥护，《史记》即采此说。二是启通过暴力夺取了本属于益的政权，如《古本竹书纪年·夏纪》说"益干启位，启杀之"，《战国策·燕策》称"禹授益，而以启为吏，及老，而以启为不足任天下，传之益也。启与支党攻益而夺之天下"。

❹ 商契、商均也许均是舜的支系。《国语·鲁语上》载："商人禘舜而祖契，郊冥而宗汤。"但《礼记·祭法》则说："殷人禘喾而郊冥，祖契而宗汤。"对于其间禘舜和禘喾的分歧，有学者认为，"商均亦即商契……帝喾帝舜本为一帝之分化，则商契与商均自亦为一神之分化也"（参见杨宽：《杨宽著作集——中国上古史导论》，上海人民出版社2016年版，第264、265页）。

至汤经历了十四代,❶是夏王国统治下的一股地方势力。商族在早期发展中,一直处于流浪迁徙的过程中,"自契至汤八迁,汤始居亳"(《史记·殷本纪》),亳即今河南商丘。在此期间,商族活跃于河北、山东、豫东一带,势力不断增长。相传,夏王相时期,契之孙相土就由砥石(今河北泜水流域)迁居至商丘,已成为夏王国的诸侯,"商侯相土作乘马,遂迁于商丘"(《今本竹书纪年·卷上》)。契的六世孙冥也曾担任夏代的水官。❷ 至汤再迁居于亳以后,通过与夏王族分支有莘氏联姻,❸取得夏王室信任并有了"得专征伐"的大权(《史记·殷本纪》),先后征伐了葛(今河南宁陵)、韦(今河南滑县东)、顾(今山东鄄城)、昆吾(今河南濮阳)等地方诸侯,为灭夏作了准备。所以《史记·殷本纪》说:"汤自把钺以伐昆吾,遂伐桀。"成汤伐灭夏后氏,是以天命在己为由的,所谓"有夏多罪,天命殛之……夏氏有罪,予畏上帝,不敢不正"(《尚书·汤誓》)。

周王族,姬姓,其先祖为弃,可以追溯到尧舜时代。据《史记·周本纪》载:"周后稷,名弃。其母有邰(台)氏女,曰姜原……姜原出野,见巨人迹,心忻然说,欲践之,践之而身动如孕者。居期而生子……初欲弃之,因名曰弃。"可见,弃也可追溯到"只知其母、不知其父"的母系氏族(有邰氏)时期,及弃成人,以擅长农耕闻名,"帝尧闻之,举弃为农师,天下得其利,有功。帝舜曰:'弃,黎民始饥,尔后稷播时百谷。'封弃于邰,号曰后稷,别姓姬氏"。弃死后,其后人在夏代继续担任农官(后稷)职位。《国语·周语上》记载,后稷"服事虞夏。及夏之衰也,弃稷弗务,我先王不窋用失其官,而自窜于戎狄之间"。不窋带领周族迁居北豳(今甘肃庆阳),与当时西部的戎狄杂处混居。及至公刘(公为敬称,名刘),又从北豳迁居至豳(今陕西彬州市旬邑县西南一带),但一直保留了农耕的生产习惯,这就是《史记·周本纪》所说的"公刘虽在戎狄之间,复修后稷之业"。公刘迁居

---

❶ 《史记·殷本纪》载:"契卒,子昭明立。昭明卒,子相土立。相土卒,子昌若立。昌若卒,子曹圉立。曹圉卒,子冥立。冥卒,子振立。振卒,子微立。微卒,子报丁立。报丁卒,子报乙立。报乙卒,子报丙立。报丙卒,子主壬立。主壬卒,子主癸立。主癸卒,子天乙立,是为成汤。"
❷ 《国语·鲁语上》载:"冥勤其官而水死。"《礼记正义·祭法》注曰:"冥,契六世孙也,其官玄冥,水官也。"
❸ 夏启封其子支子于莘国。《世本·氏姓》说:"辛氏,夏启封支子于莘,莘、辛声相近,遂为辛氏,周有辛甲、辛有。"刘向《新序·杂事第一》评论道,"禹之兴也,以涂山","汤之兴也,以有莘"。这说明,与有莘氏联姻,在商汤灭夏的过程中发挥了重要作用。

豳，居住九世，传至公亶父。在商代晚期，由于不堪戎狄侵扰，亶父又在（殷）武乙元年"迁于岐周"，并在武乙三年获得商王任命和封地，"命周公亶父，赐以岐邑"（《今本竹书纪年·卷上》）。自迁居岐周（周原）之后，亶父部族开始自称"周"，获得了商王的认可，通过一系列联姻和正确的施政策略进入了快速发展阶段，并为灭商奠定了基础。如亶父曾娶有邰氏之女太姜，生季历（周太王）；❶ 季历娶挚任氏之女太任，生姬昌（周文王）；❷ 姬昌娶有莘氏之女太姒，生姬发（周武王）。❸ 《诗经·鲁颂·閟宫》说："后稷之孙，实维大王。居岐之阳，实始翦商。"据《史记·周本纪》记载，到姬发之时，周族已发展为商王国西部的诸侯大国，商王还任命姬发为"西伯"，"赐之弓矢斧钺，使西伯得征伐"。通过不断的四处征伐，周族甚至达到了"三分天下有其二，以服事殷"（《论语·泰伯》）的盛况。于是，"殷革夏命"的历史再度上演，武王也以"天命在己"为由伐纣，宣称"今殷王纣维妇人言是用，自弃其先祖肆祀不答，昏弃其家国，遗其王父母弟不用，乃维四方之多罪逋逃是崇是长……今予发维共行天之罚"（《史记·周本纪》）。

2. 王国社会的国家特征

王国社会从族邦社会脱胎而来，它延续了族邦社会的一些特征，因为从族邦社会到王国社会不是一日之功，而是一个从量变到质变的过程。但是，王国社会已经具有了典型的国家特征。这些典型特征主要表现在其统治功能方面。

首先，出现了世袭的国王，以及维护王权的完善的政权机构。（1）王国社会最重要的变化，是从族邦社会的"公天下"变为"家天下"，从族邦内各部族首领禅让制（民主协商或实力竞争）到王族世袭。王系天命所在，❹

---

❶ 《列女传·母仪传》载："太姜者，王季之母，有台氏之女。"《诗经·大雅》载："古公亶父，来朝走马。率西水浒，至于岐下。爰及姜女，聿来胥宇。"

❷ 《史记·周本纪》载："古公有长子曰太伯，次曰虞仲。太姜生少子季历，季历娶太任，皆贤妇人，生昌，有圣瑞。"《诗经·大雅·大明》载："挚仲氏任，自彼殷商，来嫁于周，曰嫔于京。乃及王季，维德之行。太任有身，生此文王。"

❸ 《太平寰宇记》卷二十八在"关西道·夏阳县"条下说："莘城，《系本》及《诗》：'莘国，姒姓。夏禹之后，武王之母太姒即此国之女。'有冢在焉。"

❹ 《史记》将夏、商的最高统治者均称为"帝"，将周的最高统治者称为"王"，并说"周武王为天子。其后世贬帝号，号为王"。这个说法不准确，实际上商代最高统治者也是"王"，如《尚书·商书》载，"西伯既勘黎，祖伊恐，奔告于王（纣王）"。而《竹书纪年》称夏王时"后""帝""王"混用，如"帝相""后相""帝杼""后少康""夏自禹以至于桀，十七王"。

其他部族包括国王的亲族无权染指。据《史记·夏本纪》记载，从禹到启，至末代夏王履癸（桀），共传 16 世，其中 13 次是父传子，另有 3 次是兄弟叔侄相传；商代王族从成汤（天乙）灭夏以后共有 30 王，其中 13 次父传子，其他为兄弟叔侄相传；周代则吸取了商代父子兄弟混杂相传的政治混乱之教训，建立了更加明晰的国王"嫡长子继承制"。(2) 王国社会的另一重要特征，是建立了更加完善的政权机构，协助国王执行统治职能。有迹象显示，夏代已有明确的中央和地方政权设置。在中央层面，夏王的重要辅佐官僚有"三正"（车正、牧正、庖正），负责管理车辆、畜牧和膳食；"六卿"，负责军政事务；此外还有遒人、啬夫、大理、太史、羲和、瞽等官吏，负责下达王令、征税、司法、记事、礼乐等事务。如《左传·定公元年》载，"薛之皇祖奚仲居薛，以为夏车正"。夏代政权机构设置极有可能在商周获得了传承，如《今本竹书纪年·卷上》载，"（殷太戊）三十一年，命费侯中衍为车正"。当然，王国社会从族邦社会演化而来，政权机构有一个传承的过程，但以王权为核心的政权机构逐渐细化和强化应是一个基本趋势。如《礼记·明堂位》载："有虞氏官五十，夏后氏官百，殷二百，周三百。"《通典·职官》载："三皇五帝以物名官，始作官制。虞舜有天下，作六官，以主天地四时。夏后之制，亦置六卿。其官名次，犹承虞制。周成王制周礼，以天地四时名六卿。"

其次，出现了王国的军队，成为维护王权的武装镇压工具。在族邦社会，未见文献记载专门的族邦军队，征伐力量依赖各族临时组建的联合军（所谓"济济有众"），征伐往往是"为公而战"。[1] 但王国社会已有王国军队，包括王军（王族的军队）和族军（亲族或联盟部族的军队），征战目的主要是维护王权。例如：（1）夏王国的"甘之战"与"西河之战"。"甘之战"是夏王国的开国第一战，由夏王启直接指挥，征战力量是王军。据《尚书·甘誓》载，战争起因是"有扈氏威侮五行，怠弃三正"，即不服从夏王启的统治；"将战，作《甘誓》，乃召六卿申之"——"六卿"应是夏王任命的军政高级官员；"左不攻于左，汝不恭命，右不攻于右，汝不恭命；御非其马之正，汝不恭命。用命赏于祖，弗用命戮于社，予则孥戮汝"——这是作战纪律要求，

---

[1] 如《墨子》《尚书》《史记》都记载了"禹征三苗"的战事，其中《墨子·兼爱下》引《禹誓》的讲述较为清晰，"禹曰：'济济有众……若予既率尔群对诸群，以征有苗。'禹之征有苗也，非以求以重富贵，干福禄，乐耳目也；以求兴天下之利，除天下之害"。

其中"赏于祖、戮于社"表明是夏后氏的王军,"左攻、右攻、御马"表明夏后氏的王军使用马拉的兵车作战、以三人为一车,军事实力强悍。此战夏王军大获全胜,"遂灭有扈氏,天下咸朝"(《史记·夏本纪》)。而"西河之战"是一次平叛战争,相传夏启晚年,武观为争王位而在西河发动叛乱,此次平叛使用的即是彭伯的族军❶。(2)"太康失国"与"少康复国"。据《左传·襄公四年》载,启去世后,太康继位,但太康耽于游乐田猎,不理政事,东夷有穷氏首领后羿趁太康外出田猎之际发动政变,驱逐太康,改立太康之弟仲康为夏王,"因夏民以代夏政",此即"太康失国"。在后羿摄政期间,大臣寒浞又叛乱杀了后羿、仲康,自立为王,国号为寒;仲康之子相逃亡,在姒姓亲族斟灌氏、斟寻氏的支持下继位为夏王,出现了两个夏王并立的局面。❷但好景不长,寒浞又"杀斟灌以伐斟寻,灭夏后相"。相的儿子少康被迫流亡,"逃奔有虞,为之庖正……而邑诸纶,有田一成,有众一旅",伺机复国。"有田一成,有众一旅"则表明,夏代的王军和族军很可能是耕战一体的平民兵,以"旅"为编制。最终,少康在有虞氏、斟灌氏、斟寻氏等族军帮助下,成功地灭寒兴夏。(3)商族、周族的兴起与军队建设。夏族、商族、周族几乎是同时兴起的,夏王国建立后,商族首领世代为商侯,到商汤之时已成长为诸侯强国,甚至连葛伯都可以征伐,积累了很大的政治声望。❸最终,成汤伐桀,商王国取而代夏。到了约公元前1046年历史再一次重演,武王伐纣,周王国又取而代商。但从成汤伐桀时所言的"格尔众庶"、武王伐纣时所说的"我友邦冢君"来看,❹主要还是依靠诸侯联军。商代应没有常备

---

❶ 《逸周书·尝麦解》载:"(武观)其在启之五子,忘伯禹之命,假国无正,用胥兴作乱,遂凶厥国,皇天哀禹,赐以彭寿,思正夏略。"《今本竹书纪年·卷上》载:"(启)十五年,武观以西河叛。彭伯寿帅师征西河,武观来归。"而《古本竹书纪年·夏纪》则简略地说,"启征西河"。

❷ 此时夏王国虽受打击,但势力犹存,仍四处征战维持夏王国的统治。据《古本竹书纪年·夏纪》载,夏王相"元年征淮夷","二年征风夷黄夷","七年于夷来宾"。

❸ 据《史记·殷本纪》载:"汤征诸侯。葛伯不祀,汤始伐之。"《孟子·滕文公下》载:"汤始征,自葛载,十一征而无敌于天下。东面而征,西夷怨;南面而征,北狄怨。曰:'奚为后我?'民之望之,若大旱之望雨也。"

❹ 《尚书·商书·汤誓》载:"王曰:'格尔众庶,悉听朕言。非台小子敢行称乱!有夏多罪,天命殛之。'"《吕氏春秋·简选》说,商汤率"良车七十乘,必死士六千人"伐夏。《尚书·周书·牧誓》载:"王曰:'嗟!我友邦冢君,御事:司徒、司马、司空、亚旅、师氏,千夫长、百夫长,及庸、蜀、羌、髳、微、卢、彭、濮人。称尔戈,比尔干,立尔矛,予其誓。'"而《史记·殷本纪》载:"周武王之东伐,至孟津,诸侯叛殷会周者八百。"

军，平时可能有小规模卫队，不过战时能够武装起来大规模的军队。❶ 周代随着战争的频发，周王室和诸侯国开始建设常备军队。❷

最后，社会分层日渐加剧，社会阶等演变成了社会阶级。族邦社会是一个扁平化的社会，平等文化尚属主流;❸ 不过邦君、方伯、族长等社会地位和财富方面的阶等分化已较为明显，如尧"富而不骄，贵而不舒"，尧子丹朱、舜子商均、禹子启都因父而受封诸侯。进入王国社会后，夏王、商王、周王已成为金字塔型等级的"塔尖"，虽延续了"天下共主"的传统意蕴，但其已变得神圣不可冒犯，具有独断行事的权力，"桀杀关龙逄，纣杀王子比干"（《庄子·人间世》）即为体现。王任命的官吏、王的亲族和联盟部族首领属于贵族阶级，也是王国社会的统治阶级，而且贵族地位世袭；平民、外族、奴隶则是被统治阶级，也是被剥削和被镇压的对象。在商代社会，平民在文献中一般被称为"众""民""小人"，他们往往以"族"的形式组织起来，❹ 平时从事农业劳作，战时充当士兵，❺ 死后葬在本族的平民墓地❻。奴隶主要来源于战争俘虏或者违法犯罪者，他们生活在社会的最底层，不占有财富，被当作牲畜一样役使，经常被用做牺牲或陪葬。殷商墓葬的考古发掘显示，帝王和高级贵族的墓均有墓道，而一般贵族和平民的墓均无墓道；商王武丁之妻妇好的墓随葬1900多件铜器、玉器、骨器和7000枚海贝，族长的墓有大量的青铜礼器和兵器，平民墓葬仅有少量的生产生活陶器随葬；在王陵区、宗庙建筑和贵族墓区常发现祭祀坑，零散堆放着被砍头、截肢的尸骨，还存

---

❶ 在甲骨卜辞中出现了"王作三师"的记载，如《殷契粹编》五九七片有"丁酉贞，王作三师，右、中、左"的记述（参见沈长云：《殷契"王作三师"解》，《史学集刊》1990年第4期）。

❷ 《周礼·夏官·序官》载："凡军制，万有二千五百人为军，王六军，大国三军，次国二军，小国一军，军将皆命卿。二千五百人为师，师帅皆中大夫。五百人为旅，旅帅皆下大夫。百人为卒，卒长皆上士。二十五人为两，两司马皆中士。五人为伍，伍皆有长。"

❸ 据《史记·五帝本纪》描述，"穷蝉父曰帝颛顼……自穷蝉以至舜，皆微为庶人"，所以舜"耕历山，渔雷泽，陶河滨"，"年二十以孝闻"，这表明当时贵族世袭还没有形成。而禹虽为"伯爵"，还要亲自参与劳作，受命治水后"劳神焦思，居外十三年，过家门不敢入"。

❹ 据《左传·定公四年》载，周人灭商以后，分鲁侯以"殷民六族，条氏、徐氏、肖氏、索氏、长勺氏、尾勺氏"，分康叔以"殷民七族，陶氏、施氏、繁氏、锜氏、樊氏、饥氏、终葵氏"，反映了商族的血缘组织特点。

❺ 陈民镇：《奴隶社会之辩——重审中国奴隶社会阶段论争》，《历史研究》2017年第1期。

❻ 在殷商社会，平民在人口中占很大比重，如武官村北地殷王陵区除发现12座大墓和250个祭祀坑，还发现1200多座小型墓葬。参见杨宝成、杨锡璋：《从殷墟小型墓葬看殷代社会的平民》，《中原文物》1983年第1期。

在人祭坑与兽祭坑混杂在一起的情况。❶ 总之，王国社会的阶级分化日益明显，阶级压迫日益严重，但被统治阶级力量弱小，还不具备造反的能力，只是经常被不同贵族集团用作斗争的工具而已。❷

（二）王国社会的国家治理与法律

王国社会是一种早期国家形态，部分地延续了族邦社会的一些治理方式，但也有显著的不同，主要体现在政治上的分封制、经济上的贡赋制、组织上的宗法制等方面。

1. 统治权："天命王权"与"刑礼分野"

在夏商周时代，王权统治的正当性依据是"天命"思想，即"天命王权"和"代天统治"。其主要体现是：（1）神化王族的起源。夏商周三代王族的起源，莫不通过降生神话来论证其源于天命，如"禹母见流星贯昴，梦接意感，即吞神珠而生禹"（《今本竹书纪年·卷上》）。（2）神化统治的正当性。无论是取得、行使统治权，还是通过革命夺取统治权，都以天命作为说服天下的理由。如"禹乃嗣兴，天乃锡禹'洪范'九畴，彝伦攸叙"（《尚书·洪范》），夏启讨伐有扈氏的理由是"有扈氏威侮五行，怠弃三正，天用剿绝其命，今予惟恭行天之罚"（《尚书·甘誓》）。

在王权受命于天的统治思想下，王代天行使统治权，王命即法律，王就是最高的立法者。在夏商周三代，已经出现了"刑礼分野"的治理思想，其中刑起于兵，刑更多是王命（王的命令）；礼起于祀，礼更多是以祭祀天或祖先的习惯法。

（1）刑治：威权统治的工具。

"刑起于兵"的现象在族邦社会就已初见端倪，在夏商周三代的战争征伐中有了更为丰富的体现。夏王国的开国第一战就是启伐有扈氏的"甘之战"，

---

❶ 段振美：《从殷墟墓葬看商代社会等级分化》，《殷都学刊》2001年第3期。
❷ 据《尚书·商书》载，成汤伐桀时所作的《汤誓》中对夏桀的罪行和各部族的反应做了以下描述，"予惟闻汝众言，夏氏有罪，予畏上帝，不敢不正。今汝其曰：'夏罪其如台？'夏王率遏众力，率割夏邑。有众率怠弗协，曰：'时日曷丧？予及汝皆亡。'夏德若兹，今朕必往。"亦即，商汤判断夏桀与各部族已经离心离德之时，才敢号召夏民与自己同心同德，发起惩罚夏桀的战争。

夏启在战前做了战争动员即《甘誓》，要求"六事之人"（将领和士兵）服从作战纪律，并宣布了"用命赏于祖，弗用命戮于社，予则孥戮汝"的军法制裁后果。在商汤所作《汤誓》和周武王所作《牧誓》中也都宣明了军事纪律（军法），如《汤誓》中有"尔不从誓言，予则孥戮汝，罔有攸赦"，《牧誓》中有"尔所弗勖，其于尔躬有戮"。在那个文字不昌、书写工具受局限的时代，在战争中萌发的"军法"思想也许是最早的国王行使立法权的形式。

第一，"常刑"出现。在频繁的战争征伐中，源于每次战争的"临刑"（临时刑罚规则），极有可能发展成为"常刑"（常规的刑典），"刑治"遂成为王国社会的常规治理手段。刑治的对象是除了王以外的所有主体，既包括贵族（如王任命的官员、诸侯首领），也包括士兵、平民和奴隶。例如，《左传·昭公六年》载"夏有乱政而作禹刑，商有乱政而作汤刑，周有乱政而作九刑"，甚至《孝经·五刑》还说"五刑之属三千，而罪莫大于不孝"。有学者在梳理文献的基础上，甚至归纳出夏代存在"谋反罪""违令罪""误卯罪""渎职罪""不孝罪"等罪名。❶ 另有文献记载，由于夏桀统治残暴，"夏太史令终古出其图法，执而泣之"，"乃出奔如商"（《吕氏春秋·先识》）；而商族后人歌颂殷革夏命时也说，"唯殷先人，有册有典"（《尚书·多士》）。这表明，从夏代的"图法"到商族的"有册有典"，是一个法律制度逐渐完善的过程。但从法律进化论的视角看，直到战国时期李悝制定的《法经》也不过六篇，湖北云梦秦墓出图的秦律才1.7万余字，因此，在夏商时代存在大规模成熟的刑典是不可想象的，即便有"常刑"也不过是非常简陋的若干条款，是统治者权力的外延形式。

第二，"酷刑"普遍。由于统治者信奉"天命王权"，刑治中存在"恭行天罚"的思想，违背天命者不被怜悯，因而，夏商时期盛行残杀生命和残害身体的"死刑"和"身体刑"。《尚书·大传》说"夏刑三千余"，东汉郑玄认为是"大辟二百，膑辟三百，宫辟五百，劓、墨各千"。商代的刑罚因袭于夏代，"夏后氏之王天下也，则五刑之属三千。殷周于夏，有所损益"（《左传·昭公七年》），从甲骨文中大量存在的"杀""辟""刵""刖"也证明了这一点；直到西周初年才对"大辟"作了一些限制，但残害肢体、劳役和其

---

❶ 王光荣：《夏代法律的初探》，《山东大学文科论文集刊》1984年第1期。

他刑罚形式却有所发展。❶ 从法律文化进化论的立场判断，刑罚从夏商周三代以"墨、劓、剕、宫、辟"为主向汉代以后的"笞、杖、徒、流、死"，再向现代社会改为自由刑和财产刑为主演进，是符合社会发展规律的。

第三，"神秘主义"的刑治。夏商周时代的刑治服务于王的威权统治，刑罚目的是让人敬畏王权，而不是为人提供行为规范以预防犯罪。国家即便有刑罚制度也不向社会公布，奉行神秘主义的统治理念；"罪刑法定、人人平等"等现代法律理念尚未发育，统治者在适用刑罚时存在"恭行天罚""令人敬畏王权"的威权治理思想。如《左传·昭公六年》载，"刑不可知，则威不可测；民知有辟，则不忌于上"。神秘主义的刑治思想是夏商周三代的主流思想，直到春秋时期郑国子产"铸刑书"（公元前536年）才开始对此进行反思，到李悝作《法经》（公元前445年）才开了公开成文法之先河；几乎是同一时期或稍后，以孔子为代表的儒家才开始讨论"刑治"与"德治""礼治"的优劣问题。

（2）礼治：贵族集团的习惯法。

东周时期儒家与法家的"刑治""礼治"之争最为引人注目，"礼"在法律文化史上不可能是突然出现的，应该在夏商时期就已经出现，而且极有可能起源于祭祀习惯。"国之大事，在祀与戎"（《左传·成公十三年》）。夏商周时代，除了战争之外，最重要的国家大事莫过于祭祀，礼的产生就与这种祭祀活动有关。"说文示部云：礼，履也，所以事神致福也，从示从丰……盛玉以奉神人之器谓之丰，推之而奉神人之酒礼谓之礼，又推之而奉神人之事通谓之礼"。❷ 关于夏、商时代的礼，在孔子时代已经无法详细了解了，孔子曾说"夏礼，吾能言之，杞不足征也；殷礼吾能言之，宋不足征也。文献不足故也"（《论语·八佾》）。从古文献的零星记述和考古发掘工作中，或许可初步了解夏商时代作为"礼"的习惯法形态。

夏商周三代的祭祀文化源于原始社会巫术习惯和族邦社会的祭祀习惯。在原始社会，基于"万物有灵"的认知已经产生了氏族图腾崇拜；到了唐虞之际，"天地、日月星辰、五行和四季"经由对农业和人类生存的巨大影响，已经上升为"天神"的观念形态。据《史记·五帝本纪》载，尧时已有任命

---

❶ 赵连稳：《中国古代刑罚的演变》，《山东师范大学学报》（人文社会科学版）2007年第5期。
❷ 王国维：《观堂集林》，中华书局1959年版，第290－291页。

专门官员祭祀天神的现象,"命羲、和,敬顺昊天,数法日月星辰,敬授民时",命羲仲"敬道日出……以殷中春",命和仲"敬道日入……以正中秋",命羲叔"以正中夏"等。尧老,"命舜摄行天子之政,以观天命。舜乃在璇玑玉衡(指北斗七星,一至四星名魁,为璇玑;五至七星名杓,为玉衡),以齐七政(日月及金木水火土,称七政)。遂类于上帝(祭天),禋于六宗(对天地四时的祭祀仪式),望于山川,辩于群神",舜还遵循"五岁一巡狩"的制度,到各地巡视归来后,"至于祖祢庙(祖庙与父庙),用特牛礼(用一头牛作祭礼)"。

夏代已发展出"祭天祀祖"的祭祀习俗。夏代的天神具有至上神的抽象意蕴,天命开始与王权产生密切关联,但天神尚不具有人格意义,与祖先是分开的。①祭祖文化已趋于成熟。《尚书·甘誓》记述了启伐有扈氏之战的誓词,"用命赏于祖,弗用命戮于社";《礼记·祭法》对夏代的祭祖进行了描述,"夏后氏亦禘黄帝而郊鲧,祖颛顼而宗禹",这些都显示夏代祭祀有明确的规则要求。②以玉器、动物作为祭品,也有人祭的现象。玉器是夏代较为重要的礼器,除玉璜、玉钺、玉刀作为身份象征之外,还存在玉圭等祭祀用玉器。二里头遗址出土不少玉圭,有学者认为玉圭为夏代祭土地神(社祭)的祭品。❶对二里头文化四期东下冯遗址的考古发掘显示,在M527祭坑中发现男性骨架1个、女性骨架2个,人骨架东侧有人下颌骨1块、猪下颌骨2块,骨架附近下有大砾石2块。❷③有一定的祭祀礼仪和典乐。在原始社会,人们在劳动生产中已经创作了乐舞或者巫舞仪式;到了族邦社会,礼仪典乐成为一种修德治民的制度。如《韩非子·五蠹》载,"当舜之时,有苗不服……乃修教三年,执干戚舞,有苗乃服"。《山海经·海外西经》亦载,"大乐之野,夏后启于此儛九代……左手操翳,右手操环,佩玉璜"。也许,此时的舞还没有发展成为祭祀仪式,《周易·豫卦》说"先王以作乐崇德,殷荐之上帝,以配祖考",亦即殷商时代乐舞才成为祭祀礼乐。

商代的祭祀文化与夏代有别,"夏道尊命,事鬼敬神而远之","殷人尊神,率民以事神,先鬼而后礼"(《礼记·表记》)。①帝、天神、祖神的消长关系。在甲骨卜辞中,时常出现"帝"这一词汇。在殷商早期,"帝"已是

---

❶ 尤仁德:《古代玉器通论》,紫禁城出版社2004年版,第86页。
❷ 中国社会科学院考古研究所:《夏县东下冯》,文物出版社1988年版,第113页。

具有人格属性的神灵，被抽象为至高无上的神（上帝），并与风、雨、雷、雹、五方等自然神形成上下统属关系，商族的祖先神也成了传达"帝"命的傧相。但到了殷商中晚期，上帝、天神的崇高地位逐渐被商族的祖先神所取代，"帝"不仅不受祭，而且逐渐淡出殷人的神灵体系。❶ 第27任商王武乙，还曾"为偶人，谓之天神。与之博……天神不胜，乃僇辱之。为革囊，盛血，仰而射之，命曰射天"（《史记·殷本纪》）。祖先神地位的上升，反映了人类征服自然能力的增强，是"人类征服自然的初步胜利"。❷《礼记·祭法》描述了殷商王族对祖先的祭祀，"殷人禘喾而郊冥，祖契而宗汤"。②先鬼而后礼。商代盛行占卜，凡事大自祭祀、征伐，小至疾病、生育，无一不求神问卜。❸ 卜官将占卜的过程和事项刻在甲骨上，就是甲骨文。所以，殷人所信的鬼主要是占卜文化。❹ ③寓礼于器。殷商时代的礼器，主要是玉器和青铜器。殷商时代祭祀死者，特别喜欢用美玉。安阳小屯殷墟发掘的"妇好墓"，随葬品总数达1928件，除了珍贵的青铜器外，有755件精美的玉器。❺ 随着青铜冶炼技术的提升，夏代晚期和商代出现了大量小型的青铜酒器，西周以后开始出现青铜食器和乐器，西周中期以后才出现大型的鼎。④盛行人祭。在殷商王陵区、宗庙建筑和贵族墓区常发现祭祀坑，堆放着被砍头、截肢的尸骨，还存在人祭坑与兽祭坑混杂在一起的情况。在殷墟小屯乙七基址发掘中，乙组基址共计使用人牲641个，马15、牛40、羊119和狗127只，以及车马5辆。❻ 安阳殷墟商代王宫、王陵、车马坑、人殉和人牲祭祀场、坑，以及周围中小型墓群的发掘，证明商代的礼和礼制已非常纷繁和严密。❼ ⑤礼乐文化。在商族人的观念中，礼乐、占卜、巫舞、祭祀都是除灾、疗疾、求雨、降福等统治工具。据《墨子·三辩》载，"汤放桀于大水，环天下自立以为王。事成功立，无大后患，因先王之乐，命曰护（濩）"。《诗经·商颂·那》对这

---

❶ 刘光洁：《天人视域下商周之"帝"的来源与演进》，《深圳大学学报》（人文社会科学版）2020年第6期。

❷ 晁福林：《论殷代神权》，《中国社会科学》1990年第1期。

❸ 胡厚宣：《殷卜辞中的上帝和王帝》（上），《历史研究》1959年第9期。

❹ 甲骨文"鬼"字像人戴着奇特的面具，以示非人面似鬼，也预示其有着非凡魔力。《列子·天瑞》说："精神离形，各归其真，故谓之鬼。鬼，归也，归其真宅。"

❺ 李婵：《上古三代秦汉玉文化研究》，山东大学博士学位论文，2011年，第120页。

❻ 张煜珧：《夏商周祭祀遗存研究》，西北大学博士学位论文，2019年，第38页。

❼ 李晓明：《殷商礼文化态势考辨》，《求实》2004年第5期。

种祭祀礼乐有所描述,"奏鼓简简,衎我烈祖"。甲骨卜辞中有"濩"字,"……乙亥卜,贞:王宾大乙濩,亡尤"。❶可见,护(濩)在商族人的礼乐文化中有重要的地位,是商族庆贺商汤伐桀和祭祀祖先的乐曲。

周代祭祀活动仍然兴盛不衰,正所谓"殷因于夏礼,所损益,可知也;周因于殷礼,所损益,可知也"(《论语·为政》)。但通过对殷革夏命和周革殷命两次王权更迭的反思,周王室已深刻认识到"天命靡(无)常,惟德是辅"和"民之所欲,天必从之"的社会发展规律,形成了"尊礼尚施,事鬼敬神而远之,近人而忠焉,其赏罚用爵列,亲而不尊"(《礼记·表记》)的"礼治"思想。而且,周代的礼治更加制度化和系统化,如据《周礼·春官》记载,春官大宗伯就是主管祭祀的最高官员,祭祀的种类繁多,如敬天为祀、敬地为祭、敬人鬼为享,另外对祭祀时令、祭祀地点、祭祀人员、祭祀用品、祭祀礼仪等有了更加详细的规范。对于祭祀的重要性认识也更加深刻,如《礼记·祭统》说,"治人之道,莫急于礼。礼有五经,莫急于祭"。另据《国语·楚语》载,楚昭王曾问"祀不可以已乎",观射父(楚国大巫师和参政大夫)说,"祀所以昭孝息民、抚国家、定百姓也,不可以已"。

2. 国家治理:宗法制、分封制与贡赋制

在夏商周三代,虽然确立了王权和贵族世袭制,但王和王族的统治力量还没有强大到建立中央集权统治的程度,因此不存在帝制时代意义上的中央政府;从某种意义上,各血缘宗族部落集团仍然割据存在,只不过从族邦社会的平等割据过渡到王权之下的不平等割据而已。为了维持对"天下"的统治,王国社会在政治上不得不实行"宗法制"和"分封制"。

宗法制,是王国社会按照血缘关系分配权力和确定世袭规则的一项政治制度。宗法血缘组织是伴随着父系氏族社会而出现的,它在族邦社会演进成"万邦林立"的自治政治单位,到王国社会演化成王权之下的诸侯国。宗法制的首要意义,就是确立王位和贵族爵位的世袭规则,这对于维持王国社会的统治秩序至关重要。夏王国是宗法制度的形成期,有扈氏不服和"启伐有扈氏",武观叛乱和"启征西河",都凸显了宗法制度对于王位有序继承的重要

---

❶ 黄敬刚:《从传世文献与音乐考古看商代礼乐制刍形》,《乐府新声》(沈阳音乐学院学报)2016年第4期。

性，王位从禹到启 16 传 13 次父子相传形成了早期的"父死子继"模式的宗法制度。无论是王族还是其他贵族，实行同姓别氏、分封建国也是其重要体现。如"禹为姒姓，其后分封，用国为姓，故有夏后氏、有扈氏、有男氏、斟寻氏、彤城氏、褒氏、费氏、杞氏、缯氏、辛氏、冥氏、斟氏、戈氏"（《史记·夏本纪》）。商代有 30 位王，其中仅 13 次父传子，其他则是兄弟叔侄相传，宗法制度混乱导致父子叔侄内斗不断，频繁迁都也是王室宗族为争夺王权而激烈斗争的外化。武王伐纣之后，充分汲取夏商两代的教训，在王位和诸侯卿大夫各层面确立"嫡长子继承制"，使得周代宗法制度趋于成熟。

分封制，是周代社会政治的典型特征，但追根溯源，其在夏商时代已出现，甚至在族邦社会已有萌芽。❶ 在夏商周三代，国王仅在政治意义上被承认为"天下共主"，王国还不存在秦汉帝国时代的疆域概念（充其量是王权的势力范围），其直接有效的统治应主要限于王邑，即"夏曰夏邑，殷曰商邑，周曰京师"（《白虎通·京师》）。王邑从政治意义上可称为"天子国"，是天下众多邦国之一，但国王毕竟是"天下共主"，如何体现和维护其统治权威呢？主要有三：一是从军事上对不服者和反叛者进行征服，服从王权的诸侯应服从国王的军事指挥；二是从经济上获得诸侯国的贡赋，对不服从者进行征伐；三是从政权建设上任命官员，地方诸侯获得分封后进行自我管理。在夏代，夏王的统治中心"大致只在今中岳嵩山和伊、洛、颖、汝四水的豫西地区"。❷ 分封体现为以王邑（天子国）为中心的"五服制"，按距离从近到远影响力递减，即"天子国以外五百里甸服"，"甸服外五百里侯服"，"侯服外五百里绥服"，"绥服外五百里要服"，"要服外五百里荒服"（《史记·夏本纪》）。成汤灭夏即采取了先攻灭葛、韦、顾、昆吾等忠于夏王的地方诸侯国，❸ 然后攻占夏王的中心统治区，但对其他地区则采取"诛其君，吊其民"（《帝王世纪·殷商》）的手段，在原部族扶植和分封代理人进行自我管理。有商一代，不断在东夷、淮夷、西北鬼方等方向征伐，为了维持其影响力，不得不靠分封诸侯来维系其统治，还"以西伯昌、九侯、鄂侯为三公"，商王

---

❶ 例如，族邦社会已有"四岳""侯伯"之谓，《尚书·逸篇》载"尧子不肖，舜使居丹渊为诸侯，故号曰丹朱"，《史记·五帝本纪》载"尧子丹朱，舜子商均，皆有疆土，以奉先祀"。
❷ 宋镇豪：《夏商社会生活史》，中国社会科学出版社 2005 年版，第 15 页。
❸ 《史记·殷本纪》载："葛伯不祀，汤始伐之。"《诗经·商颂·长发》载："韦顾既伐，昆吾夏桀。"

辛（纣王）为巩固西部边境安全，还"赐之弓矢斧钺，使西伯得征伐"（《史记·殷本纪》），这与夏王赋予商侯成汤"得专征伐"大权如出一辙，也为商王国的覆灭埋下伏笔。相比较而言，夏王、商王直接统辖的王邑（天子国）尚不具有中央政权的特质，只是天下众多邦国之一，仅王是各诸侯国承认的共主；而周王室已具有中央政权的特点，其分封制有明显的"服从派遣"和"封疆治理"的色彩，是分封制的成熟形态。

贡赋制，是与分封制配套实行的一项政治经济制度。（1）从王权与诸侯国的关系来看，诸侯国负有向王缴纳贡赋的义务，这是向王权表示臣服的基本要求。据《史记·夏本纪》载："自虞、夏时，贡赋备矣。"《史记·五帝本纪》说："唯禹之功为大，披九山，通九泽，决九河，定九州，各以其职来贡，不失厥宜。"禹作"五服制"，就是将诸侯邦国纳贡赋初步制度化的体现。有时，夏王还会因地制宜要求上贡本地特产。夏王芒在位时，"命九夷，狩大海，获大鱼"（《今本竹书纪年·卷上》）。有时，这也体现为诸侯向王贡献自己或本族的女子，如《史记·殷本纪》载，"西伯昌、九侯、鄂侯为三公。九侯有好女，入之纣。九侯女不喜淫，纣怒，杀之，而醢九侯"。（2）从王室宗族和各诸侯国与下辖的平民的关系来看，平民负有纳税的义务。据《孟子·滕文公上》载，"夏后氏五十而贡，殷人七十而助，周人百亩而彻，其实皆什一也"。商的田赋制度被称为"助"，即实行井田制，把土地按每块70亩形成"井"字形9块，四周八块由平民耕种，收获归私有；中间一块是公田，收获全部归统治者所有。周初也实行"井田制"，大约自共和（公元前841至公元前832年）后，周王畿内将改为"彻"法，"彻田为粮"，即不论田地公私一律"计亩而分"，以克服平民耕作公田不力之弊。❶

3. 民间纠纷：根据习惯法解决

在夏商周时代，无论是被视为"国之大事"的刑与礼，抑或是宗法制或分封制，都属于维护王权统治的"公法"的范畴，主要涉及贵族集团利益调节的"统治型"法律秩序。对于贵族或者平民之间的私人人身或财产权利争议，当时（特别在夏商时代）是否存在明确的官职或者争讼处理机制，是缺乏详细史料记述的。之所以出现这种状况，或许是在公共权力机制兴起的早

---

❶ 何兆龙：《三代时的赋役制度》，《浙江财税与会计》1998年第2期。

期阶段，是将私人利益保护涵摄于公共秩序范围之内加以考虑的；或许是私人利益保障在当时不被认为是"国之大事"，而在官方记载的古籍材料中未能得到反映。一个合理的假设是：人身财产权利争议主要靠习惯法来调节。

（1）夏代的司法官职和争议解决文化。

夏代虽然出现了凌驾于诸侯邦国之上的"王权"，但夏王国的政治架构极有可能是一种"复合型国家形态"。一方面，族邦社会的各血亲宗族部落演化成臣服于夏王的众多邦国，它们在很大程度上都是自治的政治单位，仅通过"五服"和"贡赋"机制形成受王权影响的夏王国势力范围。在夏王国，还没有形成明确的中央政府和地方政府的观念，也极有可能不存在明确的政府机关设置，宗族长、家族长或能力出众的人才会被委任担当某种公共事务主管之责（所谓的官职）。另一方面，与其他诸侯邦国相比，王邦取得了更优越的政治地位和经济地位；夏王除了直辖统治王邦之外，还从各诸侯邦国中选任一些有专长的宗族长或能力出众的人才担当整个夏王国的某种公共事务主管之责（所谓的王官）。据《史记·夏本纪》和《尚书·甘誓》的记载，"三正"和"六卿"，可能是夏王倚重的重要"王官"。据《左传·昭公十七年》记载，夏代发生日食的时候，出现"瞽奏鼓，啬夫驰，庶人走"的情形，瞽、啬夫、庶人应该是负责鼓乐等公共治理事务的官吏。据《吕氏春秋·先识》记载，"夏太史令终古出其图法，执而泣之"，"乃出奔如商"，表明"太史令"可能是夏王任命的掌管记事和册籍的官员。此外，夏王国也许还延续了从各诸侯邦国中选贤任能的族邦社会传统。例如，传说薛国始祖奚仲擅长制造马车，《左传·定公元年》说"薛之皇祖奚仲居薛，以为夏车正"；传说羲氏、和氏自尧舜时期就掌管天地四时，可能在夏代仍然被夏王任命为掌管天地四时之官，《史记·夏本纪》说"帝中康时，羲、和湎淫，废时乱日。胤往征之，作《胤征》"；商族先公之一的冥，可能担任夏王国的治水之官，《国语·鲁语》和《今本竹书纪年·卷上》载"（少康）十一年，使商侯冥治河"，"冥勤其官而水死"；周族始祖弃可能担任夏王国负责农业生产的"后稷"之官，《国语·鲁语》载"夏之兴也，周弃继之，故祀以为稷"。

从古文献记述来看，虞夏之际官职形态具有相似性和传承性，政府机关和常设官职尚在发育之中，是否存在专门"掌管司法"的官职是存疑的，也许司法仍然是与军政、教化、祭祀、典礼等事务混杂在一起的。例如，《史记·五帝本纪》载，舜命皋陶为"士"，"蛮夷猾夏，寇贼奸宄……五刑有服"。但是，《容成氏》竹简载"乃立咎（皋）陶以为李（理）……三年而天下之人亡（无）狱讼者"，❶《左传·庄公八年》又载"《夏书》曰：'皋陶迈种德，德乃降'"，《吕氏春秋·古乐》说禹"命皋陶作为夏籥九成，以昭其功"，表明皋陶曾协助舜和禹布德、作乐和治理天下，其职责是多样化的。更为冲突的是，《史记·五帝本纪》载舜命禹为"司空，可美帝功"，禹除了治水、定九州、平定三苗、兴《九招》之乐外，也曾负责听讼之事，"禹乃建鼓于廷，以为民之有讼告者鼓焉。鼓，禹必速出；冬不敢以苍辞，夏不敢以暑辞"。❷另外，是否存在专门"掌管监狱"的官职也存疑。《今本竹书纪年·卷上》说"夏后芬（第7任夏王）三十六年作圜土"，《史记·夏本纪》说夏桀"乃召汤而囚之夏台"，圜土与夏台类似于监狱，但未见文献记载专司管理的官职。

可见，虞夏之际应该不存在分职设官机制，国家机器的形制还比较原始，狱讼等司法事务大概率是由最高统治层兼管，且极有可能存在"有官员、无刑典"的现象。在此背景下，对于非涉及王权统治的民事纠纷，主要依靠习惯法处理，王权不加干预。兹举两例：

案例一：王亥之死案。商族先祖王亥被有易氏杀害一案，文献多有记载，但原因释读有分歧。一说认为，商族首领王亥到有易氏居地进行商品交换，并邀请河伯居中见证，但被有易氏首领绵臣"谋财害命"。如《山海经·大荒东经》载："王亥托于有易、河伯仆牛，有易杀王亥，取仆牛。"二说认为，商族首领王亥与有易氏之女通婚，犯了婚姻禁忌，被有易氏首领绵臣按氏族习惯"放杀"（放逐杀戮）。《古本竹书纪年·夏纪》载："殷王子亥宾于有易而淫焉，有易之君绵臣杀而放之。"需注意，王亥是商族先公冥之子，而冥为夏王少康时期的商侯，也就是说王亥被杀发生于夏王国统治时期。王亥被杀的纠纷是如何处理的呢？并没有出现夏王或者夏王委派的司法官员居中审判的记载，相反，是通过商族复仇（私力救济）的手段解决的。《古本竹书纪年·夏纪》载："是故殷主甲微假师于河伯，以伐有易，灭之，遂杀其君绵臣也。"可见，无论商族首领王亥死因为何，最终是通过"同态复仇"的部族私力救济手段解决的，这种私力救济沿袭了古已有之的"杀人者死"的习惯法，

---

❶ 马承源：《上海博物馆藏战国楚竹书》（第二册），上海古籍出版社2002年版，第273页。
❷ 马承源：《上海博物馆藏战国楚竹书》（第二册），上海古籍出版社2002年版，第267页。

而夏王国的王权对此不加干预。这种同态复仇的救济手段的合法性，直到周代仍然十分盛行。如《周礼·秋官·司寇》载，"凡报仇雠者，书于士，杀之无罪"，亦即复仇杀人是一项习惯法，只需在官府报备，复仇者即无罪。

案例二：汤伐葛伯案。在夏桀时期，商汤与葛伯是两个邦国的首领，毗邻而居。《孟子·滕文公下》载："汤居亳，与葛为邻。"葛国遗址在今河南宁陵，据说葛伯是皋陶之子伯益的后代，被夏王封为伯爵，地位崇高。据《史记·殷本纪》载："汤征诸侯。葛伯不祀。汤始伐之。"也就是说，葛伯违反祭祀的习惯法，商汤才去讨伐他。《孟子·滕文公下》对"葛伯不祀"的过程有更为详细的描述，"葛伯放而不祀。汤使人问之曰：'何为不祀？'曰：'无以供牺牲也。'汤使遗之牛羊，葛伯食之，又不以祀。汤又使人问之曰：'何为不祀？'曰：'无以供粢盛也。'汤使亳众往为之耕，老弱馈食"，对于商汤又是派人帮助种地，又是赠送牛羊的良苦用心，葛伯的反映却是"有酒食黍稻者夺之，不授者杀之。有童子以黍肉饷，杀而夺之"，所以，商汤尊礼爱民发动了征伐战争，"为其杀是童子而征之，四海之内皆曰：'非富天下也，为匹夫匹妇复仇也。'"。可见，对夏王国各诸侯邦国内，是否祭祀只要不违反王族的祭祀礼仪，王权也是不加干预的；❶ 反而是诸侯强国的首领商汤"看不惯"这种行为，最终以"为匹夫匹妇复仇"的名义对葛伯发动了讨伐战争。

（2）商代的司法官职和争议解决文化。

商王国仍然是"复合型国家形态"，没有建立集权型的中央政府，诸侯国仍以臣服于商王的自治政治体的形式存在。但商王国发展出"内外服"制度：在商王族直接统治区域（大邑商）实行内服官制，包括"尹""宰""卿事"和"三公"等高级内服官，也包括甲骨文中常见的"史""卜""巫""祝""觋""师""小臣"等官吏；在商王间接统治区域实行外服官制，外服官有"侯、甸、男、卫、邦伯"（《尚书·酒诰》），为商王对诸侯邦国的首领封赏的职事之名。其中，个别重要的"侯""邦伯"也可能兼有"三公"名号，

---

❶ 当然，夏王对诸侯国之间的征伐活动并非完全不闻不问，如果征伐活动危及王权，就会加以干预。如《古本竹书纪年·夏纪》载："（夏桀）二十一年，商师征有洛，克之。遂征荆，荆降。二十二年，商侯履（汤）来朝，命囚履于夏台。"但后来，商汤的辅臣伊尹行贿，夏王又把商汤释放了，结果"诸侯遂宾于商"，然后发生了商汤灭夏的"鸣条之战"，以致于夏桀发出了"吾悔不遂杀汤于夏台，使至此"（《史记·夏本纪》）的感叹。

如文献记载的商王国的"三公"有五人，除伊尹、傅说（悦）本身就是辅佐商王的内服官外，九侯、鄂侯、西伯也曾被商王任命为"三公"；不过，"侯""邦伯"兼任三公只是一种因人而设的尊贵爵位（对重要贡献的褒奖），并非中央政府意义上的常设官职。

有学者认为，商代的司法官员称为"士"或"司寇"，[1]这种比附周代官制所做的推测没有扎实的根据。在商代，极有可能与虞夏一样不存在分职设官机制，而由商王和"尹""宰""卿事"等掌握最高立法权和司法权，由"卜""巫""祝""觋""史"等官吏做一些司法辅助工作。商族"尊神信鬼"，"先鬼而后礼"，国家大政方针、战争、迁都、年景、疾病、生育、出行等都要根据"甲骨卜辞"作出决定，立法、定罪、量刑等司法活动亦是如此。在甲骨卜辞中有如下记载，"惠王又作辟"（《粹》487），"贞：王闻不惟辟？贞：王闻惟辟"（《乙》4604），"贞：刖百？（问：将对一百人实行刖刑，可不可以？）"（《续补》6899），"贞：刖不死？（问：将要使用刖刑，会不会有人死亡？）"（《续补》1560）。[2]在这种连商王都要听命于神的时代，存在专司审判刑狱，并具有决断权的司法官群体是不可想象的。立法和司法运行机制极有可能是这样的，由"尹""宰""卿事"等高级官员向商王提出狱讼初步处理意见，然后安排"卜""巫""祝""觋""史"等下级官吏进行甲骨卜辞，根据卜辞结果形成立法或者个案定罪量刑的结论。即便如此，这种做法也极有可能只存在于商王的直接统治区，对商王的间接统治区可能只有在涉及战争、臣服于王权等国家大事中才会适用。其他争讼事务，极有可能由各诸侯邦国自治处理。

案例一：醢九侯案。据《史记·殷本纪》载，商纣王时期，"以西伯昌、九侯、鄂侯为三公"，但因九侯贡献给纣王的美女（联姻机制）惹怒了纣王，引发了纣王的疯狂报复。"九侯有好女，入之纣。九侯女不喜淫，纣怒，杀之，而醢九侯。鄂侯争之彊，辨之疾，并脯鄂侯。西伯昌闻之，窃叹。崇侯虎知之，以告纣，纣囚西伯羑里。"仅仅因为"九侯女不喜淫"，纣王就杀了九侯女，还迁怒于九侯，"醢（剁成肉酱）九侯"；进而，鄂侯因争辩而被"脯"（做成肉干），西伯因不满"窃叹"而被囚于羑里。这一纠纷的处理表

---

[1] 胡旭晟主编：《狱与讼：中国传统诉讼文化研究》，中国人民大学出版社2012年版，第162页。

[2] 叶煜：《夏商时期神权法思想》，《公民与法》（综合版）2020年第6期。

明，商王对个人利益纠纷并不付诸司法官吏的审判机制，而是自行决断处理。同时表明，商王对"侯、甸、男、卫、邦伯"等外服官（诸侯邦国）有了更大的生杀予夺控制权。

案例二：虞、芮争田案。自商王盘庚以后，商王的统治中心在河南安阳一带，虞（今山西平陆县）、芮（今山西芮城）是商王国的西方附属邦国。两国交界处有一块多年来未定归属的土地，方圆十多里，虞、芮两个邦国都想据为己有，遂发生争议。但虞、芮两国的田土争议并没有提交给商王或商王的司法官吏处理，或许商王国根本不存在这类民事纠纷的解决机制，于是他们转而寻求周文王来调停。《诗经·大雅》载："虞芮质厥成，文王蹶厥生。"《史记·周本纪》载："虞芮之人有狱不能决，乃如周。"其结果如何呢？"入（周）界，耕者皆让畔，民俗皆让长。虞芮之人未见西伯，皆惭，相谓曰：'吾所争，周人所耻，何往为，祗取辱耳。'遂还，俱让而去。"虞、芮和周同属于商的附属邦国，虞、芮发生田土争议不是小事，但史籍未载商王国存在相关争议解决机制，或许正反映了当时私力解决机制盛行、王权不加干预的状况。于是，虞、芮两个邦国有两个方案可供选择，一是通过战争武力争夺，二是寻求第三方调停。结果，临近的周国成了双方共同选择的第三方调停人，而双方进入周界后有感于周族的道德教化而自愿息争，反映了"礼"在当时周文王治下的社会已经发挥越来越大的作用。

第三章 西周时期的国家治理与区域治理文化

齐鲁法律文化是周王室治下的区域法律文化，周王室的治理思想对其生成有直接的影响。换言之，周王室的治理思想是国家治理层面，齐、鲁两个诸侯国的治理属于地方（区域）治理。但是，齐鲁法律文化在外延上又不限于齐鲁两国统治者的官方治理思想，还包括民间法律心理和法律价值观，以及学者群体（诸子百家）的国家治理学说。欲了解齐鲁法律文化的具体存在样态，需要在周王室国家治理思想的总体框架下，对齐鲁两国地方（区域）治理思想、民间法律心理和学者群体的国家治理学说作综合考察。从某种意义上说，经过理论升华的诸子百家中的齐鲁学派的法律思想更值得珍视，因为它既是对西周初期国家治理思想的传承和创新，也对秦汉以后中华主流法律文化传统的形成产生了思想奠基作用。

一、周族的兴起

周族原本是兴起于渭水中游黄土高原上的一个古老部落，通过"武王伐纣"战争的胜利取得了天下的统治权。了解周族兴起的背景，对于理解周代的王室治理文化和受封诸侯国的区域治理文化有重要的意义。从文献记载来看，周族的发展大致经历了四个阶段。

第一阶段：起源传说时期。对于周族的起源，史籍记载有一个从不清晰到逐渐清晰、逐渐神化的过程。据《诗经·大雅·生民》记载，"厥初生民，时维姜嫄","载生载育,时维后稷","实颖实栗,即有邰家室"。这表明,周族记忆中最早的先人是"后稷"(所任官职名称,本名"弃"),他降生在一个"只知其母、不知其父"的母系氏族时代,他的母亲是有邰氏之女"姜嫄",后稷出生后留在母亲所在的有邰氏成长,以善于农业生产闻名。后稷的父亲是谁呢?《诗经》对后稷降生进行了初步的神化,认为姜嫄是在经历一个"履帝武敏歆"的祭祀仪式后怀孕生子的。而现代学者闻一多在《姜嫄履大人迹考》一文中认为,这则神话反映的事实真相"只是(姜嫄)耕时与人野合而有身,后人讳言野合,则曰履人之迹,更欲神异其事,乃曰履帝迹耳"。《史记·周本纪》则更加详细记述了弃成年后的功绩,"及为成人,遂好耕农,相地之宜,宜谷者稼穑焉,民皆法则之。帝尧闻之,举弃为农师,天下得其利,有功。帝舜曰:'弃,黎民始饥,尔后稷播时百谷。'封弃于邰,号曰后稷,别姓姬氏";"后稷之兴,在唐陶。禹夏之际,皆有令德"。综上,可知周族的祖先为"弃",他生活的时代是一个母系氏族社会解体、父系氏族社会开始确立的时代,"弃"因擅长农耕而在尧舜禹时期担任农官,尊为后稷。但是,如果说弃在唐尧、虞舜、禹夏等数代之间一直担任农官,显然不可信。文献记载只能说明周族祖先源于唐尧、虞舜、禹夏时代的一个农官家族。

第二阶段:杂居戎狄时期。在文献中,不窋是周族较为明确的一个先祖。《史记·周本纪》载:"后稷卒,子不窋立。不窋末年,夏后氏政衰,去稷不务,不窋以失其官而奔戎狄之间。"不窋奔于戎狄之间的时间,可能在第14任夏王孔甲时期。孔甲是一个有别于传统的统治者,"好鬼神,事淫乱,夏后氏德衰,诸侯畔之"(《史记·夏本纪》),"孔甲乱夏,四世而陨"(《国语·周语下》)。孔甲以后,夏王国陷入长期内乱,不窋丢失了世袭的农官(后稷)之职后,率领族人从祖居的渭河流域迁居到北豳一带与西北戎狄等少数民族杂居,以避祸乱。北豳在哪呢?唐代张守节著《史记正义·周本纪》引《括地志》载:"不窋故城在庆州弘化县(今甘肃庆阳市)南三里。即不窋在戎狄所居之城也。"不窋死后,其后裔公刘,又从北豳迁居豳。《史记·刘敬传》载:"公刘避桀居豳。"周族人杂居戎狄时期,正值夏、商交替的战乱时期,不过周族人并未放弃传统的农耕生活方式。《史记·周本纪》说,"公刘虽在戎狄之间,复修后稷之业"。公刘迁居豳,居住九世,传至公亶父。其间，高圉、亚圉、公叔祖类等三位周族首领受商王册封，封为邠侯。❶ 这一时期，周族人又开始与商王国发生政治上的关联，接受商王册封，成为商王国西北边缘地带的诸侯国。

第三阶段：迁居岐周时期。公亶父时期，因戎狄威逼，又率领族人由豳南迁至渭河流域的岐山以南之周原（今陕西省宝鸡市扶风、岐山一带），这时才产生"周"的概念。公亶父在周族发展史上是一个上承后稷、公刘之伟业，下启文王、武王之盛世的关键人物，也是一位具有远见卓识的政治家、改革家、军事家。迁周于岐山之阳的周原和奠定翦商的事业基础，是公亶父两项最大的功绩。❷ 公亶父率族迁居周原后第三年，获商王封岐邑。❸ 此后，公亶父采取了一系列改革措施。（1）与渭水流域武功、扶风、宝鸡一带的部族联姻，❹ 以稳定生存环境。（2）建立官僚系统，"作五官有司"（《史记·周本纪》），设置司徒、司马、司空、司士、司寇等五官。（3）学习商族先进文化，改易风俗。如改变生活方式，"古公乃贬戎狄之俗，而营筑城郭室屋，而邑别居之"（《史记·周本纪》）；提倡用礼、乐的方式教化民众，成为周代礼乐制度的发源；由于周人对祖宗崇拜的信奉，使得宗法观念开始逐步深入人心，实际上也就形成了一套以宗法、血缘关系为纽带的社会系统，这也是周代建立之后实行宗法制的社会基础。（4）推行仁德，民多归之。《史记·周本纪》中记述了公亶父一系列的思想，如"有民立君，将以利之"，包含着民主、民本的观念；"民欲以我故战，杀人父子而君之，予不忍为"，体现了亲民、爱民、仁德的观念，这些观念成为周礼的思想源头。（5）发展农业，民心鼓舞。据《史记·周本纪》载，公亶父复修后稷、公刘之业，积德行义，国人皆戴之。从公亶父迁居岐周到武王灭商，前后发展了约100年，周终于

---

❶ 《今本竹书纪年·卷上》载，"（祖乙）十五年，命邠侯高圉"，"（盘庚）十九年，命邠侯亚圉"，"（小乙）十三年，命邠侯组绀"。"邠"同"豳"，古代传说中邠国为西方极远之国，现隶属于陕西陕西省咸阳市彬县，东与旬邑县接壤。《诗经》中有《豳风》，为十五"国风"之一，共计七篇二十七章，描述了周族先人居住于豳时期的生活样态。汉晋时期，在此设新平郡，西魏于郡置豳州，唐置邠州，新中国成立后设置彬县，后撤县设彬州市。

❷ 《诗经·閟宫》对公亶父的功绩歌颂道："后稷之孙，实维大王。居岐之阳，实始翦商。"

❸ 《今本竹书纪年·卷上》载，（殷）武乙元年，"邠迁于岐周"；武乙三年："命周公亶父赐以岐邑。"

❹ 周族主要是和附近的姜姓部族联姻，如公亶父的妻子太姜、周武王的夫人邑姜都是姜姓之女。这个传统在周朝建立之后也得以继续，西周历史上康王、穆王、孝王、厉王、幽王的妻子均为姜姓之女。

获得了问鼎天下的实力。

第四阶段：谋取天下时期。公亶父去世后，其子季历成为周族首领。季历曾被商王封为"牧师"，执掌商王国西部地区征伐之权。❶ 文丁十一年，因征伐始呼之戎、翳徒之戎有功，被商王封为西伯侯。后季历被商王文丁杀害，其子姬昌继为西伯侯，彼时"西有昆夷之患，北有猃狁之难"，经过姬昌的文治武功，戎狄"莫不宾服，乃率西戎，征殷之叛国以事纣"（《后汉书·西羌传》）。商王帝辛（纣王）时期，姬昌获赐"弓矢斧钺，使西伯得征伐"（《史记·周本纪》）。随着实力大增，周族通过武力蚕食了周边的犬戎、密须、黎、邘、崇等部族，然后把都城从周原东迁至丰邑（今陕西省西安市）。迁都次年，姬昌被商王祭杀，其子姬发（周武王）继位。约公元前1046年，周武王姬发"遂率戎车三百乘，虎贲三千人，甲士四万五千人"（《史记·周本纪》），并联合庸、蜀、羌、髳、微、卢、彭、濮八国军队，通过"牧野之战"终结了商王国的统治。

牧野之战只一日便结束了战斗，然后武王"立王政"昭告天下。此后，迅速采取三项措施稳定局面：一是"分兵出击"，派吕他、侯来、百弇、陈本、百韦、新荒六位将领兵，征伐诸侯99国，受降652国；❷ 二是"以殷治殷"，封纣王之子武庚于殷，利用他统治殷民旧族；三是"分封建国"，褒封圣王之后，分封功臣谋士，以屏藩宗周。❸ 之后，武王姬发就班师西归，"至于周，自夜不寐"（《史记·周本纪》），因为周本是商王国的西方诸侯国，牧野之战虽终结了商王的统治权，但尚未对中原及服膺于商王的东方广大地区建立有效的统治。❹ 武王姬发的担忧，不是没有道理。在牧野之战两年后，武

---

❶ 《后汉书·西羌传》注引《纪年》曰："太丁四年，周人伐余无之戎，克之。周王季命为殷牧师。""牧师"在当时是一种相当于方伯的职位。"余无戎"，活动于今山西省长治市屯留县西北余吾镇，东距安阳殷商王城仅130公里。

❷ 《逸周书·世俘解》载：武王派吕他、侯来、百弇、陈本、百韦、新荒六位将领兵，分别征伐越戏方（今河南巩义）、陈（今河南淮阳）、卫（今河南滑县）、历（今河南禹州）、宣方（今河南长葛）、蜀（今河南修武）等地。

❸ 《史记·周本纪》载："武王追思先圣王，乃褒封神农之后于焦，黄帝之后于祝，帝尧之后于蓟，帝舜之后于陈，大禹之后于杞。于是封功臣谋士，而师尚父为首封。封尚父于营丘，曰齐。封弟周公旦于曲阜，曰鲁。封召公奭于燕。封弟叔鲜于管，弟叔度于蔡。馀各以次受封。"与此同时，武王分封其兄弟管叔、蔡叔、霍叔在殷都附近建立邶、鄘、卫三国，以监视武庚，史称"三监"。

❹ 王国维在《殷周制度论》中说："武王克纣之后，立武庚，置三监而去，未能抚有东土也"（参见王国维：《观堂集林》，中华书局1959年版，第452页）。

王去世，年幼的成王即位，周公旦摄政，旋即发生了"三监之乱"和武庚及东方诸侯国的叛乱，周王室的统治危如累卵。

在武王已死、成王年幼的情况下，西周初年的平叛止乱，以及平叛之后的国家治理体系和治理思想，主要是在周公旦的主持下达成的。据《尚书·大诰》载，周公和召公"内弭父兄，外抚诸侯"，经广泛动员，奉成王命东征，周公亲任统帅，经过三年艰苦卓绝的战争才平息东方的叛乱。《尚书大传·周书》说："周公摄政，一年救乱，二年克殷，三年践奄，四年建侯卫，五年营成周，六年制作礼乐，七年致政成王。"也就是说，叛乱平息之后，周公才开始辅佐成王系统设计国家治理体系，如完善分封制，大封天下诸侯；在中原地带的洛阳，建立新都（成周）；完善礼乐制度，奠定治理天下的制度体系和思想体系，从而开启了近八百年的周王室统治时期。

二、周王室的国家治理思想

法律本质上是一种国家和社会的治理工具。西语中的"rule of law"，以及当代中国所倡导的"法治"，主要都是强调法律在治理中的根本作用；如果赋予其一定的价值品格，则是通常所谓的"良法善治"。因此，法律文化本质上是一种治理文化，这里讨论的周王室的治理思想亦即当时的官方法律文化。

（一）王权的正当性思想：天命王权，以德配天

夏商周三代国家治理思想的一个共性是以"天命王权"来神化其统治的权威性和正当性。天（帝）被视为世界的最高主宰，天命（天帝的命令）具有最高的权威，这是从氏族社会就已经形成的宗教认知，也是人们受制于生产力无法解释众多自然现象和无法把握自己命运的时代产物。如夏王启讨伐有扈氏时所说"天用剿绝其命，今予惟恭行天之罚"（《尚书·甘誓》），商王族美化其宗族起源时说"天命玄鸟，降而生商"（《诗经·商颂·玄鸟》），商纣王行将灭亡之前还发出疑问"我生不有命在天乎"（《尚书·西伯戡黎》）。周王族也讲了一个其祖先的降生神话，即姜嫄在"履帝武敏歆"的宗教仪式后生育了弃（《诗经·大雅·生民》）；此外，《大盂鼎铭》文中进一步说，

"丕显文王，受天有大命"，❶ 武王伐纣时也要找一个借口说"今予发惟恭行天之罚"（《尚书·牧誓》）。

但是，周王室从"殷革夏命"和"周革殷命"两次天下统治权轮替的残酷现实中，汲取了深刻的教训。如《尚书·召诰》载："我不可不监于有夏，亦不可不监于有殷……惟不敬厥德，乃早坠厥命。"《尚书·康诰》载："惟命不于常。"《左传·僖公五年》说："皇天无亲，惟德是辅。"换言之，天命无常，天命面前人人平等，谁有"德"谁就可以获得天命。这是国家治理文化和法律文化的一次革命性变化，王国维将殷周社会变革誉为"旧制度废而新制度兴，旧文化废而新文化兴"。❷

周王室在承继夏商"天命王权"观的同时，更加重视"以德配天""敬天保民"，形成了"敬天命—行王德—保民生"贯通的新的治理思想体系。主要表现在：

其一，以德配天的思想。周王室基于皇天无亲、天命靡常、惟德是辅的认知，形成了王权受制的观念，小心翼翼地使自己的统治活动符合天意。因为，"惟天不畀不明厥德"（《尚书·多士》），即上天具有洞察人间之"德"的能力，人王不得不小心翼翼把"明德"作为自己的行为标准。如何才能做到"明德"呢？据说，武王克殷之后曾咨询箕子，箕子在回顾了鲧禹继兴的历史后，向武王传授了治国的九种大法即《尚书·洪范》，相当于周代治国的根本大法。其中，在第五"皇极"（君王法则）中指出君王"明德"的根本规范，即"无偏无颇，遵王之义。无有作好，遵王之道。无有作恶，遵王之路。无偏无党，王道荡荡。无党无偏，王道平平。无反无侧，王道正直。会有其极，归有其极"。大意是：不要行事偏颇，不要纵容私好，不要为非作歹，不要结党营私，不要违反法度，团结遵守王道之人，就能达致王道。一言以蔽之，君王的行为要坚守公平正义。这既是周人认为的君王统治行为是否"明德"的评判标准，也是后世儒家倡导的"王道"（先王之道）思想的源头。

其二，敬天保民的思想。王权统治是否达到了明德配天的标准，还需要有一个外在的社会评价标准，这个标准就是民意。《左传·襄公三十一年》鲁

---

❶ 秦永龙：《西周金文选注》，北京大学出版社1992年版，第27页。
❷ 王国维：《观堂集林》，中华书局1959年版，第453页。

穆叔引《大誓》曰："民之所欲，天必从之。"这等于建立了"天命"与"民意"之间的联系，换言之，民意可折射天命的要求。一方面，《尚书·康诰》在总结周文王的优点时说，"惟乃丕显考文王，克明德慎罚，不敢侮鳏寡，庸庸、祇祇、威威、显民，用肇造我区夏，越我一二邦，以修我西土"。可见，周人在总结统治经验的基础上，对君王"明德"做了三点判断：一是要敬天；二是要慎罚；三是要保民。❶ 另一方面，武王伐纣的理由之一，就是商纣王失德害民，"俾暴虐于百姓，以奸宄于商邑。今予发惟恭行天之罚"（《尚书·牧誓》）。基于历史正反经验，周公明确提出如下观点，"天畏棐忱，民情大可见"，"人，无于水监，当于民监"。❷ 也正是基于此，周公在《尚书·康诰》里对康叔谆谆教导，"裕乃身不废在王命"；在《尚书·无逸》里对已成年的成王教导曰，"君子所，其无逸。先知稼穑之艰难，乃逸，则知小人之依"，并将"淫于观、于逸、于游、于田"列为安逸享乐的具体表现，还主张"作其即位，爰知小人之依，能保惠于庶民，弗敢侮鳏寡"。前述思想，既是后世儒家典籍《礼记·礼运》篇所憧憬的"大同社会"的理想社会模板，也是儒家"民本"思想的源头活水。

（二）国家治理的基本方略：修身立德，明德慎罚

现代"法治"理念源自西方，早在古希腊时期（相当于中国东周时期），在城邦民主制的基础上萌生了法治的思想。如柏拉图认为，"一个国家的法律如果在官吏之上，而这些官吏服从法律，这个国家就会获得诸神的保佑和赐福"。❸ 亚里士多德进一步讨论了法治的品格，指出"法治应包含两重意义：已成立的法律获得普遍的服从，而大家所服从的法律又应该本身是制订得良好的法律"。❹ 但是，很少有学者认可西周是一个"法治"社会，因为，那时不存在政治上的民主制，也没有良法善治的传统。不过，如果我们抛开成见，会发现西周也是一个重视"规则之治"的社会，"德""刑""礼"是其最主

---

❶ 张继：《西周法律思想的"类型学"研究》，《吉首大学学报》（社会科学版）2017年第6期。
❷ 陈戍国：《点校四书五经》，岳麓书社2014年版，第254、256页。
❸ ［古希腊］柏拉图：《法律篇》，转引自《西方法律思想史资料选编》，北京大学出版社1983年版，第25页。
❹ ［古希腊］亚里士多德：《政治学》，吴寿彭译，商务印书馆1965年版，第199页。

要的国家治理规范，"德治""刑治"和"礼治"构成了西周的"规则之治"治理体系，也有与那个时代相适应的良法善治的价值追求，而"修身立德，明德慎罚"构成了其国家治理的基本方略。其中，"立德"是对周王和诸侯国君的施政修养要求，"慎罚"是对施政者的施政策略要求。

1. 德治

西周时期的王权统治，既不同于夏商两代王权与神权合一导致的王权擅断，也不同于后世法家倡导和秦帝国奉行的帝王专制意义上的"人治"，而是一种"德治"为主的国家治理方略。

其一，在西周时期，所谓"德"并不是指"道德"，而是统治者的施政行为规范。[1] 这种施政行为规范，具有规范性特征和价值品格追求。从规范约束的主体看，主要是指周王（如《尚书·洪范》对王的施政行为要求），也包括受分封的诸侯国国君和其他施政官员。从规范价值诉求和体系看，有学者考证认为，"在当时看来，一切美好的东西都可包括在德中。归纳起来有如下10项：1. 敬天；2. 敬祖，继承祖业；3. 遵王命；4. 虚心接受先哲之遗教，包括商先王先哲的成功经验；5. 怜小民；6. 慎行政，尽力治民；7. 无逸；8. 行教化；9. '作新民'；10. 慎刑罚。"[2] 有学者研究《尚书》所载"德治"思想后指出，"作为最早的中华治政元典，《尚书》以君王为纽带将族德、政德、己德三者统一在其治政行为之中，这不仅使其'德'字具有了德治观念的原创性，而且使其'德治'命题具有了思考的深邃性以及涵盖面的广阔性，自其产生之日起，就一直成为（是）中华民族治政活动中垂范永久的指针和取之不尽的精神源泉"[3]。后世儒家宗师孔子所倡导的"仁政""为政以德"的思想，其源头正是西周初期"以德配天""敬天保民"的国家治理观。

其二，周公所说的"德"，既包括继承"先王之德"，也包括"教化之德"。在《尚书·康诰》中，周公通过对即将赴任卫国担任国君的康叔告诫的方式，集中阐发了其德治思想。首先，周公要求康叔治理诸侯国，务必遵循

---

[1] 王德培：《西周封建制考实》，光明日报出版社1998年版，第149页。
[2] 刘泽华：《先秦政治思想史》，南开大学出版社1984年版，第38页。
[3] 马士远：《〈尚书〉中的"德"及其"德治"命题摭谈》，《道德与文明》2008年第5期。

"先王之德","别求闻由古先哲王,用康保民,弘于天,若德裕,乃身不废,在王命"。早在先周时期,这些行为规范就被先贤圣王所践行,❶周人在继承的基础上将其继续发扬光大。周公强调,践行德政是永葆王权的根本所在。其次,周公还要求康叔要用法令教导老百姓,"汝亦罔不克敬典,乃由裕民,惟文王之敬忌",即继承文王敬德忌刑的风范,把百姓引上正道。有学者指出,周公的国家治理思想的精髓就是"安抚教化,以德服人的治国策略"❷,这也是其与儒家文化的渊源关系的集中表现。

其三,周公汲取夏商两代覆灭的教训,主动探求科学的治国之道,甚至将德治提高到关乎国家兴亡的高度。周公在《尚书·康诰》中告诫康叔说:"汝惟小子,乃服惟弘王应保殷民,亦惟助王宅天命,作新民";又说,"无作怨,勿用非谋非彝蔽时忱。丕则敏德,用康乃心,顾乃德,远乃猷,裕乃以;民宁,不汝瑕殄"。大意是:(康叔)你治理卫国,不是要镇压殷民,而是要保护他们,教化他们做周王国的新人,稳定周王的王权天命;你要努力施行德政,以安定殷民的心,人民安宁了,上天就不会责备和抛弃你了。可见,周公的德治思想上接"以德配天",下连"敬天保民",前承先贤圣王的治理传统,是一个融"德治、天人相联和居安思危"❸为一体的治理思想体系。

2. 刑治

夏商周三代普遍存在"常刑",春秋以前盛行"神秘主义刑治观",对此本书第二章中已有讨论。在西周时期,就已经制定了相对完备的刑典,如《九刑》《吕刑》。另外,史籍中经常使用"刑邦国""明德慎罚""义刑义杀"等表达,表明"刑""罚"是周王室较为倚重的国家治理策略,可概括为"刑治"。

周代刑治有什么特点呢?归纳来看,有如下几点。

第一,刑治、德治相辅相成,是周代国家治理的基本方略。在《左传》中,有多处关于二者之间关系的论述。如《左传·成公二年》引《周书》解

---

❶ 如《尚书·皋陶谟》提出九德:"宽而栗,柔而立,愿而恭,乱而敬,扰而毅,直而温,简而廉,刚而塞,彊而义。"《尚书·尧典》开篇称,"(尧能)克明俊德,以亲九族。九族既睦,平章百姓。百姓昭明,协和万邦,黎民于变时雍。"

❷ 冯建科:《周公德治思想及其与儒家文化的渊源》,《北京社会科学》2002年第1期。

❸ 盛亚军:《从〈康诰〉看周公"明德慎罚"思想》,《忻州师范学院学报》2012年第5期。

释了德治与刑治的侧重点,"文王所以造周也。明德,务崇之之谓也;慎罚,务去之之谓也"。《左传·隐公十一年》揭示了德政和刑政的相辅关系,"政以治民,刑以正邪,既无德政,又无威刑,是以及邪"。《左传·僖公二十五年》描述了德治、刑治适用对象的差异,"德以柔中国,刑以威四夷"。

第二,将德治与刑治有机结合,倡导"明德慎罚"。周公汲取商代因暴政滥刑而灭亡的教训,在历史上首次明确提出"明德慎罚"的思想。[1] 在周公的思想中,"明德"与"慎罚"水乳交融,施政者欲"明德"就须"慎罚",做到了"慎罚"才能"明德"。[2] "明德慎罚"体现了以"德"为本,以"罚"为辅,是周公刑治思想的主要特点,也是西周初期国家治理的指导原则之一。主要表现有:

一是主张"教"与"罚"的统一,教化与刑罚的目的都是勉励人民立德。周公举商汤代夏以至帝乙为例说,"罔不明德慎罚,亦克用劝;要囚殄戮多罪,亦克用劝;开释无辜,亦克用劝"(《尚书·多方》)。欲行教化,教化者首先必须自己有"德",所以《尚书》中"明德"首先强调君王之德。[3]《汉书·五行志》从反面进行了论述,"人君貌言视听思心五事皆失,不得其中,则不能立万事"。

二是主张"先教后杀",给违法之人改过自新的机会。周公在《尚书·酒诰》篇告诫康叔,聚众饮酒误国误事必须严惩,在卫国的周人"群饮"者,则"尽执拘以归于周,予其杀";但由于商族人素有群饮的习惯且不以此为罪,故先教之而不杀,"勿庸杀之,姑惟教之"。对那些"迪屡不静""心未爱""屑播天命""乃自不典,图忱于正"等严重犯罪行为,也要先"教告之","战要囚之","至于再、至于三";只有对那些经教育仍顽固不化者,才"大罚殛之",施以重罚。(《尚书·多方》)

三是"义刑义杀",这是"慎罚"思想的核心。义、宜相通,"义刑义

---

[1] 在周代,"刑"与"罚"通用。"明德慎罚"的提法,最早见于《尚书》的《多方》《康诰》两篇,均为周公所作。《多方》载:"以至于帝乙,罔不明德慎罚。"《康诰》载:"惟乃丕显考文王,克明德慎罚。"

[2] 《左传·成公二年》引《周书》"明德慎罚"并解释说:"文王所以造周也。明德,务崇之之谓也;慎罚,务去之之谓也。"

[3] 《尚书·洪范》关于君王之道的要求中包括五事,"一曰貌,二曰言,三曰视,四曰听,五曰思。貌曰恭,言曰从,视曰明,听曰聪,思曰睿。恭作肃,从作乂,明作哲,聪作谋,睿作圣"。这"五事"恰恰是为"有德"的统治者设定的行为标准。

杀"就是"宜刑宜杀"。周公在《尚书·康诰》中告诫施政者，不得随心所欲地滥用刑罚。❶ 周公告诫康叔说，"汝陈时臬事罚。蔽殷彝，用其义刑义杀，勿庸以次汝封"。具体可以从三个方面理解，（1）周公在《康诰》中告诫康叔"勿用非谋非彝蔽时忱"，谋、彝是指常典常刑，"勿用非谋非彝"则包含了依法定罪量刑、不得出入人罪的思想。（2）刑罚的适用要综合考虑罪行大小、过错程度、悔罪态度等因素。周公在《尚书·康诰》中说：犯了大罪，只要不是故意，且真诚悔过的，应该宽恕不死，即"乃有大罪，非终，乃惟眚灾，适尔，既道极厥辜，时乃不可杀"；但是，即便犯了小罪，屡教不改的，也不可不杀，"敬乃明罚。人有小罪，非眚，乃惟终，自作不典，式尔，有厥罪小，乃不可不杀"。（3）定罪判刑务必谨慎，不要轻易下结论。《康诰》中这样说："要囚，服念五六日，至于旬时，丕蔽要囚。"也就是定罪处刑的判决，要反复思虑数日，乃至十日，然后才作出最后结论。

第三，刑治策略并非一成不变，而须因时因地因事制宜。马克思说："刑罚不外是社会对付违反它的生存条件的行为的一种自卫手段。"❷ 也就是说，刑罚的轻重缓急取决于犯罪行为对统治秩序的危害程度，周代的国家治理已经意识到这一点，主张刑治要因时因地因事制宜。主要表现有：

一是因时制宜修订刑罚制度。西周的刑典主要是《九刑》和《吕刑》（原书均已失传），关于其制定年代有争论。❸ 据《逸周书·尝麦解》载，"维四年孟夏，王初祈祷于宗庙，乃尝麦于太祖。是月，王命大正正刑书"，"太史策刑书九篇，以升授大正"，"篴太史乃藏之于盟府，以为岁典"。有学者考证认为，据《逸周书·周书序》所载"成王既即政，因尝麦以语群臣而求助，作《尝麦》"，则《九刑》应作于成王亲政元年，由成王命令"大正"（执政大臣）编制而成。❹ 九刑的体例，当是在商代"五刑"即墨、劓、刖、宫、大辟的基础上，又增设了流、赎、鞭、扑"四种"刑罚类型，这也符合古代"以刑统罪"的编制传统。周穆王时期（西周第五任周王），根据大臣吕侯的建议，"作修刑辟"，在《九刑》的基础上修订为《吕刑》。《吕刑》除了完善

---

❶ 韩星：《由明德慎罚到德主刑辅》，《观察与思考》2015年第9期。
❷ 《马克思恩格斯全集》（第8卷），人民出版社1961年版，第579页。
❸ 据《左传·昭公六年》载，郑国子产"铸刑书"，晋国的叔向写信痛斥此举，认为"夏有乱政而作《禹刑》，商有乱政而作《汤刑》，周有乱政而作《九刑》，三辟之兴，皆叔世也"。所谓"叔世"，即统治的末世、衰乱之时。据此，则周代《九刑》制定较晚。
❹ 李力：《〈九刑〉、"司寇"考辨》，《法学研究》1999年第2期。

"赎刑"以外，还总结经验将"明德慎罚"的指导原则列入刑典，明确了刑事审判的程序和刑罚适用的原则，以适应当时社会发展需要。据《尚书·吕刑》载，"王曰：吁！来，有邦有土，告尔祥刑"，这表明《吕刑》在周王室和各诸侯国都是适用的；"两造具备，师听五辞。五辞简孚，正于五刑。五刑不简，天于五罚；五罚不服，正于五过。五过之疵：惟官，惟反，惟内，惟货，惟来。其罪惟均，其审克之"，这规定了刑事审判的方式方法；"五刑之疑有赦，五罚之疑有赦，其审克之"，这明确了"刑疑赦从罚、罚疑赦从免"的刑法适用原则，是"明德慎罚"原则的立法体现。

二是"三典刑三国"的刑事政策。《周礼·秋官·大司寇》载，"大司寇之职，掌建邦之三典，以佐王刑邦国，诘四方。一曰刑新国用轻典，二曰刑平国用中典，三曰刑乱国用重典"。郑玄注："新国者，新辟地立君之国。用轻法者，为其民未习于教。""平国，承平守成之国也。用中典者，常行之法。""乱国，篡弑叛逆之国。用重典者，以其化恶伐灭之。"在这里，"刑"的含义是治理，"三典刑三国"的制度表现出统治阶级审时度势，在适用刑罚上分别采取宽、严、轻、重的刑事政策。❶这在周代青铜器铭文（金文）中能够得到印证，凡载有"明德慎罚"的铭文，大都汇集在成康、共懿和宣王三个时期，即历史上大乱之后的三个盛世、安定和中兴时期。❷这也符合历史规律，乱世用重刑，结果往往适得其反，统治者汲取教训重修"明德慎罚"之政，以缓和社会矛盾、促进发展。也许是看到"以暴制暴"的效果不佳，荀子对"三典刑三国"做了相反的解释，他在《荀子·正论》中认为，"刑称罪则治，不称罪则乱。故治则刑重，乱则刑轻，犯治之罪固重，犯乱之罪固轻也。《书》曰：'刑罚世轻世重。'此之谓也"。需要辨析的是，这里的《三典》是指周代有三套刑法吗？《汉书·刑法志》采肯定说，认为《周礼》五刑二千五百为中典，《吕刑》五刑三千为重典。但据学者考证，"所谓轻、中、重三典，实指运用说，不是指三种不同的刑法"❸。西周"三典刑三国"的刑事政策，被后来儒家学者总结为"刑罚世轻世重"的刑事政策，与当今

---

❶ 温慧辉：《〈周礼·秋官〉中的刑事政策——"三典刑三国"之制辨析》，《殷都学刊》2009年第4期。
❷ 胡留元、冯卓慧：《西周金文中的法律资料》，载《法律史研究》编委会编：《中国法律史国际学术讨论会论文集》，陕西人民出版社1990年版，第94页。
❸ 吕绍纲：《庚辰存稿》，上海古籍出版社2000年版，第250页。

中国司法机关"宽严相济"的刑事司法政策有同工异曲之妙。

(三)国家治理的基本制度:礼乐为本,权利等差

礼,起源于原始社会"祭天祀祖"的习俗。《说文解字·示部》解释说:"礼,履也,所以事神致福也。"夏商时代,随着父系家长制的宗族演变为奴隶制的王国,祭祀开始与神权、王权、族权发生关联,成为维系王权统治的国家大事,即"国之大事,在祀与戎"(《左传·成公十三年》)。周灭商以后,基于"天命靡常,惟德是辅"的革命性认识,又形成了"尊礼尚施,事鬼敬神而远之,近人而忠焉,其赏罚用爵列,亲而不尊"(《礼记·表记》)的思想。与此同时,周礼也从传统祭礼扩展为一套内容极其庞杂的典章制度和道德规范体系,在维护以周王室的王权和宗族族权统治方面发挥着无可替代的作用。❶

(1)礼乐是一种典章制度和伦理规范,也是一种文化。正如孔子所说,"制度在礼,文为在礼"(《礼记·仲尼燕居》)。

"礼"是一套综合的政治法律制度。在西周存在三套治理规范,"德"是周王和诸侯国君的施政伦理规范,"刑"是被统治阶层的行为禁止性规范,"礼"是贵族阶层政治、经济、军事和日常活动的积极行为规范。其中,"刑""礼"都是西周的法律规范和法律制度,共同服务于王权统治,二者相辅相成。"礼"是积极的行为指导规范,禁恶于未然;"刑"是消极的制裁规范,惩恶于已然。❷ 但二者亦有不同,一是适用对象不同。"礼不下庶人,刑不上大夫"是周代一项重要的法律原则。据《礼记·曲礼》解释,"礼之所制,贵者始也,故不下庶人;刑之所加,贱者使之,故不上大夫"。据此,

---

❶ 礼乐制度是维系西周统治制度的根基,贯穿于宗法制、分封制和井田制等周代主要政治制度之中,周公在西周王室的统治地位刚刚确立就急于制定"周礼",及至东周王室统治风雨飘摇之际人们又将其描述为"礼崩乐坏",足见其制度的根基作用。

❷ 西周的"礼""刑"思想,到春秋战国时期分别成为儒家、法家思想的源头。经过儒家改造,礼从贵族之礼发展为全民礼仪,经由秦汉儒法合流,二者渐成互为表里的关系。即合于礼的行为、不为刑所禁,反之,礼所不容的也正是刑所禁的,所谓"礼之所去,刑之所取,失礼则入刑,相为表里"(《汉书·陈宠传》)。

"礼"主要用来规范贵族的行为,"刑"主要惩罚被统治阶层。❶ 二是礼不仅是法律规范,还兼有伦理规范的属性。什么是伦理呢?《说文解字·人部》解释说:"伦,辈也,从人,仑声。一曰:道也。"周代的伦理,是指宗法等级制度下的人伦道理。《礼记·中庸》称:"天下之达道五……曰君臣也,父子也,夫妇也,兄弟也,朋友之交也。"伦理经常被赋予天经地义的自然法意蕴,如《左传·昭公二十五年》说,"夫礼,天之经也,地之义也,民之行也"。三是制度化程度不同。关于刑,往往有成文的法典,如西周的《九刑》《吕刑》;即便藏之于官府秘而不宣,但确有成文法典性文件。而对于礼,未见周代有统一的法典性文件,它们或者以政治规矩或者"祖制祖训"的柔性法存在,或者以零散的训令性法规形式存在。虽然有传世的《周礼》一书,其中既规定了天官、地官、春官、夏官、秋官、冬官六种官制,及其分掌的治典、教典、礼典、政典、刑典、事典六典,也规定了祭祀、朝觐、封国、巡狩、丧葬、礼仪等方方面面的礼制;但根据学者的考证,《周礼》并非周代官制和政治治理的历史记录,而是战国时期儒家通过制度设计来表达治国理想的一部学术著作。❷ 对于周公制礼的传说,有学者考证后认为不准确,"制礼作乐"不是一项短时间能完成的工作,而应当是一个由简到繁的长期过程,向前可追溯至周族从豳迁居周原时期,古公亶父、太王季历、文王姬昌即已开启了向殷商文化学习借鉴的历史进程;武王建国后,在"损益殷礼"的过程中完成了宗周礼乐制度的框架设置,期间周公可能发挥了关键作用;❸ 但是,"宗周礼乐制度的制作和完善经历了成、康、昭、穆诸王近百年的努力才完成"。❹

"礼乐"也是一种文化。人类学家认为,不同地区的文化从产生到成熟大致都会经历"巫术—宗教—理性化文化"的发展进程。中国文化在夏以前属于巫觋文化,商是祭祀文化,周是礼乐文化,"在西周开始定型成比较稳定的

---

❶ 对此不宜进行机械绝对的理解。"礼不下庶人"仅存在于西周阶段,经春秋战国儒家改造,礼已成全民之礼。"刑不上大夫"也不意味着大夫以上的贵族犯罪不受追究,而是指贵族在刑罚适用上享有特权,如"命夫命妇,不躬坐狱讼";刑罚执行上不同于庶人,如死罪秘密处决而不公开等。
❷ 黄玉顺:《"周礼"的现代价值究竟何在》,《学术界》2011 年第 6 期。
❸ 陈成国、陈雄:《从"周因殷礼"到"周文郁郁"——西周宗法礼乐制度的建构》,《湖南大学学报》(社会科学版)2019 年第 4 期。
❹ 杨华:《先秦礼乐文化》,湖北教育出版社 1997 年版,第 64 页。

精神气质"❶ 而达到理性化阶段。之所以这么说，是因为巫觋文化和祭祀文化将自然神或天神作为人类的主宰，即便出现了某种形式的礼仪、乐舞也是从属于祭天祀祖仪式，人处于被主宰的恐惧之中；而礼乐文化以人为中心，在重视人的精神享受的同时，以礼乐对人的行为进行规范、对人的心灵进行教化。礼乐文化由"礼"和"乐"两部分组成，二者相辅相成。其一，关于礼乐的文献载体。考察周代的礼，主要文献依据是列为儒家十三经的"三礼"，即《周礼》《仪礼》《礼记》；而乐，主要文献依据是《乐经》。其二，礼乐的器物形态主要是礼器和乐器，其使用规范则为礼制和乐制。《左传·成公二年》说："器以藏礼。"是说无论礼器、乐器，其使用都要遵循礼的要求。例如，祭祀使用礼器，天子用九鼎八簋，诸侯用七鼎六簋，卿大夫用五鼎四簋，士用三鼎二簋；奏乐使用钟磬，天子宫悬（四面），诸侯轩悬（三面），卿大夫判悬（两面），士特悬（一面）；奏乐舞蹈的行列，天子用八佾（八列六十四人），诸侯用六佾，大夫用四佾，士用二佾。其三，关于礼、乐的作用。《荀子·乐论》说："乐也者，和之不可变者也；礼也者，理之不可易者也。乐合同，礼别异。礼乐之统，管乎人心矣。穷本极变，乐之情也；著诚去伪，礼之经也。"大意是：音乐是调和人情的手段，礼制是治理社会的规范；音乐使人们同心同德，礼制使人们区分等级差异；音乐能深入触动、极大改变人的心性，礼制则是彰明真诚、去掉虚伪的根本。《礼记·乐记》称："乐至则无怨，礼至则不争。"可见，周代统治者不仅用"德"来要求提升施政者的政治修养，用"刑"惩罚严重违法犯罪行为，而且依靠"礼"发挥定分止争的规范作用，更重视用"乐"来改变人的精神世界，这是一种威慑与教化、预防与惩罚、外在制度与内在精神相结合的立体的治理体系。

（2）礼的内容，狭义指吉、凶、军、宾、嘉五礼，广义则指一整套在宗法社会中按照人们的身份地位而制定的政治法律等级制度。

关于周代的礼，史籍文献记述于儒家"三礼"之中。其中，《周礼》又名《周官》，主要记述周代官制，还有职官行使职权的制度描述，以及春官掌管的吉、凶、宾、军、嘉等五礼，含有丰富的政治治理思想。《仪礼》❷ 又称

---

❶ 陈来：《古代宗教与伦理——儒家思想的根源》，生活·读书·新知三联书店1996年版，第16页。

❷ 《仪礼》原有两种版本，一种是汉高堂生所传，一种是从孔宅壁中得来。东汉郑玄合并两种本子，就是现在所流传的《仪礼》。

《礼经》或《士礼》，是先秦六经之一，它最初直接被称作"礼"。《仪礼》大致形成于春秋后期，由孔子编订，古有"礼仪三百，威仪三千"之说（《礼记·中庸》），及至汉代《仪礼》只剩 17 篇，包括吉礼三篇（记述祭祀鬼神、祈求福佑之礼）、凶礼四篇（记述丧葬之礼）、宾礼三篇（迎宾待客之礼）、嘉礼七篇（冠婚、宾射、燕飨之礼）。《礼记》是战国到秦汉时期儒家论说或解释礼制的文章汇编，内容主要是记载和论述先秦的礼制、礼意，解释《仪礼》，记录孔子和弟子等的问答，记述修身做人的准则。❶

礼是西周规范当时政治活动和社会生活的主要依据。祭祀、宗法、官制、丧葬、迎宾待客、冠婚、宾射、燕飨等社会活动，莫不受礼的规范调整。据《周礼·春官·大宗伯》载，周礼包括吉礼、凶礼、宾礼、军礼、嘉礼五大类。其中，"吉礼"为五礼之首，其"礼义"就是"事神致福"，包括"事天""事地""事人"（先王先祖）等三礼。"凶礼"包括五礼，"以丧礼哀死亡，以荒礼哀凶札，以吊礼哀祸灾，以禬礼哀围败，以恤礼哀寇乱"。"凶礼"中最重要的是"丧礼"，"丧礼"的核心是丧服制度（这也是周代宗法制度最集中的体现），有"斩衰""齐衰""大功""小功""缌麻"五等。"宾礼"是天子待诸侯及诸侯相待之礼，天子敬诸侯以及诸侯相敬之礼。由"敬"则生情，生情则"亲"，达到"以宾礼亲邦国"的效果。除春夏秋冬定期举行的"朝礼""宗礼""觐礼""遇礼"之外，还有不定期的"会礼"（会盟诸侯）、"同礼"（天子巡守）、"问礼"（诸侯遣大夫一级使臣向周王问安）、"视礼"（诸侯遣卿一级使臣向周王问安），共八礼。"军礼"是与军事活动相关的一整套礼仪制度。"嘉礼"是亲睦人际关系、沟通感情的一套礼仪制度，包括饮食、婚冠、宾射、飨燕、脤膰、贺庆等六礼，"以饮食之礼，亲宗族兄弟；以婚冠之礼，亲成男女；以宾射之礼，亲故旧朋友；以飨燕之礼，亲四方之宾客；以脤膰之礼，亲兄弟之国；以贺庆之礼，亲异姓之国"。

礼不仅仅是周天子、诸侯、卿、大夫和士等的行为规范，还发挥着划分不同主体的等级权利、明晰各自义务的作用。以婚冠之礼为例，《礼记·昏义》指出，"敬慎重正而后亲之，礼之大体，而所以成男女之别，而立夫妇之义也。男女有别，而后夫妇有义；夫妇有义，而后父子有亲；父子有亲，而

---

❶ 孔润年：《周礼的丰富内涵、深远影响和文化反思》，《伦理学研究》2020 年第 3 期。

后君臣有正。故曰：昏礼者，礼之本也"。❶ 在这一描述中，礼的作用得到了极为清晰的表达。

（3）礼以"等级差异"为特质，以"亲亲""尊尊"为基本原则，最终服务于以宗法制为核心的周王室政治治理的稳定。

权利的"等级差异"，是周礼的本质特征。周礼本质上是一种贵族特权法。❷ 西周的统治阶级是贵族，由天子、诸侯、卿、大夫、士组成金字塔式的贵族等级结构；处于被统治阶级的主要是庶民，以及地位更低的奴隶——他们甚至不受"礼"的保护，所谓"礼不下庶人"。在贵族集团内部，不同等级享有的权利也不相同。例如，周天子分封的诸侯，按其爵位分为公、侯、伯、子、男五等。《礼记·王制》云："王者之制爵禄，公侯伯子男，凡五等。"诸侯的爵位等级不同，享受的封地面积等待遇也有明显的差异。据《孟子·万章》载："天子一位，公一位，侯一位，伯一位，子男同一位，凡五等也……天子之地方千里，公侯之地方百里，伯七十里，子男五十里，凡四等；不及五十里，不达于天子，附于诸侯曰附庸。"再如，王族和其他高级贵族，享有司法特权。如据《周礼·秋官·司寇》载，"凡杀人者，踣诸市，肆之三日，刑盗于市。凡罪之丽于法者，亦如之"，这是说对杀人犯、盗贼和其他违法犯罪者都在集市上公开执行刑罚。但贵族享有特权，《礼记·曲礼上》说"刑不上大夫"，《周礼·秋官·掌戮》说"唯王之同族与有爵者，杀之于甸师氏"，即对贵族不公开执行刑罚——这就是所谓的"刑不上大夫"。至于吉、凶、宾、军、嘉等五礼仪式，以及乐器悬挂、舞蹈队列等社会生活各方面，对天子、诸侯、大夫、卿、士的要求更是事无巨细，等级森严。

"亲亲"与"尊尊"乃周礼的两大原则，也是贯穿于各项制度的两大基本精神。《礼记·中庸》云："亲亲之杀，尊贤之等，礼所由生也。"《礼记·大传》曰："亲亲也，尊尊也，长长也，男女有别，此其不可得与民变革者也。"近代学者王国维亦认为，嫡庶、继统、宗法、封建、庙制、丧服等，"以上诸制，皆由尊尊、亲亲二义出"。❸ 可见，虽然周礼内容广博、规范烦

---

❶ 在古代，"昏"与"婚"相通。《礼记正义》曰："《昏义》者，以其记娶妻之义，内教之所由成也。"
❷ 张晋藩：《中国古代的法律传统与近代转型》，法律出版社2009年版，第51页。
❸ 王国维：《王国维全集》（第八册），浙江教育出版社、广东教育出版社2009年版，第314页。

琐，有"经礼三百，曲礼三千"（《礼记·礼器》）或者"礼仪三百，威仪三千"（《礼记·中庸》）之谓，但究其精神实质和基本原则无非是"亲亲"与"尊尊"两大原则。所谓"亲亲"，就是必须亲爱自己的亲属，特别是以父权为中心的尊亲（长辈）；必须做到父慈、子孝、兄友、弟恭。所谓"尊尊"，则要求奴隶和平民服从奴隶主贵族，不得违抗；下级贵族也要服从上级贵族，所有贵族要服从周天子，不许犯上，不得僭越。所以，周礼的根本作用就在于，从各方面维护周王室王权和宗族族权的统治。

（四）国家政权的基本结构：分封建国，宗法等级

周灭商后，为了稳固自己的统治、建立政权架构、明晰统治秩序，相继建立了三大制度，即分封制、宗法制和井田制。钱穆曾说："封建偏属于政治，宗法偏属于伦理，井田偏属于经济。此三者，融凝一体，然后始成为治道。治道即人道，亦即天道也。而中国古人则只称之曰礼。礼者，体也。故礼必成体，即兼融并合此政治、伦理与经济之三方面而成为一治体也……故于政治制度之背后，有伦理道德焉，有经济实力焉。"[1] 西周时期，相较于各诸侯国可以因地制宜变通的井田制，以分封制和宗法制为核心的政治伦理制度不仅为周王室所倚重，而且在各受封诸侯国也得以贯彻。

1. 分封制

周代实行的分封制，是齐鲁文化或齐鲁法律文化得以生成的宏观政治和历史背景。在商代，周作为一个依附于商的西部边陲诸侯国逐渐兴起。约公元前1046年，周武王姬发通过"牧野之战"击溃商军，以周代商取得天下统治权。如何统治广袤的疆土呢？周武王采取了"封建亲戚、以藩屏周"的分封建国政策。

分封对象以同姓贵族、异姓功臣谋士为主，兼有先王后裔，周天子给他们授民授土到各地建立诸侯国。具体来看，（1）本着"灭人之国、不绝其祀"的传统，对先王后裔进行分封，建立六个诸侯国。据《史记·周本纪》

---

[1] 钱穆：《钱宝四先生全集：中国学术思想史论丛》（一），联经出版事业股份有限公司1998年版，第157页。

载，武王伐商立政之后，"封商纣子禄父（武庚）殷之余民"，又"追思先圣王，乃褒封神农之后于焦，黄帝之后于祝，帝尧之后于蓟，帝舜之后于陈，大禹之后于杞"。武王死后，武庚叛乱，被周公平息后，成王又"以微子开代殷后，国于宋"。（2）本着按功行赏的精神，"封功臣谋士"。功臣谋士主要是指辅佐武王修政灭商的功臣，当初"武王即位，太公望为师，周公旦为辅，召公、毕公之徒左右王，师修文王绪业"。所以，"封功臣谋士，而师尚父为首封。封尚父于营丘，曰齐。封弟周公旦于曲阜，曰鲁。封召公奭于燕。封弟叔鲜于管，弟叔度于蔡。余各以次受封"。（3）在分封的诸侯国中，姬姓宗亲最多，体现了西周治理中"任人唯亲"统治策略。据《左传·昭公二十八年》载："昔武王克商，光有天下，其兄弟之国者十有五人，姬姓之国者四十人。"而《荀子·儒效》载："（周公）兼制天下，立七十一国，姬姓独居五十三人。"周代共分封了多少诸侯国很难考证，也许武王、成王时期共分封了71个国，但此后康、昭、穆、共、懿等历代周王分封之数并无权威记载。虽然《吕氏春秋·观世》说，"周之所封四百余，服国八百余"；而见之于《春秋》经传的，大约有170余个诸侯国。

周代的分封制对于确立和维护周王室统治，具有重要的意义。

第一，"造周"。周代的分封制改变了夏商时期的国家结构，实现了周从"方国之周"（或"一族之周"）向"天下之周"（或"华夏之周"）的转变，❶使得中国的政治治理进入"大一统"时期。在夏代，王国统治下的政治单元是基于血缘形成的"宗族"，称"某某氏"（如有扈氏、有仍氏、斟寻氏、有穷氏等）。❷夏代还没有清晰的疆域意识，只有政治势力范围的概念，势力范围的彰显主要有三个体现：一是政治观念上，其他血缘宗族承认夏王的"天命王权"；二是政治活动上，参与夏王宣示其王权权威的"会盟"；三是经济上，按距离夏后氏统治区的距离远近形成"五服纳贡"关系（《尚书·禹贡》）。在商代，王国统治的基本架构是"内外服"制度，"内服"指商王直接统治的王畿地区，即商人自称的"大邑商"或"大邦殷"，土地面积并不大；"外服"指商族以外的附属国，即由邦伯或方国管辖的地区。实际上，殷商王国仍然是以大邑商为领袖、由众多方国组成的一个方国联合体。周代则

---

❶ 陈赟：《论周礼的制度根基与精神基础》，《中州学刊》2018年第7期。
❷ 夏王族自称"有夏氏"或"夏后氏"，只是众多血缘宗族组织的一个（最为强大的一个）。夏后氏基于血缘和联姻形成的亲族，构成了其统治的重要依靠力量。

不同，"分封建国"是以周王的名义对诸侯国君"授土授民"，统治疆域的观念已然出现；而"授土授民"的前提，是周王统治区域内的"土地王有"，即"普天之下，莫非王土，率土之滨，莫非王臣"（《诗经·小雅》）。可见，周代一改夏代"宗族之国联合体"、殷商"方国联合体"统治架构，通过周王"土地王有""分封建国""授土授民"的分封制，将宗族意义上的"方国之周"，造就成具有大一统意识和疆域意识的"天下之周"的统治格局，对于后世中国政治版图和天下一统的政治观影响巨大。

第二，"屏周"。西周实行分封制的直接原因，是通过分封诸侯国达到"以藩屏周"的目的。周族长期偏居西部一隅，即便经由牧野之战杀了商王，但中原的商族后裔雄厚的势力犹在，对齐鲁、燕赵、荆楚、徐淮等广大地区尚未建立稳定的统治，也无统治的历史基础。所以，需要通过分封大量的姬姓宗亲到各地建立诸侯国，达到"拱卫王室"的目的。如武王伐纣后，旋即将自己的弟弟周公旦封到鲁国（今曲阜），弟弟召公奭分封到燕国（今北京），军师兼岳父姜太公分封到齐国（今淄博），将忠实可靠、能力强大的"功臣谋士"分封到偏远不稳定地区，❶"以藩屏周"的意图表现得最为明显。但是，西周王室在借助诸侯国"拱卫王室"的同时，考虑到诸侯国坐大的问题，所以，通过制度化的"礼"限定了不同爵位的诸侯国的封地面积。据《礼记·王制》载："天子之田方千里，公侯之田方百里，伯七十里，子男五十里。不能五十里者，不合于天子，附于诸侯曰附庸。"《孟子·告子下》载："周公之封于鲁，为方百里也……太公之封于齐也，亦为方百里也。"《史记·十二诸侯年表序》载："齐晋秦楚，其在成周甚微，封或百里，或五十里。"所以，西周分封的诸侯国，实际上不过是代周王室监视地方、防止叛乱的"军事据点"，穿插于臣服于周王的八百诸侯疆土之间。

第三，"统周"。被分封的诸侯国与周王室直接统治的王畿并不是平起平坐的关系，而是统辖关系（但也不是秦汉以后中央集权意义上的中央、地方关系）。这种统辖关系，经由等级森严的周礼，将周王与诸侯之间的权利义务予以制度化。如据《礼记·王制》载，"诸侯之于天子也，比年一小聘，三年一大聘，五年一朝"，如诸侯破坏朝聘制度，要受惩罚，"一不朝见贬其爵，

---

❶ 封周公至鲁国，都曲阜，而曲阜正是商王亲族奄国所在，历史上南庚、阳甲两代商王都奄，奄国也是随武庚叛乱实力最强大的诸侯国。

再不朝见削其土，三不朝见则六师移之"。诸侯还要承担出兵勤王、戍守和服劳役等义务。

2. 宗法制

宗法制是一种按照父系血统远近以区别亲疏的政治法律制度。早在原始的父系氏族社会时期，宗法制就有所萌芽，但作为一种维系贵族间关系的政治法律制度则是在西周才开始形成和出现的。在宗法制度下，"天子建国，诸侯立家，卿置侧室，大夫有贰宗，士有隶子弟"（《左传·桓公二年》），形成了系统而完整的制度。

西周宗法制的关键是严"嫡庶之辨"，实行"嫡长子继承制"。这一制度的创设，是对商代王权"兄终弟及"和"父死子继"两种实践带来的政治混乱的经验汲取。据《史记·殷本纪》载："（殷商）自中丁以来，废嫡而更立诸弟子，弟子或争相代立"，从而造成"比九世乱""诸侯莫朝"的局面。周在商代方国时期，尚未确立嫡长子继承制，如古公亶父去世后由三子季历继位，季历（太王）去世后由嫡长子姬昌继位，姬昌（文王）的嫡长子伯邑考早死，由次子姬发继位。直至姬发灭商后，才推行嫡长子继承制，自此宗法制度被作为周的立国原则。

西周的宗法制度有三个基本原则：

第一，从周天子到诸侯、卿大夫、士，都实行嫡长子继承制。在周王室，根据"传嫡不传庶，传长不传贤"继承原则，王权由先王的嫡长子世袭继承，其他庶子则作为小宗被分封为各地诸侯。诸侯在各自封国内又是同姓宗族的大宗，其爵位也是由嫡长子世袭继承，其余庶子作为小宗分封为卿大夫。卿大夫在各自封地里又是同姓宗族的大宗，其封爵仍由其嫡长子世袭继承，其余庶子作为小宗分封为士。这样，根据宗法制和分封制，便形成天子、诸侯、卿大夫、士等各级宗族贵族组成的金字塔式等级制机构。

第二，小宗服从大宗，诸弟服从长兄。在宗法制和分封制之下形成的贵族等级关系中，上下级之间既是大小宗关系，也是上下级关系。其中，周天子相对一切封国来说是大宗，其他封国都是小宗；同样，在诸侯国中，诸侯是大宗，卿大夫是小宗；以此类推。在各个相对关系中，小宗要服从大宗，有义务纳贡、帮助出兵；大宗要保护小宗，调解小宗之间的纠纷。小宗服从大宗，诸弟服从长兄，这是宗法制度对周礼中"尊尊"原则的贯彻落实。

第三，诸侯、卿大夫、士既是一种家庭组织，又各自构成一级政权。周天子既是国王，又是宗族中的大族长。在这种政权、族权的双重统治之下，官吏和各级行政机构的选择采用"任人唯亲"的原则，基本按照血缘关系的亲疏远近而定。这就是说，宗法制贯彻了周礼中的"亲亲"原则。因此，西周宗法制度的实质在于，保障周王室家族对全社会实行家长制的统治。

在西周，宗法制与周礼已经融为一体，违反宗法制等于违反周礼，是一种失德行为，会造成严重的后果。例如，如果某个诸侯违背了嫡长子继承制，按照君王的好恶，立自己喜欢的儿子为继承人，那么所有的诸侯也都会打击他。如果某个诸侯不向周天子上贡他应该上贡的物品，天下诸侯也会群起而攻之。某个诸侯想要欺负别的诸侯，那么，其他诸侯也会在周天子的带领下对他发动战争。

（五）周代的区域治理文化：统一治理，区域特色

1. 国家治理与区域治理的分权

西周初期，在武王、周公、成王等政治家构建的分封制下，形成了周王室的国家治理与诸侯国的区域治理并存和分权的局面。这种治理架构，既不同于夏商时代夏后氏、大邦商与其他基于血缘形成的诸侯并列为国的政治架构，也不同于后来秦汉帝国时期构建的中央政府和地方政府的隶属关系，而是一种类似于联邦制下的分权而治、兼有向中央集权过渡的国家治理形式。

周王室掌握了全国范围内较大的统一治理权，诸侯国应当服从周王室的统治，遵守一些共同的制度。（1）全国实行统一的分封制。一方面，周王享有法律意义上疆土和人民的所有权，即"普天之下，莫非王土，率土之滨，莫非王臣"（《诗经·小雅》）。贵族和庶民都不得拥有私田，所谓"上无通名，下无田宅"（《商君书·徕民》）。周王通过分封制对诸侯"授土授民"，形成"天子建国、诸侯立家"的局面；诸侯再对治下的卿大夫进行"授土授民"，形成大大小小的"采邑"；通过层层分封，形成各级贵族统治下的"领主经济"。另一方面，贵族和庶民需要上缴贡赋，且经济权力受到法律限制。诸侯、卿大夫只有土地占有和使用权，而无所有权，所以不得将土地转让或

买卖给别人,所谓"田里不鬻"(《礼记·王制》)。❶ 与此同时,与贵族的爵位世袭一样,耕种土地的庶民也呈职业世袭的状态,一人为农,子子孙孙皆为农。此即《管子》所称"农之子恒为农",《左传·昭公二六年》所称"农不移",《孟子·滕文公上》所称"死徙无出乡"。这样,庶民与其耕种的土地就形成了绑定关系。(2)全国实行统一的宗法制。从周天子到诸侯、卿大夫、士,统一实行以嫡长子继承制为核心的宗法制。其中,周王的王位和贵族的封爵由嫡长子继承,形成各自的大宗;其余庶子作为小宗获得分封。在宗法制和分封制之下形成的贵族等级关系中,上下级之间既是大小宗关系,也是上下级关系,形成了以周天子为统治中心的治理体系。(3)全国统一贯彻以周礼为核心的政治伦理。一方面,周王室和各级贵族都要贯彻以"亲亲""尊尊"为原则的周礼,违礼就要受到惩罚。另一方面,诸侯要听从周王的政治指挥,所谓"礼乐征伐自天子出"(《论语·季氏》)。(4)全国实行统一的刑罚制度。西周有统一的《九刑》《吕刑》等刑罚制度,而且文献显示,诸侯国也要贯彻周王室的刑事制度。如《尚书·吕刑》载:"吁!来,有邦有土,告尔祥刑……两造具备,师听五辞。五辞简孚,正于五刑。"从文献来看,这显然是周王室对诸侯如何正确贯彻执行刑罚制度进行的法制宣传和司法培训活动。

但是,也有众多古文献显示,诸侯国君对于受封领域内的具体治理享有很大的自主权,周王对此并不加干涉,甚至还主动要求要采取"因地制宜"的治理策略。例如,西周时期,成王把一部分领土分封给微子启,让他建立宋国,管束商族臣民,拥戴周王室;又把部分臣服的殷遗贵族迁于成周,让他们仍保留自己的田宅、领土;成王还分给卫康叔殷七族遗民,分给鲁伯禽殷六族遗民。据《左传·定公四年》记载,在以上地区,周王皆命"启以商政,疆以周索"。而对于唐叔,则"命以《唐诰》,而封于夏虚,启以夏政,疆以戎索"。此外,对各诸侯国如何治国理政,周王室还提出了"以三典刑三国"的刑罚思想,鼓励各诸侯国根据新国、平国、乱国等政治社会形势采取不同的刑事政策。

---

❶ 到西周中期,贵族之间土地交易的现象开始出现。如《卫鼎》等金文显示,西周第六位君主周恭王时期,出现了田土论价交易的现象,但须订立土地买卖契约,并得到官方认可。由此,自上而下,到春秋战国时期进一步发展为实际耕作者的土地个人私有制。参见冯天瑜:《中国文化生成史》(上册),武汉大学出版社2013年版,第358页。

尤为值得一提的是，周王室对各诸侯国如何根据形势具体落实"周礼"等政治法律制度，似乎也采取鼓励"因地制宜"进行探索的态度。例如，同为东夷地区封国，鲁国对治下的东夷民族和殷商遗民施行"变其礼、革其俗"的施政策略。据《史记·鲁周公世家》记载："伯禽之初受封之鲁，三年而后报政周公。周公曰：'何迟也？'伯禽曰：'变其俗，革其礼，丧三年然后除之，故迟。'"而齐国的建国方针却是"因其俗，简其礼"。《史记·鲁周公世家》亦载："太公亦封于齐，五月而报政周公。周公曰：何疾也？曰：吾简其君臣礼，从其俗为也。"周王室对不同诸侯国的此类差异化的施政策略并没有异议，表明诸侯国享有较大程度的区域治理自主权。

2. 区域差异化治理的典范：井田制

在农耕时代，土地制度是国家基本制度。基于土地缴纳的贡赋，是"祀与戎"等国家大事的主要经济来源，也是不劳而获的贵族阶层日常生活的经济来源。周代的"贡赋"，包括土贡、军赋两部分，进献珍贵土特产品称"贡"，缴纳的军车、军马等军用物品和税收为"赋"。❶《国语·鲁语·孔丘论楛矢》载："昔武王克商，通道于九夷、百蛮，使各以方贿来贡，使无忘职业。于是肃慎氏贡楛矢、石砮。"这是指臣服于周王的偏远民族所缴纳的土贡，而周王分封的诸侯国除了纳贡，还要缴纳赋税。贡赋轻重，与爵位高低挂钩。《左传·昭公十三年》载子产言："昔天子班贡，轻重以列，列尊贡重，周之制也。"西周分封制是周天子自上而下层层分封"授土授民"的，贡赋当然是自下而上层层缴纳。《国语·晋语》载："公食贡，大夫食邑，士食田，庶人食力，工商食官。"

那么作为最基层的贵族（士）或其他土地领主（族长），是根据什么标准、按照什么方法向耕种土地的庶人征收贡赋呢？

第一，井田制。"井田"一词最早见于《谷梁传·宣公十五年》，"古者三百步为里，名曰井田"。据说，夏代曾实行井田制，商、周两代因袭夏制。古文献大致记载了两种井田制：（1）有公田、私田之分的井田制。《孟子·滕文公上》载："方里而井，井九百亩。其中为公田，八家皆私百亩，同养公

---

❶ 据《周礼》记载，为了对土地进行管理和收取贡赋，周王室在"地官司徒"之下，还设有载师、闾师、县师、遗人、均人等各级职官。

田。公事毕，然后敢治私事。"（2）无公田、私田之分的井田制。如《周礼·地官·小司徒》载："乃经土地而井牧其田野，九夫为井，四井为邑，四邑为丘，四丘为甸，四甸为县，四县为都，以任地事而令贡赋，凡税敛之事。"在井田制下，耕种土地的庶民按什么标准缴纳贡赋呢？一种说法是统一实行"什一税"。如《孟子·滕文公上》载："夏后氏五十而贡，殷人七十而助，周人百亩而彻，其实皆什一也。"意思是：夏朝行贡法，商朝行助法，西周行彻法，三者的税率都是十分之一。但也有另一种说法认为，西周区分野外和国内区域，兼采"助"和"彻"两种征税方法。《孟子·滕文公上》载："请野九一而助，国中什一使自赋。"助法和彻法的主要区别在于，助有公田、私田之分，由民共耕公田、服劳役；彻则无公田、私田之分，由民自耕其田，交纳部分实物。❶

　　第二，各诸侯国采取因地制宜的贡赋制。也有不少文献显示，井田制可能是西周主流的贡赋制度，但各诸侯国未必相同。例如，对于晋国"启以夏政，疆以戎索"，对于鲁国、卫国"启以商政，疆以周索"，学术界历来存在争论。一种观点认为，"政"为治理，"索"为法制。"启以夏政，疆以戎索"，是指晋国位于夏王国故土，统治怀姓九宗等夏遗民，又处于华夏与戎狄杂居之地，所以要结合夏遗族的风俗、根据戎人的法律制度进行治理；而"启以商政，疆以周索"，则是指卫国和鲁国因分别统治商遗族，所以要结合商族人的风俗，根据周王室的法律制度进行治理。❷ 一种观点认为，"启以夏政"和"启以商政"中的"政"，是"正"的意思，即历法，即分别采用夏代历法和商代历法。❸ 还有一种观点认为，"启以夏政"和"启以商政"中的"政"，是征税的"征"；"疆以戎索"和"疆以周索"中的"索"，则是土地划分制度；因此这句话的意思，就是分别根据戎人和周人的土地划分制度，

---

❶ 也有人认为，《孟子》所谓"国中什一使自赋"，仅为兵赋，不包括田税。据《汉书·食货志》载："有赋有税，税谓公田什一及工商衡虞之入也。赋共车马甲兵士徒之役，充实府库赐予之用。税给郊社宗庙百神之祀，天子奉养，百官禄食，庶事之费。"《汉书·刑法志》也说："税以足食，赋以足兵。"

❷ 如晋人杜预《左传集解》释"启以商政"曰："启，开也。居殷故地，因其风俗，开用其政。"释"启以夏政"曰："亦因夏风俗，开用其政。"历史上，多数学者赞同此说。

❸ 黄朴民：《说"启以商政"、"启以夏正"》，《中国史研究》1987年第4期。

分别按照夏、商的贡赋征收制度进行征税。❶ 这是根据《左传》中"授土授民"的语言背景，以及相关文献的类似用法综合所作的判断，❷ 较为合理。如此一来，晋国治理区域内夏民、周民、戎民杂居，无法贯彻井田制，遂采用"启以夏政，疆以戎索"的贡赋制度；卫国、鲁国根据治理区域的商民、周民杂居的状况，采用"启以商政，疆以周索"的贡赋制度；齐国等其他诸侯国根据土地优劣采取"相地而衰征"的贡赋制度，也就顺理成章了；同时表明在土地税收这种诸侯国治理的头等大事上，各诸侯国有较大自主权，呈现明显的区域治理特色。

三、齐鲁之地的区域治理思想

（一）东夷地区古文化

如今山东省所在的"齐鲁大地"之称谓，源于西周初年在此分封的齐、鲁两个诸侯国的国名，更源于齐鲁大地所孕育的灿烂的齐鲁文化。《史记·周本纪》载，武王姬发伐灭商王帝辛（纣王）之后，为稳定中原地区，一方面"分兵出击"，派将领兵，征伐支持商王的诸侯99国，受降天下诸侯652国；另一方面采取"以殷治殷"的策略，"封商纣子禄父（武庚）殷之余民"，"使其弟管叔鲜、蔡叔度相禄父治殷"，名为"相治"实为"监视"。然后，武王"罢兵西归"，但"至于周，自夜不寐"，原因是"未定天保"，此际，武王认为需要"日夜劳来定我西土"，即恪尽职守治理好以伊洛水为中心、南至三涂山、北至太行山、西至周原、东至太室山的王畿地区，直到德教弘扬四方才能安心。可见，武王伐纣后的势力范围和治国重心仍在"西土"，对商王国统治核心区即中原地区则采取镇压、安抚和监视的策略。

西周初年，周王室如何治理东夷各族世代所居的"东土"呢？策略就是"封建亲戚、以屏藩国"，武王分封两位股肱大臣（军师姜尚和弟周公旦）到

---

❶ 参见李衡眉：《"启以商政"和"启以夏政"另解》，《中国史研究》1995年第4期；庄福林：《"疆以周索"和"疆以戎索"异议》，《吉林师范大学学报》（人文社会科学版）1985年第1期。

❷ 如《管子·小匡》载："相地而衰其政。"《国语·齐语》作"相地而衰征。"《荀子·王制》作"相地而衰政。"在这里，政或与征通用。

"东土"分别建立齐国、鲁国,"封尚父于营丘,曰齐。封弟周公旦于曲阜,曰鲁"(《史记·周本纪》);分封的目的,一是宣扬周王的德教,二是作为军事据点监视和稳定地区的局势。事实证明,这种分封策略是正确的,由于武王灭商后两年就去世了,成王继位后很快发生了武庚、管叔、蔡叔串通叛乱的"三监之乱",东夷诸侯国(特别是商王盟国,如奄、薄姑等)也趁机叛乱,极大地威胁着周王室的统治。这种情况下,周公率军东征,经过三年军事镇压才平息叛乱。此后,齐、鲁以及其他周王室封国,与世居此地的东夷数十个诸侯国长期杂处,彼此交往、战事、兼并活动不断,对齐、鲁区域治理策略和文化产生了重要影响。

1. 夷夏交往的历史

"夷",是"夏、华夏"的对称,既是民族(氏族)概念,也是地域概念,是中原华夏族与东方民族接触过程中产生的称谓。[1]善于制造和使用弓箭,是华夏族对东方民族最初的认知。《说文解字》在"大部"解释说,"夷,东方之人也。从大从弓";在"矢部"解释说,"弓弩,矢也……古者夷牟初作矢"。[2]"东方曰夷,被发文身,有不火食者矣"(《礼记·王制》),这是华夏族对东方民族生活方式特点的最初认知。

最早的中原民族是古文献所称的神农氏族团,对应黄河中游的仰韶文化。《史记·五帝本纪》开篇即说,"轩辕之时,神农氏世衰,诸侯相侵伐",由此可知,神农氏较黄帝族发祥更早。结合《帝王世纪·自开辟至三皇》中有关"神农氏,姜姓也……长于姜水,因以氏焉""至榆罔凡八世,合五百三十年""蚩尤氏强,与榆罔争王于涿鹿之野"的记述,可推测神农是一个擅长农业的氏族集团,发祥于陕西渭水流域,后沿渭水、黄河东进至黄河中游,沿汾水向东北进入山西、河北一带,与当地民族长期融合形成中原华夏族的族源。这一推测,与考古上仰韶文化遗存的分布具有吻合性。仰韶文化以关中、豫西、晋南为中心区,分早期、中期、晚期三个阶段,逐渐从中心区向北至陕晋冀蒙长城一带、东至豫中郑洛一带、东北至豫北冀中南一带、南至豫西

---

[1] 《礼记·王制》载,"东方曰夷","南方曰蛮","西方曰戎","北方曰狄",均是早期中原华夏族对四方其他民族的概称。

[2] 许慎:《说文解字》,第493、226页。

南鄂西北一带扩散。❶

　　黄帝族崛起时,与神农氏、蚩尤族团形成了中原民族的第一次大融合,华夏族的观念初步萌生。史载黄帝"迁徙往来无常处,以师兵为营卫",与炎帝"战于阪泉之野,三战,然后得其志",此后黄帝又联合神农"与蚩尤战于涿鹿之野"(《史记·五帝本纪》),据此可推测黄帝应是自北方南下的游牧民族。❷ 这一推测,与红山文化南下与仰韶文化的互动可相印证。红山文化以辽河流域的支流西拉沐沦河、老哈河、大凌河为中心,散布于辽西、内蒙古一带。其中,"魏家窝铺类型因处于红山文化分布区的西南部,与中原地区存在较为密切的文化交流关系"❸。红山文化经长城燕山一带沿黄河南下,或经河北省桑干河流域南下,进入山西、河北一带后与仰韶文化产生互动。考古学家认为,"《史记·五帝本纪》中所记黄帝时代的活动中心,只有红山文化时空框架可以与之相应"❹。而蚩尤代表的九黎族,与河南、山东、河北交界地带的龙山文化有对应性。据说,蚩尤"以金为兵",❺ 这与黄河中、下游的龙山文化有对应性。龙山文化是新石器时代晚期的文化遗存,已进入铜石并用时代,最早源于豫西,自西向东经豫东地区扩张至山东、河北一带,晚期又反向扩张,自东向西经河南扩展至陕西、山西和河北。❻ 蚩尤的统治地域范围包括山西中部、山东西部、河南东部北部、河北南部等广大区域,但统治中心可能在山东曲阜附近。❼ 正是在这一时期,进入五帝传说时代,史籍中开始记述夷夏关系。

　　在东夷地区,民族起源并不比中原晚太多。考古显示,山东古文化从公元前7000年一直延续到公元前1000年,分后李文化、北辛文化、大汶口文化、龙山文化和岳石文化五个阶段,尤以大汶口文化(母系氏族时期)和龙

---

❶ 张雪莲等:《仰韶文化年代讨论》,《考古》2013年第11期。
❷ 徐旭生先生指出:"看古代关于姬姓传说流传的地方,可以推断黄帝氏族的发祥地大约在今陕西的北部。"参见徐旭生:《中国古史的传说时代》,广西师范大学出版社2003年版,第4页。
❸ 刘国祥:《红山文化研究》,中国社会科学院研究生院博士学位论文,2015年,第41页。
❹ 苏秉琦:《华人·龙的传人·中国人:考古寻根记》,辽宁大学出版社1994年版,第130—131页。
❺ 《太白阴经·器械》载:"伏羲以木为兵,神农以石为兵,黄帝以玉为兵,蚩尤以金为兵。"
❻ 何德亮:《山东龙山文化的类型与分期》,《考古》1996年第4期。
❼ 《逸周书·尝麦解》载:"昔天之初……命蚩尤宇于少昊,以临四方。"这里的"宇",即居住。《初学记》卷九引《归藏·启筮》说:"(蚩尤)登九淖以伐空桑。"

山文化（父系氏族时期）和岳石文化（夏商时期）为代表。❶ 在漫长发展过程中，东夷民族在血缘氏族的基础上发展出众多的族团。《后汉书·东夷传》说："夷有九种，曰畎夷、于夷、方夷、黄夷、白夷、赤夷、玄夷、凤夷、阳夷。"遗憾的是，只有与中原民族存在互动关系的东夷人，才被史籍材料记录。早期东夷人的代表有，（1）太昊，又称太皞、大皞，是生活于豫东鲁西的氏族集团，大约对应大汶口文化时期。❷ 太昊可能是伏羲氏族团的一个分支，据文献记载，"陈（今河南淮阳），太皞之虚也"（《左传·昭公十七年》）。太昊的传说具有可信性，到东周时期还存有太昊后裔的古国，"任、宿、须句、颛臾，风姓也。实司大皞与有济之祀，以服事诸夏"（《左传·僖公二十一年》）。（2）少昊，又称少皞，可能是黄帝族与太昊族通婚后崛起的族团。关于少昊的族源，一说认为少昊是黄帝长子，姬姓，名玄嚣。❸ 一说认为少昊是与太昊、黄帝、神农均不同的氏族，以鸟为图腾。❹ 另有学者考证，古代"风""凤"相通，❺ 则可推知风姓的太昊族与崇拜凤鸟的少昊族有传承关系。少昊族的活动中心在今山东曲阜，对应大汶口文化衰败、龙山文化兴起之际。❻《帝王世纪·五帝》载，少昊"邑于穷桑，都曲阜，故或谓之穷桑帝。地在鲁城北"。《国语·楚语下》说："及少皞之衰也，九黎乱德。"《吕氏春秋·荡兵》高诱注："蚩尤，少皞氏之末，九黎之君名也。"

少昊为东夷人，总体上无疑，但五帝时代的史载十分混乱。如果认为少昊乃黄帝之后，则与黄帝、蚩尤的"涿鹿之战"矛盾，因为蚩尤是少昊衰落

---

❶ 郭宁：《山东文化的历史演进及山东文化区划研究》，安徽师范大学硕士论文，2006年，第13页。

❷ 参见张鑫：《大汶口文化研究》，吉林大学博士学位论文，2015年，第105、166页。

❸《史记·五帝本纪》载，"黄帝居轩辕之丘，而娶于西陵之女，是为嫘祖。嫘祖为黄帝正妃，生二子，其后皆有天下：其一曰玄嚣"，"其二曰昌意"（昌意之子高阳立，是为帝颛顼也）。西陵氏当是太昊集团势力范围的一个氏族，位于今河南西平县。《水经注·漯水》载："漯水又东过西平县北……汉曰西平，其西吕墟，即西陵亭也。西陵平夷，故曰西平。"

❹ 据《左传·昭公十七年》载，鲁昭公曾问郯国的郯子，少皞氏得天下时，为何用鸟来命名各部官员呢？郯子曰："吾祖也，我知之。昔者黄帝氏以云纪，故为云师而云名；炎帝氏以火纪，故为火师而火名；共工氏以水纪，故为水师而水名；大皞氏以龙纪，故为龙师而龙名。我高祖少皞挚之立也，凤鸟适至，故纪于鸟，为鸟师而鸟名。"孔子听了郯子之论后说，"吾闻之，'天子失官，官学在四夷'，犹信"。

❺ 凌晓雯：《风凤朋鹏考辨》，《剑南文学：经典阅读》2011年第11期。

❻ 山东大学东方考古研究中心王青教授认为，"少昊氏是史前东夷人的重要支系，考古发现的陶文和大墓证明，少昊氏不仅存在于大汶口文化时期，还延续到龙山文化时期"（参见王青：《从大汶口到龙山：少昊氏迁移与发展的考古学探索》，《东岳论丛》2006年第3期）。

后兴起的族团。另外，颛顼与共工之战，❶ 祝融与共工之战，❷ 少昊生般，❸ 文献记述多有歧义。但另一方面，东夷民族与中原民族之间也呈现频繁交流与融合趋势。如五帝之一的尧曾"殛鲧于羽山，以变东夷"（《史记·五帝本纪》）；五帝之一的舜早年曾"耕历山，渔雷泽，陶河滨"，代尧摄政后曾"东巡守，至于岱宗"，"遂见东方君长"，还任命皋陶为"士"处理"蛮夷猾夏，寇贼奸宄"（《史记·五帝本纪》）的重大事务。大禹治水时期，天下分九州，其中三州（青州、徐州、沇州）位于或包含今山东地区，且与中原华夏族存在贡赋关系。❹ 东夷人皋陶和伯益还曾助大禹治水，大禹先后授政于皋陶和伯益（相当于选定接班人）。有学者认为，"在原始社会末期，华夏与东夷似乎已到了结成部落联盟的阶段"❺。

　　夏、商时期，东夷各族与夏商王国关系更加错综复杂。如在第二代夏王太康时期，东夷有穷氏首领后羿、寒国首领寒浞一度夺取夏王统治权，放逐夏王太康，杀害夏王相，史称"太康失国"。《后汉书·东夷列传》载："夏后氏太康失德，夷人始畔（叛）。"及夏王少康复国，东夷又来臣服，"方夷来宾，献其乐舞"（《古本竹书纪年·夏纪》）。及至商代，有关商族祖先"天命玄鸟，降而生商"的降生传说，似乎表明商族祖先是以鸟为图腾的东夷人的分支；而且，商族在发展中在河北、河南、山东一带频繁迁都，与东夷人关系密切，甚至数代商王曾都于庇（今山东郓城）和奄（今山东曲阜）。可以说，商代长期与东夷人关系和睦，甚至有同盟关系，这也是夏王统治期间用兵方向主要是戎狄、鬼方等西北方国的原因。亦即，东夷地区是商王国的大后方，其统治威胁主要来自西部、北部。到了商末，商王与东夷民族的同盟关系似乎出现了裂缝，"商人服象，为虐于东夷"（《吕氏春秋·古乐》），

---

❶ 共工，据说是神农炎帝后裔，擅长水利，一度称霸中原伊洛地区。

❷ 祝融，是掌管火的官职，炎帝后裔和颛顼后裔都有担任该职务的，所以有炎帝族祝融氏和颛顼族祝融氏之分。

❸ 据《山海经·海内经》载："少皞生般，般是始为弓矢。"即少皞氏的后代"般"，是发明弓箭的人。东汉许慎在《说文解字·矢部》中解释道，"古者夷牟初作矢"。据此，则东夷之称谓，始于中原民族与东方少昊后裔互动频繁的龙山文化时代。

❹ 《史记·周本纪》载："海岱惟青州"（东至海而西至泰山），"海岱及淮惟徐州"（泰山以西、南至淮水），"济、河惟沇州"（古黄河以东、南自古济水）。

❺ 白寿彝：《中国通史》（第3卷上册），上海人民出版社1994年版，第184页。

"商纣为黎之搜,❶ 东夷叛之"(《左传·昭公四年》),纣王对东夷大举用兵,结果西部的周族趁机伐纣,导致"纣克东夷而陨其身"(《左传·昭公十一年》)。

2. 东夷地区古国

西周立国不久,就发生了三监、武庚叛乱。《尚书大传·卷三》载:"管叔、蔡叔疑周公,流言于国曰:'公将不利于王',奄君、薄姑谓禄父曰:'武王既死矣,今王尚幼矣,周公见疑矣,此百世之时也,请举事!'然后禄父及三监叛也。"随同叛乱的还有众多亲商的东夷诸侯国,如蒲姑、熊盈、徐夷、潭、鬲、榖、州、绞、郧、萧、费、弦、黄、葛、郯等。

周公率军东征虽灭国五十,但并没有把东夷地区的诸侯国全部消灭。事实上,西周初年,齐鲁封国之后面临的局面是,东夷地区诸侯国林立。据不完全统计,除了齐国、鲁国之外,在齐鲁大地上先后还有 21 个主要的诸侯国。

(二)齐国的治理思想

周武王灭商立政之后,"于是封功臣谋士,而师尚父为首封:封尚父于营丘,曰齐"(《史记·周本纪》)。其中,齐国的始封君为姜尚,受封为齐侯,国都在营丘(今山东省淄博市临淄区)。姜尚受封之后,由于施政策略得当,齐国逐渐发展为东部的经济强国。据《史记·齐太公世家》载:"太公至国,修政,因其俗,简其礼,通商工之业,便鱼盐之利,而人民多归齐,齐为大国。"

1. 齐国的治理困境

西周初年,姜尚受封的齐国正是东夷族群的聚集地,也是武王灭商之后

---

❶ 《左传·昭公四年》载:"夫六王、二公之事,皆所以示诸侯礼也,诸侯所由用命也。夏桀为仍之会,有缗叛之。商纣为黎之蒐(搜),东夷叛之;周幽为大室之盟,戎狄叛之,皆所以示诸侯汰也,诸侯所由弃命也。"大意是:以礼尊重诸侯,诸侯才会尊王命;通过会盟显摆武力,诸侯就会反叛。这里的"黎之蒐(搜)",就是在黎地与东夷各族会盟。

令其寝食难安的"东土"之地。《左传·昭公九年》载:"及武王克商,薄姑、商奄,吾东土也。"准确地说,齐国本来就是在东夷诸侯古国的腹地上建立起来的诸侯国。《汉书·地理志》在介绍"齐地"时说,"少昊之世有爽鸠氏,虞夏时有季荝氏,汤时有逢公伯陵,殷末有薄姑氏,皆为诸侯,国此地"。

齐国受封建国初期,即遭遇了一系列的挑战。据《史记·齐世家》记载,姜尚赴任齐国之际,"黎明至国,莱侯来伐,与之争营丘……莱人,夷也,会纣之乱而周初定,未能集远方,是以与太公争国"。齐国最初受封时,疆域不过方百里,影响力局限于今山东半岛西北部区域,但被周王室寄予了稳定东夷的厚望。周成王即位后,周公旦摄政,由于相继发生管蔡作乱、淮夷叛周等叛乱,周成王赋予齐侯在区域内征讨诸侯的大权,"东至海,西至河,南至穆陵,北至无棣,五侯九伯,实得征之"。关于西周初年的平叛活动,史籍记载颇多。如《孟子·滕文公下》说:"周公相武王诛纣,伐奄三年讨其君,驱飞廉于海隅而戮之,灭国者五十。"《史记·周本纪》说:"召公为保,周公为师,东伐淮夷,残奄,迁其君薄姑。"作为反叛主力之一的薄姑国是殷商王室的嫡系后裔,《今本竹书纪年·卷上》载"太戊五十八年,城薄姑",而太戊是商王国第五位王。经过周公平乱,作为商王后裔的薄姑国灭国,成为隶属于齐国的一个城邑。《青州府志》云:"蒲姑氏,殷所封也。成王时,四国作乱,成王灭之,以其人于齐。"

齐国面临的危机不只来自当地的东夷民族,还有周王室"扶鲁抑齐"的统治策略,这也是周王室"亲亲""尊尊"的礼乐思想的表现之一。首先,分封建国就是授土授民,但周王室对齐、鲁两国采取了明显的区别对待。周武王把泰山脚下、汶水泗水流域的平原地带分封给周公,而且陆续在鲁国周围建立起曹、滕、郜、郕等姬姓诸侯国彼此拱卫。而把"地潟卤,人民寡"的齐地封给姜尚,而且齐国东与莱国(子姓)、纪国(姜姓)相邻,南与州国(淳于国,姜姓)相邻,西与谭国(嬴姓)、祝国(任姓)相邻,东夷本土强国和异姓封国林立,治理环境十分恶劣。其次,随着时间的推移,周王室对齐侯的信任度逐渐降低。例如,到齐国第五任国君齐哀公时期,就发生了周夷王听信纪侯谗言、烹齐哀公的大事,从而引发了齐国严重的政治内乱,齐国甚至因此不得不将都城从营丘短暂迁到薄姑。据《史记·齐太公世家》载:"哀公时,纪侯谮之周,周烹哀公。立其弟静,是为胡公。胡公徙都蒲姑，而当周夷王之时。哀公之同母少弟山怨胡公，乃与其党，率营丘人，袭攻杀胡公而自立，是为献公。献公元年，尽逐胡公子，因徙蒲姑，都治临淄。"由于东部有强大的纪国、莱国，导致齐国建国后三百年间无法向东扩张。

2. 齐国的治理策略

面临周王室"扶鲁抑齐"、齐国周边诸夷环绕的困境，齐国是如何确定其建国方针和治理思想的呢？这主要体现在以下四个方面。

第一，在政治伦理方面，采取"因其俗，简其礼"的方针。齐国深入东夷腹地，处理好与东夷民族的关系是齐国最大的政治问题。《史记·齐太公世家》载："太公至国，修政，因其俗，简其礼"。《史记·鲁周公世家》亦载："太公亦封于齐，五月而报政周公。周公曰：何疾也？曰：吾简其君臣礼，从其俗为也。"这里的"礼"，即发端于岐周时期、武王灭商之后大力倡导的"周礼"，其核心内容就是"君臣之礼"；这里的"俗"，就是当地东夷人的风俗习惯。也就是说，齐国建国伊始，并没有完全照搬周王室倡导的一整套礼乐制度，而是在贵族官员治理层面"简其礼"，而不是用征服者的心态强制当地人服膺于周人之礼；在民间生活层面"因其俗"，"入乡随俗"，极大地稳定了民心，其结果是"人民多归齐"（《史记·齐太公世家》）。齐太公的"因其俗，简其礼"的治国方针，被历代齐国君主沿袭，直到春秋时期管仲任齐相之时仍然坚守。《史记·管晏列传》载："俗之所欲，因而予之；俗之所否，因而去之。"这对于化解齐国统治者与东夷人民之间的对立从而走向强国之路，意义不可谓不重大。

第二，在人才政策方面，贯彻"举贤尚功"的理念。《汉书·地理志》在介绍"齐地"时说，"昔太公始封，周公问：何以治齐？太公曰：举贤而上（尚）功"；又说，"太公治齐，修道术，尊贤智，赏有功"。《说文解字·贝部》解释说，"贤，多财也"，后引申为有才能的人；"功，以劳定国也，从力，工声"。在先秦时期，"功"主要是为国出力，"王功曰勋，国功曰功"（《周礼·夏官·司勋》）。《管子·明法解》说得更透彻，"功者，安主上，利万民者也"。总之，齐国并非姬姓宗亲，在国家治理实践中也没有固守周王室发明的那一套"亲亲、尊尊"的礼法思想的羁绊，而是倡导一种"尊贤智，赏有功"的奋发有为。这种治理思想，一方面成为后世法家思想的源头，另一方面也为齐国招揽了一大批治国人才和饱学之士，战国时期"稷下学宫"的兴起就与此有着直接的关系。

第三，在发展经济方面，把重视工商、富民强国作为基本国策。为克服齐地"地泻卤"对农业生产带来的不利，一方面，改革夏商以来根据土地面积征税的办法，采取"相地而衰征"的灵活税收政策，鼓励人民从事农业生产，收到了"使民不移"（《国语·齐语》）的效果。另一方面，扬长避短，因地制宜地大力发展手工业和鱼盐商业。如《史记·齐太公世家》载："太公至国，修政……通工商之业，便鱼盐之利。"《史记·货殖列传》说："太公望封于营丘，地泻卤，人民寡，于是太公劝其女功，极技巧，通鱼盐。"更为重要的是，齐国实行开放的经济政策，与周边国家加强贸易联系，从而积累了强大的经济实力。如《盐铁论·轻重》说："昔太公封于营丘，辟草莱而居焉。地薄人少，于是通利末之道，极女工之巧。是以邻国交于齐，财畜货殖，世为强国。"

第四，在对外关系方面，擅长运用"轻重之术"，不战而屈人之兵。所谓"轻重之术"，就是利用市场供求和价格规律，对内调控经济，对外开展贸易，在谋取己方经济利益的同时拖垮对手的经济，从而达到迫使对手在经济上和政治上屈服的效果。说白了，就是古代版的经济战、贸易战。《管子·轻重》记载，齐桓公问管仲"轻重之术怎样施行"，管仲借助于历史经验分析了当时的情势后说，"天子幼弱，诸侯亢强，聘享不上。公其弱强继绝，率诸侯以起周室之祀"。《管子·轻重》还记载了几个经典操作实例，如针对与齐国经常发生冲突的鲁国、梁国，根据鲁、梁二国的老百姓有以织绨（一种粗厚光滑的丝织品）为业的情况，通过大批量采购，让两国老百姓认为有利可图纷纷转行织绨，进而荒废了农耕；这导致两国因此陷入粮食危机、粮价飞涨，齐国又出台一个釜底抽薪的政策，即齐国的粮食只卖给齐国人且价格便宜（"粜十钱"），引诱鲁梁二国老百姓加入齐国，导致"归齐者十分之六"。在土地和人口是主要生产力的春秋时期，这一招非常致命，鲁、梁两国国君无奈只好向齐国请服。类似的案例还曾发生在莱、莒、楚国和代国等身上，只不过手段变成了通过大规模采购莱、莒两国的柴薪、楚国的猎鹿、代国的狐白皮和衡山国的兵器，通过经济战迫使这几个国家请服。

由于治国策略得当，齐国渐成各诸侯国中的强国。春秋战国时期，齐国先后灭掉周围数十个诸侯国，并多次与周边的鲁国、宋国等大国发生战争。

齐桓公通过"葵丘会盟"开始称霸诸侯,成为春秋时期第一位霸主。齐国作为诸侯国分为姜齐、田齐两个时期,到公元前221年被秦国所灭。在齐国800余年的发展历程中,孕育了具有鲜明特色的齐文化。

(三)鲁国的治理思想

鲁国,首位受封国君为周武王的弟弟周公旦。由于周公旦要留在镐京辅佐年幼的周成王,于是让长子伯禽代为赴任,定都曲阜。在周初分封的诸侯国中,鲁国是姬姓"宗邦",诸侯"望国"。这得益于以下几个因素。

第一,周王室在政治上最为亲信和依赖鲁国,以加强对东部地区的统治。《诗经·鲁颂·閟宫》载:"王曰叔父,建尔元子,俾侯于鲁。大启尔宇,为周室辅。乃命鲁公,俾侯于东。"事实证明,这种分封是有必要的。伯禽到鲁国不久,殷都发生了武庚、管蔡之乱,东方殷商旧部徐戎、淮夷等也趁乱攻打鲁国,鲁侯伯禽积极参与平叛。鲁军、齐军与周军一道,经过两年才平定叛乱,鲁国战后获封"殷民六族"。

第二,周王室除了将"殷民六族"分给鲁国之外,还赠送大量礼器书籍。[1] 伯禽作为周王室宗亲、周公旦之子,也不负众望,在鲁国施行"变其礼、革其俗"的施政策略,[2] 成为诸侯国中坚决贯彻"周礼"的典范。以致于晋大夫韩宣子访鲁观书后赞叹,"周礼尽在鲁矣!吾乃今知周公之德,与周之所以王也"(《左传·昭公二年》)。

第三,周王室除了在山东曲阜分封鲁国之外,还在鲁国周边分封了一批姬姓诸侯。鲁国建国之后,与齐国一样也受到东夷诸侯国的威胁,但周王室和姬姓诸侯国能够彼此护卫。据《尚书·费誓》载:"鲁侯伯禽宅曲阜,徐、夷并兴,东郊不开。"这表明,鲁国建国之初饱受实力强大的徐、淮夷的侵扰。《帝王世纪·周》载:"(成)王既营都洛邑,复居丰镐。淮夷、徐戎及商奄又叛,王乃大蒐于岐阳,东伐淮夷。"这次东伐淮夷,由成王亲率军队,

---

[1] 《左传·定公四年》载:"分之土田倍敦,祝、宗、卜、史,备物、典策,官司、彝器。因商奄之民,命以《伯禽》,而封于少皞之虚。"《礼记·明堂位》载:"凡四代之器、服、官,鲁兼用之。是故,鲁,王礼也,天下传之久矣。"

[2] 《史记·鲁周公世家》载:"伯禽之初受封之鲁,三年而后报政周公。周公曰:'何迟也?'伯禽曰:'变其俗,革其礼,丧三年然后除之,故迟。'"

"召公为保，周公为师，东伐淮夷，残奄，迁其君薄姑"（《史记·周本纪》）。与此同时，鲁军也针对徐戎展开了军事行动，"伯禽帅师伐之，作《费誓》，遂平徐方，定鲁"（《史记·鲁周公世家》）。此后徐戎一部分归降，成为鲁国治下的"殷民六族"之一（徐氏），大部分南迁至淮河流域，齐鲁之地趋于安定，出现了成康时40余年不用兵刑的局面。

鲁国作为周王室"宗藩"，在周王室的扶持下，在西周时期逐渐发展为地域强国，以致鲁南、豫东南、苏北、皖北、赣北都属于鲁国的势力范围，曹、滕、薛、纪、杞、毂、邓、邾、牟等地方诸侯小国不得不时常朝觐鲁国。从伯禽赴鲁就任到鲁国被楚国所灭，鲁国前后存在了700余年。在春秋早期的鲁桓公、鲁庄公、鲁僖公期间，鲁国国力最为强盛，但也没有达到在诸侯国中称霸的程度。春秋中后期以后，随着春秋五霸、战国七雄的崛起，特别是随着临近的齐国、楚国的称霸，鲁国国力逐渐衰微。在鲁国700余年的发展历程中，孕育了具有鲜明特色的鲁文化。

第四章　东周时期的治理危机与齐鲁学派的兴起

公元前770年周平王迁都洛阳，史称东周。东周以降，周王室衰微，礼崩乐坏，诸侯群雄并起，先后出现春秋五霸与战国七雄。社会的剧烈变革，为思想文化的大变革提供了契机。一方面，传统上由贵族和官府垄断、庶民无权问津的"学在王官"的局面被打破，出现了一个由没落贵族、巫祝史宗和饱学庶民组成的知识阶层；另一方面，为了适应"时君世主，好恶殊方"的政治形势，诸子"蜂出并作，各引一端，崇其所善"，形成百家争鸣的局面。其中，鲁国在分封之初即获周王室厚赠虞夏商周四代礼器书籍，"凡四代之器、服、官，鲁兼用之"，形成"周礼尽在鲁"的文化氛围，受此滋养形成了孔孟儒学（鲁学）一元独尊的局面；而齐国作为周王朝开国功勋姜尚的封国，奉行"因其俗，简其礼""通工商之业，便鱼盐之利""举贤而尚功"的建国方针，经过励精图治，形成黄老学、齐法家等开放多元的齐学。不可忽视的是，东夷之地有数十诸侯国，东夷本土文化历史悠久，其深刻地参与了周文化本土化和齐鲁文化的塑造过程。周文化与东夷本土文化的融合，在鲁地催生了鲁学，在齐地催生了齐学，并最终整合形成特色鲜明的齐鲁学派。

一、"礼崩乐坏"的治理危机

周代的国家治理文化，本质上是一种礼乐文化，经由礼乐教化达成社会秩序的和谐。诚如《礼记·乐记》所言："乐者，天地之和也；礼者，天地之序也。和故百物皆化，序故群物皆别。"礼、法、乐本质上都是国家治理的手段，从这个意义上说法律文化也是治理文化。但在东周时期，由周王室建立的礼乐文化遭遇了空前的危机，出现了"礼崩乐坏"的局面。上至周王室、诸侯卿大夫，下至黎民百姓，都参与了这一过程并深受其影响。

（一）周王的失德、违礼和虐民

在周代治理思想体系中，"为政以德"是王权合法性的前提，"周礼"是贯穿各项典章制度的灵魂，宗法、分封、井田这三项制度是维系周王统治稳定的基石。但在周武王之后，只有成王、康王时期维持了"成康之治"的盛世局面，之后便危机频现，陆续出现周王"失德""违礼""虐民"等问题。

周王"失德"。西周王室的统治思想，以"天命王权""以德配天"为逻辑前提。武王灭商后即向箕子咨询治国之道，周公旦在《尚书·康诰》等文献中反复强调"国君之德"的重要性，都是这种思想逻辑的体现。彼时强调的"德"是统治者对自身修养的要求，既缺乏权力监督机制，也缺乏失德的法律后果。西周中后期（特别是西周末年），周王失德导致统治衰败的迹象已日趋明显。据《国语·郑语》记载，郑桓公曾任周幽王的司徒，他问史伯周朝将会衰败吗？史伯回答说，"殆于必弊者也。《泰誓》曰：'民之所欲，天必从之。'今王弃高明昭显，而好谗慝暗昧；恶角犀丰盈，而近顽童穷固。去和而取同"，比如，虢石父是个善于挑拨离间、巧于媚从的人，幽王却立他为卿士；抛弃聘娶的王后，而立内妾褒姒；把侏儒、驼背之人置于身边取乐，盲从女人和奸佞之人行事，这种做法是不能长久的，"且宣王之时有童谣，曰：'檿弧箕服，实亡周国。'"事实也证明，周宣王以来的周王失德情形日剧，到周幽王时终于导致危机集中爆发，西周王城被申国联合犬戎攻灭，周平王在郑国和晋国保护下迁都洛阳，开启了风雨飘摇的东周时期。

周王"违礼"。礼崩乐坏其实在西周中晚期就已出现，这与周王带头破坏周礼不无关系。（1）带头破坏宗法礼制。以"嫡长子继承制"为核心的宗法制度，是周武王和周公在汲取商代"九世之乱"教训基础上确立的周礼的核心要义，也是维系周王与诸侯国君传承秩序的制度基石。到了西周中晚期，周王却带头破坏了这一制度。典型事例有三，一是周昭王时期的"鲁国姬沸诛鲁幽公自立事件"。《史记·鲁周公世家》载："幽公十四年，幽公弟沸杀幽公而自立，是为魏公。"姬沸弑兄、弑君篡位，可谓十恶不赦，周天子本应率领诸侯惩罚叛逆、恢复礼制，但出人意料的是昭王对此不闻不问，致使"王道微缺"。二是周懿王死后发生了"辟方夺取王位事件"。西周自武王以后，成、康、昭、穆、共、懿六代周王都严格执行了嫡长子继承制，周懿王死后本应由嫡长子姬燮继位，结果却被叔叔姬辟方夺取了王位。《史记·周本纪》载："懿王崩，共王弟辟方立，是为孝王。"这是周王室带头破坏周礼，在诸侯国中产生了上行下效的消极影响。三是周宣王"干涉鲁政事件"。宣王即位后，鲁国国君鲁武公带领嫡长子括、少子戏前来朝见，宣王十分喜爱公子戏，就强令鲁武公改立公子戏为鲁国太子，这既违背了嫡长子继承制也干涉了鲁政。（2）破坏周王与诸侯之间的礼制。在宗法制下，周天子为天下大宗，根据小宗服从大宗、天下诸侯服从周天子的礼制，诸侯按礼不得僭越周天子。但有如下几件反映了周王破坏该礼制的事例，一是周夷王违反觐礼事件。周夷王二年，蜀国和纪国前来朝贡，周夷王很高兴，亲自到黄河边去迎接来使，并待以宾客之礼，然而他的做法破坏了礼制。按《礼记·郊特牲》记述："觐礼，天子不下堂而见诸侯。下堂而见诸侯，天子之失礼也，由夷王以下。"明代冯梦龙《东周列国志·第一回》开篇即指出，"自武王八传至夷王，觐礼不明，诸侯逐渐强大。"二是放纵诸侯不朝。周夷王之时，齐国国君是齐哀公，齐哀公以自己是长辈、夷王是晚辈为由拒绝朝贡周天子。❶君臣之礼因此受到损害，天子权威遭到藐视。《史记·孔子世家》载："周夷王之时，王室微，诸侯或不朝，相伐。"周王带头违礼，极大地削弱了周天子的权威，也加剧了宗法制的消亡，可谓拉开了天下诸侯僭越礼制、"礼崩乐坏"的大幕。

周王"虐民"。齐哀公因为不按礼朝觐周天子而被周夷王烹杀一事，虽然一时间使诸侯们有所畏惧，但并没有从根本上达到加强周天子权威、重振周王室威望的效果。周夷王时期的国势仍在下滑，他的儿子周厉王继位后更是因为暴政导致"国人暴动"，被迫仓皇出逃，死于逃亡途中。周厉王时期的国人暴动，被认为是"千百年民变之开始"（《东周列国志·第一回》），正是周

---

❶ 此说的由来在于，齐国始封国君姜尚是周武王的岳父，齐哀公是姜尚的五世孙，而夷王则是姜尚女婿武王的八世孙。

天子背弃了"敬天保民"的初衷才激发了人民群众的抗争意识,使后来的儒家和齐法家更加清楚地看到了人民力量的巨大,成为儒家"民贵君轻"和齐法家"商德保民"思想的实践素材。

(二)贵族集团对礼制的僭越与破坏

西周建立起的是一个礼乐文明,将贵族集团分为天子、诸侯、卿大夫、士四个阶层,并对各阶层在朝贡、祭祀、婚丧嫁娶、彼此相见、音乐舞蹈等方面设置礼仪方面的具体要求,从而构建了统治阶层内部的统治秩序。但从西周末年开始,就已经出现"礼崩乐坏"的迹象。所谓"礼崩乐坏",实际是指西周初年建立起来的一整套统治理念和统治秩序的系统坍塌,诸侯争雄,王室衰败。"礼崩乐坏"的现象在春秋时期已出现,到战国时期表现得最为极致。

第一,周天子失德毁礼,诸侯不尊王室。周夷王时期,齐哀公拒绝朝贡周天子,可谓诸侯不尊王室的序曲。及至西周末年,周幽王被犬戎和申国联合攻灭,周天子的权威已荡然无存。公元前770年,周平王在郑武公、晋文侯、卫武公、秦襄公等护卫下迁都洛阳,彼时周平王只有周天子的名义,事实上无论王畿管辖范围还是政治实力已下降至与普通诸侯国无异。其中,郑伯护送平王东迁有功得到周天子的宠信,长期担任周王室的卿士。到了周平王的孙子桓王继位时,郑国实力更加强大,周桓王与年迈的郑庄公之间逐渐发生嫌隙。据《左传·桓公五年》载,"王夺郑伯政,郑伯不朝。秋,王以诸侯伐郑,郑伯御之",结果蔡、卫、陈联军战败,周桓王亲率的王军亦溃退,还被郑国大将祝聃一箭"射王中肩"。从此以后,周天子颜面扫地,失去了对诸侯国的控制,各诸侯国君开始进行"大国争霸"的较量,先后出现了"春秋五霸"和"战国七雄",表面上"尊王攘夷",实则扩张兼并。

第二,诸侯僭越礼制,周王统治分崩离析。僭越礼制,既有诸侯国君主对周天子的冒犯,也有卿大夫对诸侯国君的违礼行为。例如,按照周礼,奏乐舞蹈的行列,天子用八佾,诸侯用六佾,大夫用四佾,士用二佾。据《论语·八佾》记载,鲁国卿大夫季氏违反礼制,孔子批评季氏说,"八佾舞于庭,是可忍也,孰不可忍也"。再如,西周初年,周成王封楚国君主熊绎为子爵。东周桓王时期,楚国君主熊通向周王索要公侯的称号,未果,说"王不加位，我自尊耳"（《史记·楚世家》），遂自称楚王。楚国不仅僭越称王，还不断北侵中原谋求称霸，楚庄王三年"问鼎中原"直接挑战周天子的权威。❶在楚国的"示范"下，各诸侯国之间不断称霸、称王，如吴国国君姬乘自立为王（吴兴王），越国君主勾践灭吴称霸、自立为王（越王勾践），齐国国君田因齐、魏国国君魏罃通过"徐州会盟"同时称王（齐威王、魏惠王），秦国国君嬴驷自立为王（秦惠文王），只有鲁国直到灭国也未称王。此外，各诸侯国内部卿大夫僭越事件频发，较有代表性的就是"三家分晋"和"田氏代齐"。其中，晋国的六卿本来有韩、赵、魏、智、范、中行氏六家，经过争斗仅剩韩、赵、魏三家，周威烈王违礼命韩虔、赵籍、魏斯为诸侯，后周安王二十六年魏武侯、韩哀侯、赵敬侯完成了晋国土地的瓜分，此即史称的"三家分晋"（《资治通鉴·周纪一》）。"田氏代齐"，亦称田陈篡齐，指的是陈国妫姓田氏篡夺了齐国姜姓吕氏的政权，自立为齐君，随后周安王十六年正式册命田和为齐侯（《史记·田敬仲完世家》）。"三家分晋"和"田氏代齐"事件，反映了上至周王、下至诸侯、卿大夫违礼妄为的现实，标志着周王室统治的分崩离析。

第三，贵族集团分化，知识阶层逐渐形成。在殷商西周时代，文化教育由贵族集团和官府垄断，庶民无权问津，即"学在王官"。"有官斯有法，故法具于官；有法斯有书，故官守其书；有书斯有学，故师传其学；有学斯有业，故弟子习其业。官守学业，皆出于一，而天下以同文为治，故私门无著述文。"❷彼时，卜筮、祭祀、书史、星历、教育、医药、音乐歌舞、婚庆葬丧等文化知识和权力，均由"巫""祝""史""宗"等官员掌控，他们也是后来知识阶层的最初形态。东周以后，王室衰落，诸侯崛起，昔日"礼乐征伐自天子出"变为"礼乐征伐自诸侯出"乃至"自大夫出"。在这种情势下，国学及乡学都难以为继，"学在王官"的局面被打破。作为低级贵族群体的"士"，原先依靠"父子相传，以持王公"的食禄生活逐渐失去保障，有的从王室下移诸侯列邦，有的在诸侯列邦之间奔走谋生，有的则沉淀于民间寂寂无声。正如《论语·微子》所载："太师挚适齐，亚饭干适楚，三饭缭适蔡，

---

❶ 周定王时，南方的楚庄王熊侣不断北侵中原，谋求称霸诸侯。楚庄王三年，楚国陈兵周王室洛邑的南郊，周定王派王孙满慰劳楚师，楚庄王问鼎之大小轻重，王孙满答"周德虽衰，天命未改。鼎之轻重，未可问也"（《史记·楚世家》）。

❷ 王重民：《校雠通义通解》，上海古籍出版社1987年版，第1页。

四饭缺适秦，鼓方叔入于河，播鼗武入于汉，少师阳、击磬襄入于海。"❶ 此外，随着东周宗法制度的瓦解，部分落魄的王公贵族子弟也进入"士"的阶层，有知识的庶民也上升进入"士"阶层，甚至布衣卿相的现象已不罕见。如此一来，"士"阶层成为中国文化传统的传承者和弘扬者，为"百家争鸣"局面的出现创造了条件。

（三）黎民百姓隐忍与反抗交织的法律心理

法律文化有官方法律文化与民间法律文化（或者说主流法律文化与非主流法律文化）的分类。官方法律文化，是指执政党、统治阶级、国家政权机关所持有的法律观念、法律心理和法律理论。民间法律文化，是指民间团体、学者和普通民众所持有的法律观念、法律心理和法律理论。官方法律文化与民间法律文化可能取得一致，也可能存在差异而引发或激烈或缓和的冲突，成为推动法律制度和社会变革的文化动力。❷

前文考察了周王、贵族对周礼的破坏，下面从黎民百姓的视角进行补充讨论。在西周以前，黎民、百姓指的是两个不同的社会阶层。黎民，亦作"庶人""庶民""黎庶""群黎""皂隶"等，是指平民阶层。❸ 百姓，则是贵族的代称，即"百官族姓"。在古代贵族才有姓氏，平民只有名而无姓氏。❹ 直到战国以后随着宗法制解体，特别是秦以军功代替爵位，黎民、百姓

---

❶ 这一章所记载的是"鲁哀公时，礼坏乐崩，乐人皆去"的现象。意思是：鲁国的乐官之长、太师挚到齐国去了，亚饭乐师干到楚国去了，三饭乐师缭到蔡国去了，四饭乐师缺到秦国去了，打鼓乐师方叔进入黄河地区了，摇鼗鼓的乐师武进入汉水一带了，少师阳、敲磬的乐师襄到海滨去了。

❷ 王德新：《诉讼文化冲突与民事诉讼制度的变革》，知识产权出版社2017年版，第40－41页。

❸ 《左传·桓公二年》载："天子建国，诸侯立家，卿置侧室，大夫有贰宗，士有隶子弟，庶人工商，各有分亲，皆有等衰。"《左传·襄公十四年》又说："天子有公，诸侯有卿，卿置侧室，大夫有贰宗，士有朋友，庶人工商，皂隶牧圉，皆有亲暱，以相辅佐也。"在这里，天子、诸侯、卿、大夫、士是不同等级的贵族阶层，而从事工商业的"庶人"和放牛牧马的"皂隶"则是平民。

❹ "百姓"一词最早见于《尚书·尧典》："九族既睦，平章百姓；百姓昭明，协和万邦。"郑玄注曰："百姓，谓百官族姓；万邦，谓天下公民。"《国语·周语》载："姓者，生也，以此为祖，令之相生，虽不及百世，而此姓不改。族者，属也，享其子孙共相连属，其旁支别属，则各自为氏。"《通志·氏族略》进一步解释说，"姓，所以别婚姻；氏，所以别贵贱"，"贵者有氏，贱者有名无氏"。

才逐渐混为一谈。❶

在西周建立的宗法和礼刑制度之下，周天子对诸侯和臣民拥有生杀予夺的绝对权，诸侯对卿大夫有生杀予夺的权力，贵族对平民和奴隶也有生杀予夺的权力，地位等级较低的诸侯和臣民只能逆来顺受。如周夷王时，因齐哀公不来朝贡和问候，就烹了齐哀公；周宣王因个人十分喜爱公子戏，就强令鲁武公改立公子戏为鲁国太子等。即便同为诸侯，爵位较高的高级贵族对其他贵族也有生杀予夺的权力，宋襄公杀害鄫国国君就是一例。据《左传·僖公十九年》记载，宋襄公在曹南召集诸侯会盟，只有曹、邾、滕、鄫四个小国同意参加，结果会盟当日滕国国君迟到，宋襄公当场下令将其扣押，然后命令邾君把姗姗来迟的鄫国国君鄫子押到睢水郊外杀掉，来祭祀天地。在刑罚制度方面，直到春秋时期公元前536年郑国子产"铸刑书"，才逐渐打破"刑不可知，则威不可测"的愚民思想。在此之前，平民百姓无从得知刑典的内容，对于法律惩罚只能逆来顺受。

但这不意味着不存在抗争，周厉王时的"国人暴动"和鲁国的"庆父之乱"即为两例。

周厉王时期"国人暴动"的背景是西周实行土地王有，"普天之下，莫非王土"（《诗经·小雅·北山》）。土地及其上的庶民，经由分封制被一级一级分封给各级贵族，最后以井田的形式交由庶民耕种并征税。在周天子王畿内也实行分封，山川林泽和荒野由于不适宜农耕而不纳入井田征税，名为王有，实际上人民皆可取利。西周中期以后，山川林泽和荒地逐渐被开垦为私田。周厉王在位时，为了增加王室收入，任用荣夷公为卿士，推行王畿内的山林湖泽等由天子"专利"的改革，并委派官员对使用者征税。这激起了国人的愤慨，《诗经·大雅·瞻卬》记录了当时国人的抱怨，"人有土田，汝反有之；

---

❶ 春秋时期，周天子根据某人的祖源或功绩而赐予姓，因裂土封侯而确定其氏，这时姓氏仍限于贵族群体。如《左传·隐公八年》说："天子建德，因生以赐姓，胙之土而命之氏。诸侯以字为谥，因以为族。官有世功，则有官族，邑亦如之。"《国语·楚语》亦说："民之彻官百，王公之子弟之质能言能听彻其官者，而物赐之姓，以监其官，是为百姓。"韦昭注曰："物，事也，以功事赐之姓。官有世功，则有官族，若太史、司马之属。"此处百姓，指王公子弟、公卿贵族之父兄。到了战国时期，已开始用"百姓"指称国家征收赋税徭役的对象，与黎民混同。如《墨子·辞过》载："当今之主……必厚作敛于百姓。"《荀子·强国》说："入境，观其风俗，其百姓朴，其声乐不流汗，其服不挑。"秦汉以后，就连姓氏也开始混为一谈。《通志·氏族略》说："秦灭六国，子孙皆为民庶，或以国为姓，或以姓为氏，或以氏为氏，姓氏之失由此始……兹姓与氏混为一者也。"

人有民人，汝复夺之"❶。而周厉王对国人的抱怨采取了高压政策，据《国语·召公谏厉王弭谤》载："厉王虐，国人谤王。召公告曰：'民不堪命矣！'王怒，得卫巫，使监谤者。以告，则杀之。国人莫敢言，道路以目。"公元前841年，生活于镐京的"国人"联合掀起了一次政治运动，最终把厉王驱逐到彘地。❷在这场暴动中，"国人"究竟是指贵族，还是仅指平民？历来有争议。一种观点认为，国人暴动的实质是"百工和商人为反抗过度勒索而起义"，是基层庶民与上层贵族集团的一次阶级斗争。另一种观点认为，"'国人'就是国中之人，主要由公卿大夫、士和工商组成，而主体是公卿大夫、士等奴隶主贵族集团"，"国人暴动不是平民对贵族的造反，而是诸侯公卿士大夫对周天子的挑战"。❸结合清华简等文史材料可以初步判断，"国人暴动"是西周时期贵族权与平民权相联合，向王权斗争夺权的政治事件。亦即，这一事件有卿士、诸正、万民三股政治力量参与，也让后世儒家学者看到了"民心向背"的重要性。

需要注意的是，"国人暴动"并不是单纯的平民起义。如果离开了卿士、诸正等贵族势力的参与，单靠平民力量，无法达到流放厉王的反抗效果。事实上，在宗法制度、分封制度、井田制度、礼乐制度和刑罚制度等织成的严密统治体系下，平民要么耕种井田、忍受剥削，要么进入荒无人烟的地带、摆脱剥削，想有组织地对抗贵族统治体系几乎是不可能的。《礼记·檀弓下》记载了一起"苛政猛于虎"的故事：孔子路过泰山脚下，有一妇人在墓前哭得很悲伤，孔子问妇人因何而哭。妇人答，"昔者吾舅死于虎，吾夫又死焉，今吾子又死焉"。孔子又问："为何不离开这个危险的地方呢？"答曰："无苛政。"此即春秋时期平民生活状态和对待贵族"苛政"的普遍心理。

鲁国的"庆父之乱"发生于春秋早期。鲁庄公姬同有三个弟弟，分别是庆父（共仲）、叔牙、季友。公元前662年鲁庄公生病，因嫡妻哀姜无"子嗣"而询问谁可继承君位，叔牙以才能为由举荐庆父，季友誓死举荐庶出的

---

❶《史记·周本纪》载，大夫芮良夫谏厉王曰，"王室其将卑乎？夫荣公好专利而不知大难。夫利，百物之所生也，天地之所载也，而有专之，其害多矣。天地百物皆将取焉，何可专也？所怒甚多，不备大难。"

❷《国语·周语上》载："厉王虐，国人谤王。召公告曰：'民不堪命矣！'……三年，乃流王于彘。"

❸ 李秀亮：《由清华简〈系年〉再论"国人暴动"的性质》，《鲁东大学学报》（哲学社会科学版）2016年第6期。

公子般，并以叔牙违反周礼为由让其饮鸩自杀。当年鲁庄公去世，公子般继位，但不及两个月就被庆父密谋杀害。之后，在庆父、哀姜的支持下，鲁庄公另一庶子姬开（哀姜之妹叔姜的儿子）继位，即鲁闵公。结果鲁闵公二年，又被庆父派人杀害。庆父连杀两位鲁国国君，目标直指国君之位，在鲁国造成极大的政治混乱，被《左传·闵公元年》称为"不去庆父，鲁难未已"。季友趁乱带着鲁庄公另一庶出之子姬申逃到邾国，发出文告声讨庆父，要求国人杀死庆父，拥立姬申。庆父见形势不对，就逃到临近的莒国，后来在莒国将庆父引渡回鲁国的路上，庆父自杀身亡。在"庆父之乱"这一事件中，鲁国国人也参与了讨伐庆父的政治活动，但这里的"国人"更多是以季友为核心的贵族和姬姓宗亲。

二、春秋时期的齐法家

（一）齐学与齐法家

齐学与鲁学有广义、狭义之谓。广义上，齐学即兴起于齐地之学，鲁学即兴起于鲁地之学，主要是指一种地域文化。追溯二学渊源，可至齐鲁建国。西周初年，周公封于鲁并开创了鲁学，孔子集其大成；姜太公封于齐并开创了齐学，传至管仲形成齐学系统。"齐学、鲁学之分，源于西周，起自春秋，烈于战国，沿及汉代"❶。狭义上，齐学、鲁学之名出现于汉代，专指儒家学派在汉代衍生出的两个分支流派。《汉书·儒林传》载："宣帝即位，闻卫太子好《谷梁春秋》，以问丞相韦贤、长信少府夏侯胜及侍中乐陵侯史高，皆鲁人也，言谷梁子本鲁学，公羊氏乃齐学也。"❷ 本章主要从广义上讨论齐学与鲁学。

齐学，即兴起于先秦齐国的稷下学，包括齐法家、黄老学、阴阳五行学等庞杂的诸子学说。在齐地，早在西周之初太公姜尚封国之时，就因奉行"因其俗，简其礼""通工商之业，便鱼盐之利""举贤而尚功"的建国方针，

---

❶ 蔡德贵：《齐学、鲁学与稷下学宫》，《东岳论丛》1987年第3期。
❷ 班固：《汉书》，中华书局1962年版，第3618页。

逐渐形成与周王室的周礼有别的区域治理文化，这是齐学得以形成的历史文化背景。而春秋时期，齐国能成为春秋五霸之首霸，所仰赖的正是齐相管仲、晏婴的国家治理思想——齐法家。法家的源头可上溯至夏商时期的理官，《汉书·艺文志》说："法家者流，盖出自理官。信赏必罚，以辅礼制。易曰：'先王以明罚饬法'，此其所长也。"在春秋战国时代，法家亦称刑名之学，经管仲、士匄、子产、李悝、吴起、商鞅、慎到、申不害等法家代表人物的发展，遂成一个学派。战国末期的韩非集法家之大成，他曾说"藏商、管之法者家有之"[1]，这里显然肯定了管仲、商鞅作为法家代表人物的历史地位。但同时表明，法家有齐法家和秦晋法家之分，前者助齐国成为霸主，后者助秦国一统六国。

齐学不等于齐法家，还包括黄老学、阴阳五行学等多种学说。但是，从国家治理和法律文化的视角看，关注齐学首先要重点关注齐法家。

(二) 齐法家的礼法思想

齐法家的形成分两个阶段：前一阶段以春秋时期管仲、晏婴的思想为主，可从《左传》《史记》《晏子春秋》等文献中管窥；后一阶段以战国时期《管子》为主要文献依据，反映了战国时期齐法家的主要思想特征。从国家治理的视角看，齐法家的思想主要包括以下五个方面。

1. "以法治国"的思想

西周时期重视君王之德、贵族之礼和万民之刑，"德、礼、刑"是国家治理的主要规范依据，适用对象各有不同。而在齐法家的思想中，已经抽象出更具普遍规范意义的"法"的概念，并围绕"法"的地位、作用、制定、实施等命题，形成系统的"以法治国"思想体系。

在"法是什么"的认知上，齐法家开始确立"法"是具有普遍适用性的规范的观念。在齐法家的论述中，"法"明显具有自然法则的意味，"法者，天下之程式，万事之仪表"（《管子·明法解》），"尺寸也，绳墨也，规矩也，横石也，斗斛也，角量也，谓之法"（《管子·七法》），"如四时之不贰，如

---

[1] 《韩非子新校注》，陈奇猷校注，上海古籍出版社2000年版，第1111页。

星辰之不变,如宵如昼,如阴如阳,如日月之明,曰法"(《管子·正第》)。这对于突破西周时期以"刑不上大夫、礼不下庶人"的礼刑中心主义和特权法思想,构建形式意义上的法治体系,具有积极的进步意义。

在法的作用方面,齐法家主张法是君主治理国家的基本手段,发挥着定分止争的作用。齐法家是从两个维度进行阐述的,一是从国君进行国家治理的手段角度,认为"人主之治国也,莫不有法令赏罚。是故其法令明而赏罚之所立者当,则主尊显而奸不生;其法令遂而赏罚之所立者不当,则群臣立私而壅塞之,朋党而劫杀之"(《管子·明法解》)。二是从法的行为规范和裁判规范的定位,认为"法者,所以兴功惧暴也;律者,所以定分止争也;令者,所以令人知事也。法律政令者,吏民规矩绳墨也"(《管子·七臣七主》)。

在法的制定主体方面,齐法家主张君主是立法主体,但君主应当制定良法。如《管子·任法》说:"有生法,有守法,有法于法。夫生法者君也,守法者臣也,法于法者民也。"这与孟子所说的"劳心者治人,劳力者治于人;治于人者食人,治人者食于人"(《孟子·滕文公上》)有类似之处,反映了那个时代的阶级局限性。但在要求君主须制定良法方面,齐法家还是具有巨大的历史进步意义的。比如,虽然强调"生法者君",但君主立法要受自然之道的限制,所谓"法天合德,象地无亲"(《管子·版法解》),意思是君主立法应当像天地一样公正无私,像四时一样没有差错。在这里,已经有了良法善治的思想萌芽。

在法的适用方面,齐法家主张臣民事君不应为虎作伥,后发展为"令尊于君、事断于法、君民贵贱皆从法"的思想,已经具备法律面前人人平等的现代形式法治特征。据《晏子春秋·内篇问上》载,齐景公曾问什么样的人是忠臣,晏婴答曰,"不掩君过,谏乎前,不华乎外……顺则进,否则退,不与君行邪也"。晏子的"不与君行邪"思想,与商代名臣比干直谏纣王、西周芮良夫直谏厉王的精神一脉相承,是对西周以"亲亲、尊尊"为原则的君臣之礼的进一步发展。到了战国时期,齐法家进一步发展出"令尊于君""事断于法"的法治思想。如《管子·明法解》说,"明主虽心之所爱而无功者不赏也,虽心之所憎而无罪者弗罚也";《慎子·君人》说,"君人者,舍法而以身治,则诛赏予夺,从君心出矣……君舍法,而以心裁轻重,则同功殊赏,同罪而殊罚也,怨之所由生也",因此,要"事断于法";《管子·任法》认为,"明君不为亲戚危其社稷,社稷戚于亲;不为君欲变其令,令尊于君;不为重宝分其威,威贵于宝;不为爱民亏其法,法爱于民","君臣上下贵贱皆从法,此谓为大治"。

2."礼""法"并用的思想

管仲作为春秋时期法家的先驱,在辅助齐桓公治国实践中形成了"重礼、尚法"的思想。管仲"重礼、尚法"不仅是一种学说思想,而且付诸治国实践。

管仲"重礼"。据《左传·僖公十二年》载,齐桓公曾派管仲处理戎人与周天子议和问题,周天子欲用上卿之礼招待管仲,并说"无逆朕命";但管仲以"臣,贱有司也"为由,坚持受"下卿之礼而还"。管仲不仅自己守礼,还要求齐桓公尊礼。如《国语·齐语》载,葵丘会盟时,周天子派宰孔向齐桓公赐胙(赏赐祭肉),并表示桓公不必跪拜,但管仲说"为君不君,为臣不臣,乱之本也",建议桓公循礼跪拜。事实上,管仲辅助齐桓公成为春秋五霸的指导思想就是"尊王攘夷",也是一种对"周礼"的坚守。

管仲"尚法"。管仲重礼,但不因循守旧。管仲任齐相时,认为周礼经过数百年的发展有些已经过时,因而坚决地"修旧法,择其善者而业用之"(《国语·齐语》)。在修法改革中,管仲提出要赏罚并用,"申之以宪令,劝之以庆赏,振之以刑罚。故百姓皆说为善,则暴乱之行无由至矣"(《管子·权修》)。赏罚并用,矛头直指贵族特权,鼓励有才能的人脱颖而出。具体是侧重于以罚树威,还是以赏怀惠呢?管仲主张,"畏威如疾,民之上也。从怀如流,民之下也。见怀思威,民之中也……吾从中也"(《国语·晋语》)。比较而言,管仲的"重礼、修法、赏罚"思想与儒家"克己复礼,天下归仁"的"复礼守旧"思想有显著的不同,在当时属于礼制的改革派;但与战国时期秦晋法家的"无教化,去仁爱,专任刑法,而欲以致治"(《汉书·艺文志》)的思想也不同,它具有鲜明的"礼法并用"的思想特征。后世有学者认为,"礼法并用、刑德相养的统治理论在齐国学术史上成为一种主流思想,正是从管仲开始的"❶。

---

❶ 刘蔚华、苗润田:《齐国学术思想史》,载《齐文化丛书》编辑委员会编:《齐文化丛书》(第16辑),齐鲁书社1997年版,第40页。

无论是重礼，还是尚法，管仲的初衷都是辅佐齐桓公成就霸业。正如《管子·大匡》所载，齐桓公践位不久即召见管仲，问"社稷可定乎"？管仲对曰，"君霸王，社稷定；君不霸王，社稷不定"。由此可见，管仲已经深刻认识到，在春秋时期周王室衰微、礼崩乐坏的背景下，诸侯国君单靠传统的"礼"已无法定社稷（稳定齐国），欲定社稷就得称霸王（称霸诸侯），欲称霸王就得尚法、富国强兵。只有认识这一点，才能理解齐法家"尚法"思想形成的历史逻辑。

在管仲任齐相约100年之后，到了春秋后期，周王室更加衰微，诸侯兼并战争更加频繁，齐国内忧外患。晏婴任齐相时，在重礼的同时更加重法。晏婴赋予"周礼"很高的地位，他说，"礼之可以为国也久矣，与天地并"（《左传·昭公二十六年》），"无礼而能治国家者，婴未之闻也"（《晏子春秋·内篇谏下》）。但是，晏婴也继承了齐国"因其俗、简其礼"的传统，主张改革周礼中"盛容饰，繁登降之礼，趋详之节，累世不能殚其学"的繁文缛节，认为只要做到"大者不逾闲，小者出入可也"（《晏子春秋·内篇杂上》）。在重礼的同时，又在管仲赏罚思想的基础上，提出了"以常法治国"的主张。他主张，"国无常法，民无经纪，则乱；国有常法，民有经纪，则治"，"诛不避贵，赏不遗贱"（《晏子春秋·内篇问上》）。尤其是晏婴的"不与君行邪"思想，在主张尊君的同时又依法限制君主的权力，具有历史进步意义。

3. "德""刑"相济的思想

齐法家重视德治、重视刑赏，这在一定程度上与儒家思想相似。西周初年的"以德配天""明德慎罚"的治理思想和实践，构成了齐法家和儒家"德刑"思想的共同源头。

首先，齐法家继承了西周初期"以德配天""敬天保民"的德治思想，但淡化了"以德配天"的神权思想，把重心更加务实地放在"以利惠民""商德保民"方面，甚至将其作为施政的首要举措。《管子·五辅》是按照如下逻辑阐述德治的重要性的。其一，国君欲王天下、霸诸侯，首先必须得人心。管子说，"大者欲王天下，小者欲霸诸侯……人不可不务也。此天下之极也"。其二，得人之道，需要以政教引导，形成尊贤尚功、干事创业（政事、人才、经济、军事等）的良好氛围，关键是让臣民得到实惠。管子说："得人之道，莫如利之。利之之道，莫如教之以政，故善为政者，田畴垦而国邑实，朝廷闲而官府治，公法行而私曲止，仓廪实而囹圄空，贤人进而奸民退……于是财用足，而饮食薪菜饶。"其三，国君应当采取什么样的政教措施呢？这就是"德有六兴"，所谓"六兴"，一是厚其生，二是输之以财，三是遗之以利，四是宽其政，五是匡其急，六是振其穷。从"德有六兴"及其具体举措看，涉及土地农耕、工商之业、基础设施、轻赋薄刑、弱势群体、民生保障等，重心就在于让人民群众安稳地过上好日子。

其次，齐法家继承了西周初期"明德慎罚"的思想，但在德刑关系上，既不像儒家那样强调"德主刑辅"，也不像秦晋法家那样"去德务刑""严刑峻法"，而是主张将二者结合，所谓"教训成俗""宽刑省禁"。齐法家的德刑结合思想实际上是礼法结合思想的延伸。一方面，齐法家系统阐述了"德"与"礼""法""刑"的关系。在"德""礼"关系上，齐法家主张通过"礼义"教化来达到德治效果。如《管子·牧民》说，"礼义廉耻"是"国之四维"，"四维不张，国乃灭亡"，"四维张则君令行"。在"德""刑"关系上，齐法家以人性可以通过教化改变为立论基础，认为统治者只要做到"教训成俗"，就可达到"刑罚省数"的效果（《管子·权修》）。在"德""法"关系上，齐法家认为治理国家应当"重法"，但不宜"重力"，不能一味地"以力使"，而应当"以德使"，才能做到"民从之如流水"（《管子·君臣》）。另一方面，齐法家主张要"宽刑省禁"。管仲主张不能对人滥施刑罚，即使对犯有"不用上令""寡功""政不治"等严重罪行的人，也可以给予两次改过自新的机会，所谓"一再则宥，三则不赦"（《管子·立政》）。管仲任齐相时还大力推行"赎刑"改革，即大罪者"甲赎"，轻罪者"盾赎"，从而收到了"甲兵大足"的实效。这些改革措施，与齐法家所说"刑罚不足以畏其意，杀戮不足以服人心。故刑罚繁而意不恐，则令不行矣。杀戮众而心不服，则上位危矣"（《管子·牧民》）的思想是一致的。

4. 选贤任能的思想

周武王伐纣前后，周族也很重视人才，如以姜尚为军师、向箕子问道等。但是，西周王权稳固后大力推行以"亲亲""尊尊"为原则的周礼，从制度层面上转向了"任人唯亲"。不过作为周王室异姓诸侯封国的齐国从建国伊始就面临东夷地区复杂的政治形势，姜太公将"举贤而尚功"作为建国方针，这开了齐国重视人才的传统。

管仲在辅佐齐桓公的过程中,继承了齐国重视人才的传统。《史记·齐太公世家》载:"桓公既得管仲……连五家之兵,设轻重鱼盐之利,以赡贫穷,禄贤能,齐人皆说(悦)。"管仲任齐相,其人才政策包括两个方面。一是以"三选"为特征的人才选拔制度。据《国语·齐语》载,"三选"即由乡长进贤、官长选贤、君主考察用贤构成的三级人才选拔制度。管仲还将举荐人才列入官员政绩考核,怠于履责的还要追究"弊贤"之罪。二是"用人之长"的人才使用政策。据《管子·小匡》载,管仲曾举"决狱折中,不杀不辜,不诬无罪"的宾胥无为大司理,保举"犯君颜色,进谏必忠,不辟死亡,不挠富贵"的东郭牙做大谏之官等,做到才尽其用。正是得益于这种选贤任能的人才政策,齐桓公终于完成了霸业。葵丘会盟时,齐国与各诸侯国的盟约中就有"尊贤让才,以彰有德"的思想。❶ 这种选贤任能的人才政策,与传统上用人唯亲、世卿世禄的用人制度相比是一个重大革新。

晏婴继承了太公、管仲以来重视人才的传统,他在《晏子春秋·内篇问上》中指出,"举贤以临国,官能以敕民,则其道也。举贤官能,则民与若矣";而且,判断贤才要坚持德才兼备的标准,"通则视其所举,穷则视其所不为,富则视其所不取"。他也承继了管仲用人惟长的思想,强调用人应当扬长避短,"任人之长,不强其短;任人之工,不强其拙。此任人之大略也"。

到了战国时期,齐法家进一步把人才问题上升到关系霸王之业能否成功的高度。如《管子·权修》说:"夫争天下者,必先争人。明大数者得人,审小计者失人。得天下之众者王,得其半者霸。"还说,国君并不是缺乏可用之才,而是没有找到发现人才的方法。《管子·牧民》说,"天下不患无臣,患无君以使之。"为此,《管子·立政》还提出一套"什伍以征"的求贤方式,即凡是孝悌、忠信、贤良、俊才之人,从最基层的"什伍"开始,逐级上报至中央,"三月一复,六月一计,十二月一著"。在用人方法上,齐法家的思想日趋系统化,《管子·立政》提出"三本""四固"的用人标准。治国有三本,"一曰德不当其位,二曰功不当其禄,三曰能不当其官。此三本者,治乱之原也"。安国有四固,"一曰大德不至仁,不可以授国柄;二曰见贤不能让,不可与尊位;三曰罚避亲贵,不可使主兵;四曰不好本事不务地利,而轻赋

---

❶ 杨伯峻:《孟子译注》,中华书局1960年版,第287页。

敛不可与都邑。此四务者，安危之本也"。

5. 君民关系思想

在西周礼制中，周王与诸侯、诸侯与卿大夫等都受到"亲亲""尊尊"的礼仪束缚。在君民关系中，周公已经意识到，"天不可信，我道惟宁（文）王德延"，所以与敬天敬鬼神相比，更加重视敬德保民，"其汝克敬德，明我俊民"（《尚书·君奭》）。在春秋时期，这一思想得到更加深刻的认同，如郑国子产说"天道远，人道迩，非所及也"（《左传·昭公十八年》），孔子说"未能事人，焉能事鬼"（《论语·先进》），这些都彰显了人本主义。

正确认识齐法家的民本思想，须首先将其放在当时的国家治理逻辑之中。《管子·牧民》开篇就提出，"凡有地牧民者，务在四时，守在仓廪"。因此，其关于人民的思想，是站在"有地牧民者"（诸侯国君）的立场上，讨论如何治理人民的。具体来说，齐法家形成了系统的"重民""顺民""爱民""富民""用民"的思想。

其一，"重民"思想。齐法家认为，民为立国之基、强国之本，民心向背事关国家安危。一方面，认为国君欲王霸天下，首先要以人为本。管仲曾对齐桓公说，"夫霸王之所使也，以人为本"（《管子·霸言》），"齐国百姓，公之本也"（《管子·霸形》），"城郭沟渠，不足以固守；兵甲强力，不足以应敌……惟有道者，能备患于未形也"（《管子·牧民》）。另一方面，国君失去民心，则国家危亡难保。春秋末期，齐景公曾问如何使国家长治久安，晏婴答曰，"明王不徒立，百姓不虚至。今君以政乱国、以行弃民久矣，而欲保之，不亦难乎"；然后盛赞了桓公、管仲的"任贤而赞德"之治，说如果人民群众与君王一心，即便"行远征暴，劳者不疾，驱海内使朝天子而诸侯不怨"（《晏子春秋·内篇谏上》）。

其二，"顺民"思想。既然民心向背事关国家安危，那么治国者就必须了解民心向背，重视人民需求，施政措施要顺应民心。《管子·牧民》认为，"政之所兴，在顺民心；政之所废，在逆民心"。如何顺应民心呢？齐法家从民之好恶角度，提出了从其"四欲"、去其"四恶"的施政策略，即"民恶忧劳，我佚乐之；民恶贫贱，我富贵之；民恶危坠，我存安之；民恶灭绝，我生育之……故从其四欲，则远者自亲；行其四恶，则近者叛之"。换言之，统治者的施政目标应该是让人民过上幸福快乐、富足尊贵、安居乐业、生生不息的生活。

其三,"爱民"思想。既然民为立国之基、强国之本,那么统治者就要爱民。晏婴说,明君治国均为"其政任贤,其行爱民","苟持民矣,安有遗道!苟遗民矣,安有正行焉"(《晏子春秋·内篇问下》)。《管子·权修》中主张,爱民就要爱惜民力,"地之生财有时,民之用力有倦,养无穷之君,而度量不生于其间,则上下相疾也……故取于民有度,用之有止"。这既是说,统治者不要过穷奢极欲的生活,要节俭,要轻徭薄赋,用民有度,与民休息。《管子·法法》还揭示了不惜民力的严重后果,"君有三欲于民……一曰求,二曰禁,三曰令。求必欲得,禁必欲止,令必欲行……求而不得,则威日损;禁而不止,则刑罚侮;令而不行,则下凌上"。

其四,"富民"思想。齐法家认为,人民生活富足,社会秩序才会安定,"仓廪实而知礼节";如果人民衣食无着、饥寒交迫,就会铤而走险、违法犯罪,甚至发动骚乱叛乱。这时,"以法随而诛之,则是诛罚重而乱愈起"(《管子·治国》)。这表明,齐法家对严刑峻法止乱的策略是极度不认可的,只能产生适得其反的效果,"刑罚繁而意不恐,则令不行矣;杀戮众而心不服,则上位危矣"(《管子·牧民》)。所以,消灭乱的根源,就要富民。这正是《管子·牧民》开篇就对统治者提出的谆谆教诲,"凡有地牧民者,务在四时,守在仓廪。国多财,则远者来;地辟举,则民留处;仓廪实,则知礼节;衣食足,则知荣辱;上服度,则六亲固;四维张,则君令行"。这一思想与齐太公时期的"通工商鱼盐之利"的建国方针是有传承关系的,也是对齐国通过"富国强兵"率先称霸诸侯的经验总结。

其五,"用民"思想。齐法家重民、顺民、爱民、富民,目的是用民,最终服务于帮助君主维护国家安定、追求富国强兵的目标,具有一定的功利性。《管子·法法》一语道破天机,"计上之所以爱民者,为用之爱之也"。如何才能有效地用民呢?齐法家认为,如果通过"毁法亏令"的方法爱民,则"失所谓爱民矣"(就失去了爱民的意义);如果通过爱民的方法来用民,"则民之不用明矣"(老百姓很明显不会服从)。齐法家所主张的"用民之道"是什么呢?首先,用民的最高境界是"以道治国"。即"明王在上,道法行于国,民皆舍所好而行所恶",如果到了这种境界,即便杀之、危之、劳之、苦之、饥之、渴之,老百姓也会奋不顾身地听从王令。其次,用民的基本原则是"信赏必罚"。这就要求,君主必须以法令取信于民。"立法信必而善于用民，即是爱民，是乃以用民之道爱民。如反之，则是以姑息之道用民，则民不为用矣。"❶还要求，"轩冕不下拟，而斧钺不上因"（《管子·法法》），也就是说，赏赐不打折扣，刑罚不任意加重。如果君主做到了这些，就会达到"贤者劝而暴人止""功名立其后"的效果，具体来说就是，"蹈白刃，受矢石，入水火，以听上令；上令尽行，禁尽止。引而使之，民不敢转其力；推而战之，民不敢爱其死。不敢转其力，然后有功；不敢爱其死，然后无敌"。需要说明的是，齐法家的"用民之道"虽然有功利性，但并不是强力驱使人民，而是通过以赏劝民、以刑禁民的手段让老百姓趋利而为，达到贯彻君主称王称霸的政治目标。

三、春秋时期的孔孟儒家

（一）鲁学与儒家

在春秋时期，儒家是诸子百家学派之一，彼时并无齐学、鲁学之谓。不过自战国时期始，不仅齐国出现了兼容并包的稷下学（广义上的齐学），就连儒家内部在传承中也出现了分化。❷至西汉宣帝时，已出现儒家的齐学、鲁学支系命题。如《汉书·儒林传》载："宣帝即位，闻卫太子好《谷梁春秋》，以问丞相韦贤、长信少府夏侯胜及侍中乐陵侯史高，皆鲁人也，言谷梁子本鲁学，公羊氏乃齐学也。"❸但从学术思想史看，"齐学、鲁学之分，源于西周，起自春秋，烈于战国，沿及汉代。……追溯二学渊源，可至齐鲁建国"❹。作为儒家流派的齐学、鲁学，也可追溯至春秋时期孔子，甚至更早时代的"儒"。

---

❶ 郭沫若：《管子校注》，载《郭沫若全集》（历史编第五卷），人民出版社1984年版，第393页。
❷ 例如，围绕孔子晚年编修的《春秋》，小邾国人左丘明、齐国人公羊高、鲁国人谷梁赤分别进行注解，形成《左氏传》《公羊传》《谷梁传》，但各自呈现的儒家观点已有明显的差异。
❸ 班固：《汉书》，中华书局1962年版，第3618页。
❹ 蔡德贵：《齐学、鲁学与稷下学宫》，《东岳论丛》1987年第3期。

1. "儒"的渊源

"儒"是何意、从何而来？近人章太炎说"儒"作"需"，是求雨的巫师；胡适在《原儒》中说儒是"殷商的教士"，以"治丧相礼"为业。❶ 在殷商甲骨文中，"需"字即原始的"儒"。据甲骨卜辞，商王武丁时期有一名子姓（王族姓氏，名父辛）的近侍，经常参与商王的宾祭典礼、祭祀人鬼（祖先）和接待宾客活动，以其官职尊称"子需"。❷ "殷人尊神，率民以事神，先鬼而后礼"（《礼记·表记》）。这表明，殷商时代已有"需"这种王室官职，由通晓祭祀、典礼、礼仪方面知识的人担任。

周灭商后，以礼乐文化取代鬼神文化，设置官学，重视教化。从文献记载看，"儒"这种职业仍然存在，很可能是传授六艺（礼、乐、射、御、书、数）的官学教师。西周的官学包括国学和乡学，（1）国学是在周王城和诸侯国设置的学校（分别称为辟雍、泮宫），是国子入学之所。国学分小学和大学，幼童入小学，成童入大学。《周礼·春官》中有"大司乐"之职，"掌成钧之法，以治建国之学政，而合国之子弟焉"。郑玄注曰："国之子弟，公卿大夫之子弟当学者，谓之国子。"负责国学教育者，除"大司乐"外，还有"师"和"儒"。《周礼·天官·太宰》载："以九两系邦国万民……三曰师，以贤得民；四曰儒，以道得民。"郑玄注曰："师，诸侯师氏，有德行以教民；儒，诸侯保氏，有六艺以教民者。"这里的"师"和"保"，都是西周官学里的教师，前者侧重于德行教化，后者侧重于六艺传授。（2）乡学是在王城、国都之外的四郊设置的学校，"乡有庠，州有序，党有校，闾有塾"。❸ 这种乡学，与西周的"国野乡遂"（参见本书第六章第五节）制度是相呼应的。《周礼·地官·大司徒》载，大司徒之职，"以本俗六安万民……四曰联师儒，五曰联朋友，六曰同衣服"。郑玄注曰："儒，乡里教以艺者。"可见，在乡学从事教育工作的也是师与儒。

东周以降，周王室衰微，诸侯群起争霸，礼崩乐坏，原有的国学和乡学体制遭到破坏。在这种情况下，没落的贵族，掌管典册的巫、史、祝、卜等

---

❶ 马得禹：《关于儒家起源的三个问题》，《社科纵横》2005年第1期。
❷ 徐中舒：《甲骨文中所见的儒》，《四川大学学报》（哲学社会科学版）1975年第4期。
❸ 王进锋：《西周学校的等级体系、升汰机制与学员出路》，《文史哲》2021年第5期。

文化官员，以及在国学、乡学中从事教育的师和儒等，各自际遇不同，不断分化。其中一部分仍然在周王室和诸侯国担任官职，过着衣食无忧的生活；另一部分开始著书立说、办私学谋生，成为饱学的"大儒"或"君子儒"；还有一部分则沦落民间，提供"治丧相礼"等服务，成为人们所称的"俗儒""陋儒"或"小人儒"。这种状况不仅在春秋时期是一种常态，战国时期也十分常见。这也正是孔子教导弟子要"为君子儒，勿为小人儒"（《论语·雍也》）的话语背景。战国时期的荀卿在《荀子·儒效》中说，"通则一天下，穷则独立贵名"，能够"知通达类""以一持万"的，谓之"大儒"（君子儒）；以周公、孔子、子弓为"君子儒"的代表。而"小人儒"（小儒、俗儒、陋儒），则以治丧、相礼为业。战国时期，诸子对小人儒多有批判。如墨子说，这些儒"贪于饮食，惰于作务……富人有丧，乃大说（悦），喜曰：'此衣食之端也'"（《墨子·非儒》）。荀子说这些儒简直就是"恶少"，"偷儒惮事，无廉耻而嗜乎饮食"（《荀子·修身》）；是俗儒，因为他们"呼先王以欺愚者而求衣食"，"然若终身之虏而不敢有他志"（《荀子·儒效》）。在这种群儒混杂的时代，儒经常被贬称为"术士"之流，故许慎《说文解字·人部》说"儒，柔也，术士之称"，唐代颜师古注《汉书·司马相如传》称"凡有道术者皆为儒"❶——但这主要是儒家所谓的"小人儒"，不是儒这个群体的全部。

2. 孔学的诞生

在春秋时期，孔学就是儒学，儒学就是鲁学。孔子不仅自己饱学六艺，还率先举办私学、广收门徒，游历列国推广自己的学说，使儒学成为当时最有影响力的诸子学说。《韩非子·显学》中说："世之显学，儒墨也。儒之所至，孔丘也。"

孔子（公元前551年至公元前479年），子姓，孔氏，名丘，字仲尼，鲁国陬邑（今山东省曲阜市）人，祖籍宋国栗邑（今河南夏邑县）。孔子三岁时，父亲病逝，随母亲颜氏过着清贫的生活。15岁时开始立志学习，此即孔子所说"吾十有五而志于学"（《论语·为政》）。曾做"委吏"（管理仓库）、"乘田"（管理畜牧），此即孔子所说"吾少也贱，故多能鄙事"（《论语·子

---

❶ 马德禹：《关于儒家起源的三个问题》，《社科纵横》2005年第1期。

罕》)。20岁以后,孔子的学问已闻名四方,开始办私学、收弟子。30岁以后的孔子已天下闻名,鲁国孟懿子和南宫敬叔曾向其学礼,齐景公曾问政于孔子。48岁时,退而修《诗》《书》《礼》《乐》;52岁后陆续任鲁国的中都宰、小司空和大司寇。56岁时带领众弟子离开鲁国,在卫、曹、宋、郑、陈、蔡、楚等七国游历14年,推广其治国学说,但不受重视。鲁哀公十二年,孔子已69岁,自卫返鲁,是时道衰乐废,孔子正乐,"《雅》《颂》各得其所"(《论语·子罕》)。然后,孔子有感于平生之学未能付诸实践,说"我欲载之空言,不如见之于行事之深切著明也"(《史记·太史公自序》),遂开始编修《春秋》以存王道。❶

孔子并非贵族出身,未曾上过官学,亦非官学中的"师"或"儒"。孔子的学问从何而来呢?概括来看,孔子的求学之道有四。(1)生于"礼乐之邦",自幼耳濡目染。据《左传》载,鲁襄公二十九年,吴公子季札到鲁观乐,叹为观止。鲁昭公二年,晋大夫韩宣子访鲁,观书后赞叹"周礼尽在鲁矣"。孔子对周礼由衷地认可,他说,"周监于二代,郁郁乎文哉!吾从周"(《论语·八佾》)。生活在这样的礼乐之国,孔子就是在周礼的浸润下成长的,"孔子为儿嬉戏,常陈俎豆,设礼容"(《史记·孔子世家》)。孔子15岁,母亲请人带他去鲁国太师处学习礼仪乐器使用方法和典礼程序。孔子17岁,他知礼懂礼好礼的名声便远近闻名了。孔子20岁生子,鲁昭公还专门派人送鲤鱼贺喜。(2)敏而好学,自学成才。据《论语·子张》载,卫公孙朝也曾问孔子的学问从何而来,子贡的回答是,"文武之道,未坠于地,在人。贤者识其大者,不贤者识其小者,莫不有文武之道焉。夫子焉不学?而亦何常师之有?"也就是说,孔子没有固定的老师,但周文王、武王的治国之道仍存于世,贤德之人自然可以领略其中的大道理。孔子自己也说,"我非生而知之者,好古,敏以求之者也","述而不作,信而好古,且比于我老彭"(《论语·述而》)。(3)勤学好问,学而不厌。孔子说,"三人行,必有我师焉。择其善者而从之,其不善者而改之"(《论语·述而》)。孔子不仅这么说,也

---

❶ 孔子于晚年编修《春秋》,一改早年"述而不作"的传统,他对此也是惴惴不安,说"知我者其惟《春秋》乎!罪我者其惟《春秋》乎!"(《孟子·滕文公下》)。但司马迁对《春秋》一书赞不绝口,他在《史记·太史公自序》中说:"夫《春秋》,上明三王之道,下辨人事之纪,别嫌疑,明是非,定犹豫,善善恶恶,贤贤贱不肖,存亡国,继绝世,补弊起废,王道之大者也。"还说,"《礼》以节人,《乐》以发和,《书》以道事,《诗》以达意,《易》以道化,《春秋》以道义。拨乱世反之正,莫近于《春秋》"。

是这么做的。如孔子 27 岁时,任鲁国小官,适逢郯子来鲁,"仲尼闻之,见于郯子而学之",请教郯子"少皞之国"的官制(《左传·昭公十七年》)。再如鲁昭公二十四年,孔子 34 岁,专门到成周洛阳"问礼于老聃,访乐于苌弘,历郊社之所,考明堂之则,察庙朝之度,于是喟然曰:'吾乃今知周公之圣,与周之所以王也'","自周反鲁,道弥尊矣。远方弟子之进,盖三千焉"(《孔子家语·观周》)。(4)全身心投入,终身学习。《论语·述而》记载了三件事,一是叶公问子路,孔子是什么样的人,子路不答,孔子说,"女(汝)奚不曰:其为人也,发愤忘食,乐以忘忧,不知老之将至云尔"。二是孔子曾到齐国,"子在齐闻《韶》,三月不知肉味"。三是孔子晚年开始学《易》,并说,"加我数年,五十以学易,可以无大过矣"。正是鲁国的礼乐文化氛围及敏而好学、孜孜不倦的精神,造就了一代宗师——孔子,在鲁国一元独尊的儒学也由此诞生。

3. 孔子之后的儒家

孔子之前,有儒,但不存在儒家;孔子之后,社会上既有儒,也有儒家。儒家形成之初,孔子是儒家学派的象征,尚不存各种儒家分支学派,但随着孔子办私学传弟子,儒家思想在社会上传播开来,在内部也开始形成若干流派。

据《史记·孔子世家》载,孔子有弟子三千,其中精通六艺者七十二人,又有十人杰出者,被称为"孔门十哲"。《论语·先进》载:"子曰:'从我于陈蔡者,皆不及门也。德行:颜渊、闵子骞、冉伯牛、仲弓;言语:宰我、子贡;政事:冉有、季路;文学:子游、子夏。'"孔门弟子中,成为各诸侯国高官栋梁的不在少数。据《史记·儒林列传》载:"自孔子卒后,七十子之徒散游诸侯,大者为师傅卿相,小者友教士大夫。"

战国时期,又涌现出一批杰出的儒家代表人物,有"五圣八儒"之说。"五圣",是指孔子、颜渊、曾子、子思、孟子。其中,孔子作为儒家学派的创始人,被后世尊为"至圣";颜渊(颜回),孔子弟子,被尊为"复圣";曾参,孔子弟子,被尊为"宗圣";子思,孔子之孙、曾子弟子,被尊为"述圣";孟子,被尊为"亚圣"。儒家八派,被韩非子称为"八儒"。《韩非子·显学》载,孔子之后儒分为八,"有子张之儒,有子思之儒,有颜氏之儒,有孟氏之儒,有漆雕氏之儒,有仲良氏之儒,有孙氏之儒,有乐正氏之儒"。其中，子张（颛孙师）、漆雕氏（漆雕开）为孔子弟子，子思即孔子之孙孔汲，孟氏即孟轲，孙氏即荀况（孙卿），以上五派的代表人物是明确的；其余三派代表人物尚难判定。先秦儒家影响最大者为孔、孟、荀，但战国时期的荀子思想已呈现出明显的儒法交融特征。

（二）孔孟儒家的伦理法思想

孔子和孟子，一个生于春秋晚期的鲁国，创立儒家学派；一个生于战国中期的邹国（又名邾国，鲁国附庸国），传承儒家学派。孟子是孔子之后、荀子之前儒家最具代表性的人物，后人尊孔子为"至圣"，尊孟子为"亚圣"，合称"孔孟"。也因此，儒家又被称为"孔孟之学"，鲁文化又称"邹鲁文化"。孔、孟二人有诸多共性，均从祖上贵族沦落为庶民，少年清贫，自学成才，倡导以仁义礼法兴国，生逢乱世但竭力有所作为。孟子对孔子最为推崇，将孔子与尧、舜、禹、商汤、周文王相提并论，并感叹道，"由孔子而来至于今，百有余岁，去圣人之世若此其未远也，近圣人之居若此其甚也，然而无有乎尔，则亦无有乎尔"（《孟子·尽心下》）。显然，孟子将自己视作孔学的继承人，但亦有理论上的发展创新。

1. 孔孟思想的逻辑

孔子从少年学礼、青年办私学，到中年周游列国、推广其治国学说，最后老而返鲁编修《春秋》，尽将其礼法思想寄寓其中。孔学的问题意识植根于春秋时期"礼崩乐坏"的历史背景。《史记·太史公自序》清楚地揭示了这一点："《春秋》之中，弑君三十六，亡国五十二，诸侯奔走不得保其社稷者不可胜数。察其所以，皆失其本已。"这正是孔子修史明志、匡正治国之道的初衷，即"是非二百四十二年之中，以为天下仪表，贬天子，退诸侯，讨大夫，以达王事而已矣"。所以，孔子学说的根本出发点就是探索治国的理想之道，这个道就是王道、先王之道。

孔子理想中的社会治理状态是"大同"，以"天下为公，选贤与能，讲信修睦""谋闭而不兴，盗窃乱贼而不作"（《礼记·大同》）等为基本特征。这种理想来源于对"先王之道"的观察思考，也就是"祖述尧舜，宪章文武"（《礼记·中庸》）。怎么达成先王之道呢？孔子认为，春秋时期治理失败、礼崩乐坏的根本原因，就是不再将"礼"作为治国方略。欲达成先王之道，关键是"克己复礼为仁。一日克己复礼，天下归仁焉"（《论语·颜渊》）。不过，"孔子并不是复古主义者，他言说的礼法并不是西周时期礼法规范的纯然翻版，也非春秋贵族引以为荣的各种礼仪，而是经其损益的新型礼法"❶。这种新型礼法学说以"仁"为核心，孔子坚持"以仁释礼""以仁正礼"，为礼法规范寻求人性根基、道德根基、情理根基，最终完成了对周公"德礼统一"思想的扬弃，也完成了对春秋时期"重仪轻礼"的礼法形式化的"拨乱反正"。

孟子在孔子"仁"的思想基础上，进一步以"人性本善"的人性论为基础，推导出"仁政""民本"和"王道"思想。孟子仁政思想的核心，即君主对人民要有深切的同情和爱心，主要体现在养民和教民上。孟子将"仁政"视为解决国家治理困境的关键，"当今之时，万乘之国行仁政，民之悦之，犹解倒悬也"（《孟子·公孙丑上》）。孟子民本思想的核心，即民贵君轻思想，"民为贵，社稷次之，君为轻"（《孟子·尽心下》）。"王道"是孟子提出的国家治理学说的理想目标，通过民本和仁政的实施，可以实现"保民而王"的王道目标。《孟子·梁惠王上》记载了齐宣王与孟子的一番对话，宣王请孟子谈一谈齐桓公、晋文公称霸的往事，孟子说"仲尼之徒，无道桓文之事"，据此可以明显看出孟子对于霸道的不屑一顾；孟子所倡导的是王道，"保民而王，莫之能御也"。换言之，只要爱护百姓，推行王道，就没有谁能够阻挡国家的发展。

2. 以礼治国

儒家重礼、不言法，那么儒家有法律思想（法律文化）吗？

如果从"法家"或现代"法治"意义上说，孔孟并未构建起法治的思想体系。但从国家治理的实质看，儒家也有法律（治理）思想，只不过是通过"礼""刑"体现出来的。从行为规范（行为模式）意义上，儒家称"礼"不称"法"；从强制性后果意义上，儒家称"刑"不称"法"。所以，当时的"礼、刑"相加，才相当于当今意义上的法。因此从国家和社会治理的意义上，可以认为"礼"实质上就是法。孔子说，"礼者何也？即事之治也。君子

---

❶ 胡启勇：《先秦儒家法伦理思想研究》，民族出版社 2012 年版，第 208 页。

有其事，必有其治。治国而无礼，譬犹瞽之无相与？……若无礼，则手足无所措，耳目无所加，进退揖让无所制"（《礼记·仲尼燕居》）。孔子认为，"礼"对于国家治理和社会秩序安定极其重要，"礼之所兴，众之所治也；礼之所废，众之所乱也。……昔圣帝明王诸侯，辨贵贱、长幼、远近、男女、外内，莫敢相逾越，皆由此涂出也"（《礼记·仲尼燕居》）。从这个意义上说，儒家强调的治国方略是"以礼治国"。

儒家"以礼治国"的思想有哪些特质呢？

首先，以礼治国，性质上属于伦理之治，这是从礼的属性而言的。儒家主张的礼，直接来源于以宗法等级制为根基的周礼，[1] 具有鲜明的伦理法特质。这里所说的"伦理法"，是指儒家的"礼"是以家族为社会基础、以宗法等级制为制度基础、以宗法等级关系确定人的行为规则的规范体系。它具有几个特征：一是根据宗法家族伦理构建法文化体系；二是宗法家族伦理被视为法的渊源、法的价值；三是在政治生活和社会活动中，宗法伦理与礼法规则之间没有明确的界限，伦理既融于礼之中，又凌驾于礼之上。[2] 有的学者基于法律进化的立场，认为法的起源都遵循"从道德到法律"的过程。[3] 按此说，则伦理法就是尚未褪去道德训条的法律，以"礼"的形态呈现。齐景公曾请教如何治理国家，孔子曰，"君君，臣臣，父父，子子"（《论语·颜渊》）。孔子所谓的"君臣父子之礼"，与西周宗法礼制并无本质的区别；但也有改造，孔子已不将其局限于贵族集团内部的伦理（所谓的"礼不下庶人"），而是扩展至一般社会成员的普世伦理。到孟子时，更是将礼明确扩展于五种"人伦"，即"父子有亲，君臣有义，夫妇有别，长幼有序，朋友有信"（《孟子·滕文公上》）。促进伦理法的世俗化、扩张化，是儒家礼治思想的一个重要特征。

其次，以礼治国，本质上是教化之治。在春秋时期，"法"字已不鲜见

---

[1] 以嫡长制继承制为核心的西周宗法制，贯穿的基本指导思想便是"亲亲""尊尊"的周礼原则，周天子、诸侯、卿大夫、士这种国家统治关系中强调"尊尊"，嫡长制、庶子形成的大宗、小宗及其家庭成员之间强调"尊尊"，宗族经由分封制又形成"家国同构"关系，亲亲、尊尊在国家治理和家族治理之中又交互适用。
[2] 俞荣根：《儒家法律思想通论》，广西人民出版社1992年版，第134页。
[3] 胡旭晟：《法的道德历程》，法律出版社2003年版，第19页。

（尤其是在齐法家那里），但在孔孟看来并不存在独立于"礼"之外的法。[1]在"礼""法"关系上，齐法家主张"重礼尚法""礼法并用"，重礼以维稳，尚法以治事，即通过刑赏达到干事创业、富国强兵的效果，最后实现王天下、霸诸侯的政治目标。但在孔孟看来，这是不可取的。在《论语·为政》中，孔子一方面要求统治者"为政以德"，力求德化天下、不战而王，正所谓"为政以德，譬如北辰，居其所而众星共（拱）之"；另一方面反对刑赏之治，认为统治者以德教化老百姓，治理效果更好，"道之以政，齐之以刑，民免而无耻。道之以德，齐之以礼，有耻且格"。需要说明的是，儒家强调德化教育，既强调统治者要修德、实施德政，也强调老百姓要守礼、修身，但并不放弃刑政，只不过不将刑政作为首要或主要治理策略而已。孔子赞同一种"先教后刑"的治国方略，"圣人之治化也，必刑政相参焉。太上以德教民，而以礼齐之，其次以政焉。导民以刑禁……化之弗变，导之弗从，伤义以败俗，于是乎用刑矣"（《孔子家语·刑政》）。可见，在德刑关系上，齐法家走向了扬弃之路，在礼法并用的基础上重视刑赏之治；儒家则走向了传承之路，在以礼治国的常治方略前提下，发展了"德主刑辅"的思想。

再次，"礼"既用于治国，也用于治事。孔子说："礼者何也？即事之治也。君子有其事，必有其治。治国而无礼，譬犹瞽之无相与？伥伥其何之？"（《礼记·仲尼燕居》）因此，居家有长幼之礼，闺门有三族之礼，朝廷有官爵之礼，田猎有戎事之礼，军旅有武功之礼，此外，宫室、量鼎、食味、音乐、驾车、鬼神、丧纪、辩说、为官、政事各有其礼。在这一方面，儒家也与齐法家形成差异，齐法家在任人政事方面走向了以法治国（刑赏之治），且发展出"事断于法""令尊于法""君臣上下皆从法"的治理思想。

最后，"礼"治的实施过于依赖个人的自觉。孔子说："克己复礼为仁。一日克己复礼，天下归仁焉。为仁由己，而由人乎哉？"因此，每个人都要养成遵礼的自觉，"非礼勿视，非礼勿听，非礼勿言，非礼勿动"（《论语·颜渊》）。如果全社会都自觉守礼，则礼治就实现了，也就天下归仁了。《论语·八佾》曾记载一个故事：鲁卿季孙氏在他家庙的庭院里用八佾奏乐舞蹈（按

---

[1] 在儒家体系中，第一个将"礼"与"法"合称"礼法"者，是战国时期的荀子。《荀子·修身》说："故学也者，礼法。"《荀子·王霸》说："礼法之枢要也。"《荀子·成相》说："治之经，礼与刑，君子以修百姓宁。"儒家由"礼"到"礼法"用语的改变，是荀子在齐法家影响下对儒家思想进行改造的结果。

周礼，季氏作为卿只能用四佾，周朝天子才能用八佾），孔子听说后痛斥道，"八佾舞于庭，是可忍也，孰不可忍也"。这也表明，"礼"作为一种国家治理规范，缺乏必要的强制力保障，更多依赖公共舆论监督；如果贯彻"出礼入刑"，则势必走向"刑礼合一""严刑峻法"，这又是儒家不愿意面对的，也是儒家礼治思想的致命缺陷。从某种意义上说，西周的"礼乐文化"主要依靠王室的政治军事实力和诸侯的弱小形成的反差予以维护，东周以降的"礼崩乐坏"固然有王室、诸侯实力逆转的因素，但缺乏强制力保障的"礼治体系"崩塌也有其必然性。

3. 君民关系

儒家强调尊君、忠君，但并没有将君王置于至高无上、不受制约的绝对权威地位，而是在君与臣、君与民等相互对应的关系中确定各自的权利义务。在此基础上，产生了具有进步意义的君臣之道、民本思想。

（1）君臣之道。

孔子说，"君使臣以礼，臣事君以忠"（《论语·颜渊》）。这涉及两个方面的问题：

第一，如果君无道，该怎么办？孔子反对对君主的"愚忠盲从"行为，要求"以道事君"。《论语·先进》说："大臣者，以道事君，不可则止。"如果君主有过，臣下不应该媚上，而应该敢于犯上直谏，即"无欺也，而犯之"（《论语·宪问》）。如果世道混乱，入仕无法行善道，则不必强行入仕，更不可助纣为虐。在《论语·泰伯》中，孔子系统阐述了这种"守善道"的思想，"笃信好学，守死善道；危邦不入，乱邦不居；天下有道则见，无道则隐。邦有道，贫且贱焉，耻也；邦无道，富且贵焉，耻也"。这里表达的，其实是一种"事君以忠，且事君以善"的思想。

第二，如果臣乱道，该怎么办？按照君臣之礼，臣应该有做臣的样子，应该守礼。《礼记·中庸》引孔子曰："非天子不议礼，不制度，不考文。虽有其位，苟无其德，不敢作礼乐焉。虽有其德，苟无其位，亦不敢作礼乐焉。"这里表达的，其实是一种圣王立法的思想，君王无德不宜制礼作乐，诸侯更加不能僭越天子制礼作乐的权力，否则就违礼。《论语·季氏》说："天下有道，则礼乐征伐自天子出；天下无道，则礼乐征伐自诸侯出……天下有道，则政不在大夫。天下有道，则庶人不议。"如果臣乱道，则当然应以刑禁之。

(2) 民本思想。

据孔子所编修的《尚书》记载，夏商时期，基于"天命王权"的神权说还是主流，但已经初步认识到民意的重要性。如禹时期，皋陶曾说，"天聪明，自我民聪明；天明畏，自我民明威。达于上下，敬哉有土"❶（《尚书·皋陶谟》）。夏人在总结"太康失国"的经验时亦说，"皇祖有训，民可近，不可下，民惟邦本，本固邦宁"（《尚书·五子之歌》）。周革殷命时期，周武王进一步否定了"天命王权"的绝对性，在天命中添加了民心民意的因素，强调"天矜于民，民之所欲，天必从之"，"天视自我民视，天听自我民听"（《尚书·泰誓》）。不过，结合当时的社会形态，这里的"民"主要指当时的"方国百姓"，而不是夏商王国一般的民众。

周灭商，虽未建立中央集权式国家，但天下疆土臣民皆归王有的观念已经生成，所谓"普天之下，莫非王土；率土之滨，莫非王臣"（《诗经·小雅》）。周王通过"授土授民"的分封制，将王有的"疆土、庶民"分封给诸侯，至少在法律意义上已经形成大一统的"王、君、臣、民"关系。东周以降，王室衰微，"民"的概念主要是诸侯国君统治下的臣民。孔子所说的"君臣父子之礼"中，"君君、臣臣"已经涉及君臣（民）关系。孔子说"仁者，爱人"，从统治者的角度已经包含"爱民"的思想。孟子进一步发展了民本思想：

第一，提出"民贵君轻"的思想。孟子说："民为贵，社稷次之，君为轻。是故得乎丘（众）民而为天子"（《孟子·尽心下》）。民贵君轻，既是孟子对春秋时期、战国早期周天子不受重视，诸侯争霸的社会乱象的经验总结，也是其"王道"和"仁政"学说的基础，"得民心者得天下"一语道破了社会运行规律。

第二，提出"国君去位"的思想。《孟子·万章下》说，"君有过则谏，反覆之而不听，则去（归隐）"；但又赋予贵戚之臣一项权力，即"君有大过则谏，反覆之而不听，则易位"。何为大过呢？《孟子·尽心下》说："诸侯

---

❶ 大意是：上天考察天子的政治得失，以我们民众的视听为标准；上天对天子的奖惩，也是依从民众的好恶。天意和民意是相通的，要谨慎啊，有国土的君王！

危社稷，则变置。"❶ 按此，则如果诸侯国君危及国家安全，贵族可以将其放逐，另择一贤能者取代之。

第三，提出"暴君放伐"的革命思想。有人认为，这一思想始于孔子。《周易·象传》引孔子的话说："天地革而四时成，汤武革命，顺乎天而应乎人。"这等于承认，殷革夏命、周革殷命都不违礼，是顺应天意、民心的好事。但也有人认为，此一思想晚出，未必是孔子的思想。但不论孔子是否为提出者，孟子确已明确提出。据《孟子·梁惠王下》载，齐宣王曾问孟子："臣弑其君，可乎？"孟子说："贼仁者谓之'贼'，贼义者谓之'残'。残贼之人谓之'一夫'。闻诛一夫纣矣，未闻弑君也。"这是说，背仁的人叫贼，害义的人叫残，同时危害仁和义的人叫作"独夫"，武王伐纣是讨伐独夫的正义之举，不是违反君臣之义的"弑君"行为。"暴君放伐"恐怕是历史上最早为革命起义提供理据的理论了，其背后有民本思想的铺垫。❷

4. 仁政爱民

"仁"的思想，在周礼中并未出现。有学者认为，"仁"源于东夷文化，即从夷人对祖先表达哀思的礼仪（尸祭礼）中，演化出"亲亲相爱"的观念。❸《说文解字·大部》对"夷"解释道，"夷俗仁，仁者寿，有君子不死之国"。《山海经·海外东经》亦载："君子国……其民好让不争。"孔子将"仁"应用于人际关系，谓"仁者，爱人也"（《论语·颜渊》）。孔子关于"仁"的论述多而零散，如"能行五者（恭宽信敏惠）于天下为仁矣"（《论语·阳货》），"谨而信，泛爱众而亲仁"（《论语·学而》），"刚、毅、木、讷，近仁"（《论语·子路》），"仁者必有勇"（《论语·宪问》）等。概括来看，"仁"似乎被定位为一切美德的总称。但是，"仁"在孔子那里只是一种居高临下且呈发散状态的"美德"观念，唯一在国家治理方面的运用就是补

---

❶ 社，土神。稷，谷神。古代帝王或诸侯建国时，都要立坛祭祀"社""稷"，所以，"社稷"又作为国家的代称。

❷ 孟子认为，尧舜之道就是以民为本的仁政，不行仁政就是暴君，"夫仁政，必自经界……是故暴君污吏必慢其经界"，"不以尧之所以治民，贼其民者也"（《孟子·离娄上》）。荀子的观点和孟子如出一辙："天下归之之谓王，天下去之之谓亡。故桀纣无天下，汤武不弑君，由此效之也"（《荀子·正论》）。

❸ 胡启勇：《先秦儒家法伦理思想研究》，民族出版社2012年版，第197、198页。

正了"为政以德"的合理性,❶但还没有形成逻辑清晰的仁学体系。

直到孟子提出"仁政"思想,才将孔子"仁"的思想发扬光大。孟子以"人性论"为逻辑起点,以"仁政王道"为主线,推演出其各种政治思想观点,并以"治国平天下"为逻辑归宿。

什么是"仁","仁"从何来?孟子从饱含人文主义的人性论视角,进行了富有哲学意味的分析。孟子认为,"仁者,人也;合而言之,道也"(《孟子·尽心下》)。《孟子·告子上》进一步认为,人生而有性,人性根于人心,人皆生而有"四心","恻隐之心,仁也;羞恶之心,义也;恭敬之心,礼也;是非之心,智也"。也就是说,仁、义、礼、智就是人区别于动物的人性。孟子主张"性善论","人性之善也,犹水之就下也。人无有不善",即便尧舜也与常人无二致,"人人皆可以为尧、舜"(《孟子·告子下》)。既然人性善,为什么还有违法犯罪之人呢?这是因为人心易失,为此需要礼法引导和伦理教化,"善政不如善教之得民"(《孟子·告子上》)。

在人性论的基础上,孟子提出"仁政""王道"思想。孟子说,"人皆有不忍人之心。先王有不忍人之心,斯有不忍人之政矣"(《孟子·公孙丑上》),不忍人之政,即"仁政"。然后,借古论今,阐明统治者推行仁政的必要性,基本思路就是法先王、行仁政,"尧舜之道,不以仁政,不能平治天下……故曰:徒善不足以为政,徒法不能以自行","三代其得天下也以仁,其失天下也以不仁"(《孟子·离娄上》)。如何做到仁政呢?

(1)要重民。在西周"敬天保民"思想和东周"诸侯争霸"教训的基础上,孟子提出"民贵君轻"的重民和民本思想。孟子认为,君王和诸侯社稷都是可以改朝换代的,唯有人民不可替换,所谓"民为贵,社稷次之,君为轻"(《孟子·尽心下》)。因此,为政之要,首先在于得民,"得天下有道:得其民,斯得天下矣。得其民有道:得其心,斯得民矣。得其心有道:所欲与之聚之,所恶勿施尔也。民之归仁也,犹水之就下"(《孟子·离娄上》)。

(2)要养民。孟子已经意识到,从经济方面保障民生至关重要。滕文公曾请教如何治国,孟子说,"民事不可缓也……民之为道也:有恒产者有恒

---

❶ 事实上,孔子的"为政以德"思想仍然延续了西周的"德刑"思想,偏重于统治者德行操守的示范和教化意义,兼及"德政"与"法令"的关系。如孔子说:"政者,正也。子帅以正,孰敢不正?"(《论语·颜渊》)又说,"其身正,不令而行;其身不正,虽令不从"(《论语·子路》)。但是,孔子并没有直接论述"仁"与"为政以德"的关系。

心，无恒产者无恒心"，"夫仁政必自经界始；经界不正，井地不均，谷禄不平。是故，暴君污吏，必慢其经界。经界既正，分田制禄，可坐而定也"（《孟子·滕文公上》）。另外，农耕、捕鱼、采伐等都要按规律办事，使"民养生丧死无憾，王道之始也"（《孟子·梁惠王上》）。

（3）要教民。养民可保障民生，教民可让民众知礼仪。孟子认为，"谨庠序之教，申之以孝悌之义，颁白者不负戴于道路矣。……七十者衣帛食肉，黎民不饥不寒，然而不王者，未之有也"（《孟子·梁惠王下》）。

（4）要任贤。仁政之道要注意选拔人才，让有才能的人到重要岗位上发挥其才干，这样就能吸引天下俊杰为国效力。"贤者在位，能者在职"，"尊贤使能，俊杰在位"（《孟子·公孙丑上》），则天下之士、商、旅、农皆悦，人民都归从，一定能实现王道。

5. 以情入礼

在儒家伦理法文化中，"情理"占据重要的地位。有学者认为，如果说西方法律以"理性主义"为特征，那么中国儒家伦理法文化则是"情感主义"的。❶ 儒家倡导的情理法文化，是在西周宗法等级制度的基础上形成的，以"亲情""人伦"为基点，扩展至人际交往中的"人之常情"、人的"性情"和政治话语中的"民情"。亲情是核心，但亲情又不限于家族成员之间，在儒家伦理法思想中出现了由亲情扩展及"世情""人之常情"的领域，"要把亲情扩大到世情，不能只拘囿于一家一族"❷。

在儒家思想中，"情"与"礼"是如何互动的呢？

在礼制生成方面，以"情"制礼。儒家通过观察、思考和总结西周礼制形成过程，认为宗法制度、礼乐制度的形成是以"情"为根基的，这种"情"首要的就是"亲情"。如《礼记·礼运》说，"夫礼，先王以承天之道，以治人之情"，"圣王修义之柄、礼之序，以治人情。故人情者，圣王之田也。修礼以耕之，陈义以种之，讲学以耨之，本仁以聚之，播乐以安之"。《礼记·乐记》说："礼乐之说，管乎人情矣。"《礼记·问丧》曰："孝子丧亲，

---

❶ 胡启勇：《先秦儒家法伦理思想研究》，民族出版社2012年版，第143页。
❷ 张晋藩：《中国法律的传统与近代转型》（第三版），中国政法大学出版社2009年版，第103页。

哭泣无数，服勤三年……人情之实也，礼义之经也。非从天降也，非从地出也，人情而已矣。"总之，在孔子"仁"学基础上，儒家伦理法文化充斥着以"仁义"为主轴的道德情感，并成为礼法依据。正如《礼记·中庸》所总结的那样，"仁者，人也，亲亲为大。义者，宜也，尊贤为大。亲亲之杀，尊贤之等，礼所生也"。

在情礼冲突方面，以"情"曲礼。西周时期的礼法制度中，存在"为亲者讳"的伦理原则。据《国语·周语》载，周襄王十二年，曾劝阻晋文公受理卫大夫诉其君的案件，"夫君臣无狱……君臣皆狱，父子将狱，是无上下也"。虽然卫大夫有理，但臣告君不符合"尊尊"的伦理，故不受理。孔子明显继承并发扬了这一思想，《论语·子路》中记载了孔子与叶公的一次思想冲突，叶公说，"吾党有直躬者，其父攘羊，而子证之"；孔子却说，"吾党之直者异于是，父为子隐，子为父隐，直在其中矣"。这一思想，后来发展为"亲亲相隐"的儒家礼法原则。孟子显然也赞同"以情曲礼"的做法，《孟子·离娄上》记载，淳于髡曾问孟子，男女授受不亲是不是你认为的"礼"呢？孟子答是。又问，"嫂溺，则援之以手乎？"孟子说，"嫂溺不援，是豺狼也。男女授受不亲，礼也；嫂溺，援之以手，权也。"这就是孟子的"权衡"思想，在决定具体情况下如何适用"礼"时，常以"情"加以权衡。

四、战国时期齐学、鲁学的交流融合

（一）稷下学宫：齐学、鲁学交流的舞台

东周以降，经过近三百年的诸侯争霸兼并战争，进入了以少数强国为主角的战国时期。"田氏代齐"和"三家分晋"事件严重动摇了周王室维系其统治的礼法秩序根基，也标志着东周历史从春秋阶段过渡到战国阶段。❶ 此

---

❶ "春秋""战国"得名于两部史书的名称：一是孔子的《春秋》，二是刘向的《战国策》。关于年代划分，我国史学界有两种代表性观点：以郭沫若为代表的学者认为，春秋时期始于周平王东迁的公元前770年，战国时期始于《史记》中"六国年表"开始的公元前475年，终于公元前221年秦统一六国。以范文澜为代表的学者则采《资治通鉴》的划分方法，把公元前403年周威烈王册命韩、赵、魏三家列位诸侯，"三家分晋"的完成和"战国七雄"格局的形成作为战国时期开始的标志。参见郭人民：《春秋战国命名和年代的划分》，《史学月刊》1957年第5期。

后，诸侯兼并战争更加残酷，对人才的需求也更加急迫。在此背景下，齐国创办了"稷下学宫"。❶

"稷下学宫"创建于齐威王❷（公元前356年至公元前321年）初年，位于齐国国都临淄城的城门"稷"之下，故得名。稷下学宫既是齐国君主咨询问政和稷下学者议论国事的场所，也是世界上第一所由官方举办、学者主持的高等学府，兼有国家智库和人才培养的功能。❸齐威王创办稷下学宫，根本目的是招揽天下英才，服务其富国强兵、王霸天下的政治目标。正如《说苑·尊贤》所言，"人君之欲平治天下而垂荣名者，必尊贤而下士……致远道者托于乘，欲霸王者托于贤"。齐宣王时，稷下学宫鼎盛一时。《史记·田敬仲完世家》说："宣王喜文学游说之士，自如邹衍、淳于髡、田骈、接予、慎到、环渊之徒七十六人，皆赐列第为上大夫，不治而议论。是以齐稷下学士复盛，且数百千人。"直到秦灭齐国，稷下学宫才衰落解散，历时150年。

稷下学宫最主要的特点是"官方举办，学者主持"，实行"不任职而论国事"，几乎吸引了当时"诸子百家"中的各个学派，如道、儒、法、名、兵、农、阴阳、轻重等。在其兴盛时期，汇集了天下贤士多达千人，包括孟子（孟轲）、淳于髡、邹子（邹衍）、田骈、慎子（慎到）、申子（申不害）、接予、季真、涓子（环渊）、彭蒙、尹文子（尹文）、田巴、鲁连子（鲁仲连）、

---

❶ 在齐国"稷下学宫"之前，在魏国就已经出现"西河学派"。孔子去世后，孔门弟子子夏定居在西河（今陕西关中东部黄河沿岸地区）一带广收门徒，形成"西河学派"。据《资治通鉴·周纪一》记载："魏文侯以卜子夏、田子方为师。每过段干木之庐必式。四方贤士多归之。"西河学派持续兴盛长达100多年，为魏国引来了大批人才，李悝、吴起、乐羊、西门豹等人纷至沓来。在齐国"稷下学宫"创办之后，还陆续出现了齐国孟尝君、赵国平原君、魏国信陵君和楚国春申君等战国四公子养士的现象，争抢和重用人才成为当时重要的文化现象。

❷ 齐威王是个有雄心壮志的国君，重视人才，选贤任能，任用邹忌为相，田忌为将，孙膑为军师，推动了声势浩大的变法改革。

❸ 稷下学宫有几个特点，(1) 官方举办，学者主持。齐国为稷下学宫投资不菲，"开第康庄之衢，高门大屋尊崇之"（《史记·孟子荀卿列传》），招揽天下英才，实行"不任职而论国事""不治而议论""无官守，无言责"的方针，由最著名的学者来管理，如荀子就曾三出三进于稷下，历时数十载，并"三为祭酒"主持学宫的工作。(2) 学者进言，齐王纳言，充当国家智库。《新序·杂事》说："稷下学者喜议政事。"淳于髡曾谏威王，使之戒"长夜之饮"；王斗曾直面批评宣王"好马""好狗""好酒"，独不"好士"，直到宣王认错、改错，"举士五人任官，齐国大治"（《战国策·齐策四》）。(3) 培养人才，来去自由，人才辈出。据说稷下前辈学者淳于髡有"诸弟子三千人"（《太平寰宇记·河南道·淄州》），田骈有"徒百人"（《战国策·齐策四》），孟子出行"后车数十乘，从者数百人，以传食于诸侯"（《孟子·滕文公下》）。游学，是稷下学宫颇具特色的教学方式，学生可以自由来稷下寻师求学，老师可以在稷下招生讲学。如李斯本是汝南上蔡人，少为郡吏，辞职到齐国求学，拜荀卿为师。

驺子（驺奭）、荀子（荀况）等。稷下学宫虽为官学，但充分彰显"学术自由"，各派学者彼此争鸣、著书立说，形成了开放包容的学术氛围。《史记·孟子荀卿列传》说："自驺衍与齐之稷下学者……各著书言治乱之事，以干世主。"据考究，《管子》《晏子春秋》《司马法》《周官》等书的编撰，多有稷下学者的参与。

稷下学宫开放包容的学术氛围，极大地促进了齐学的繁荣发展，也奠定了齐学开放包容的学术品格；稷下学宫成为诸子学说交流融合的主要舞台，稷下学的学术争鸣可谓是战国时期"百家争鸣"的缩影。

（二）本土齐学：阴阳五行学与黄老学

战国时期，阴阳五行学说和黄老学说开始在齐国出现。有学者认为，"阴阳五行学派显然已成了齐学的代名词……（胡适）还把邹衍看成了齐学的创始人"，但邹衍兼受道家、儒家等思想的影响，"他的五德终始说同样借鉴和吸纳了鲁学的主体儒学的思想理论"。❶ 总之，它们不仅是齐国稷下学宫开放包容特色的印证，也参与了齐法家、儒家等治国学说的重构与再造。

1. 阴阳五行学

齐地自古盛行神秘文化，燕、齐沿海一带多方术之士。胡适曾说，"阴阳的信仰起于齐民族，后来经过齐鲁儒生和燕齐方士的改变和宣传，便成了中国中古思想的一个中心思想。这也是齐学的民族的背景"❷。梁启超考察其流变后指出："春秋战国以前，所谓阴阳，所谓五行，其语甚希见，其义极平淡。且此二事从未尝并为一谈。诸经及孔、老、墨、孟、荀、韩诸大哲皆未尝齿及。然则造此邪说以惑世诬民者谁耶？其始盖起于燕齐方士，而其建设之，传播之，宜负罪责者三人焉：曰驺（邹）衍，曰董仲舒，曰刘向。"❸ 这就是说，战国时期稷下学宫的著名学者邹衍是阴阳五行学说的创始人。司马迁将邹衍列为稷下诸子之首，说"驺衍之术，迂大而宏辨"（《史记·孟子荀

---

❶ 藏明：《略论邹衍对鲁学与齐学的融通》，《管子学刊》2011年第1期。
❷ 《胡适文集》（6），北京大学出版社1998年版，第429页。
❸ 顾颉刚：《古史辨》（第五册），上海古籍出版社1982年版，第353页。

卿列传》），可见阴阳五行学在齐学中的显赫地位。

阴阳，初始含义为背阴、向阳，本是一个诞生于原始农业文化的天文历法、地理气候概念。❶ 但在西周时期，已有将阴阳、五行与政治兴衰关联起来的文献记述。❷ 到了春秋时期，老子开始将"阴阳"作为解释世界运行规律的哲学概念，为阴阳学的产生起了催化剂的作用。《道德经》载，"道生一，一生二，二生三，三生万物"，"万物负阴而抱阳，冲气以为和"。齐宣王时，邹衍就学于稷下学宫，创立阴阳学说。邹衍的贡献在于，在古已有之的天文、历法、地理、气候知识的基础上，借鉴道家、儒家学说的精华，融汇成以阴阳变化揭示政治治理规律的新兴学说。《史记·孟子荀卿列传》曾这样评价邹衍创立阴阳学的初衷，"邹衍睹有国者益淫侈，不能尚德……乃深观阴阳消息而作怪迂之变，《终始》、《大圣》之篇十余万言……然要其归，必止乎仁义节俭，君臣上下六亲之施，始也滥耳。王公大人初见其术，惧然顾化，其后不能行之"。邹衍的阴阳学说设计了一套新的统治秩序，这迎合了齐国宣王、闵王称王称帝的政治需求，"是以邹子重于齐"（《史记·孟子荀卿列传》），被赐为上大夫，位列稷下诸子之首。但是，阴阳学不是邹衍学说的核心，建立于阴阳基础上的"五德终始说"才是其学说的核心所在。

五行，本是古人在原始农业生产中对世界物质及其运行规律的朴素认知。关于"五行"的初始含义，至今仍存在不同的解读。（1）五行即"金、木、水、火、土"等"五材"，是古人关于组成世界的五种基本物质的朴素认识。如《左传·襄公二十七年》载："天生五材，民并用之，废一不可。"《国语·郑语》载："夫和实生物，同则不继……先王以土与金、木、水、火杂，以成百物。"（2）五行源于上古关于五星运行规律的认识，是一个天象学概念。"而战国之世出现歧义杂陈的人间行为的'五行'，以及'四行''六行'。终由于天上五行与地上五材相结合，而后'五行'成为金、木、水、

---

❶ 《汉书·艺文志》说："阴阳家之流，盖出于羲和之官，敬顺昊天，历象日月星辰，敬授民时，此其所长也。"

❷ 西周末年，汉水、渭水、洛水一带发生大地震。《国语·周语上》载："幽王二年，西周三川皆震。伯阳父曰：'周将亡矣。夫天地之气，不失其序；若过其序，民乱之也。阳伏而不能出，阴迫而不能烝，于是有地震。今三川实震，是阳失其所而镇阴也。阳失而在阴，川原必塞；原塞，国必亡。夫水土演而民用也。水土无所演，民乏财用，不亡何待'……十一年，幽王乃灭，周乃东迁。"

火、土。"❶（3）英国学者李约瑟认为，五行观念源自中国古人对自然界运动规律的认识。"五行的概念，倒不是一系列五种物质的概念，而是五种基本过程的概念……'行'字的来源，就有'运动'的涵义。"❷如果结合《尚书·洪范》的记述来看，❸第三种观点有一定的道理，但"五行"自起源之初就是一个不断进化和杂糅的概念，是原始的天象学、地理学、四时观念的混合，后来逐渐往社会治理和运行规律领域拓展。到了战国时期，邹衍开始将"五行"与"五德"联系起来提出了"五德终始说"，即五行之德，周而复始，循环运转，以此来解释历史的变迁、王朝的兴衰。他认为，王朝兴替的规律是"五德相胜"，即木胜土、金胜木、火胜金、水胜火、土胜水。所以，"终始五德，从所不胜，木德继之，金德次之，火德次之，水德次之"，"故虞土、夏木、殷金、周火"。❹

邹衍的阴阳五行说，在中医、天文、历法、数学等学科中得到广泛的运用。其在学术影响和政治领域的应用主要有以下三个方面。

其一，邹衍的阴阳学发展了道家学说，使其成为一种以阴阳为分析工具的哲学方法论。如战国末期的《易传》，就在阴阳学影响下开始把"阴阳"作为哲学方法论。《易传》大讲"阴阳"，说"乾，阳物也；坤，阴物也。阴阳合德，而刚柔有体，以体天地之撰，以通神明之德"。《周易·系辞上》进一步说，"一阴一阳之谓道"，奇偶二数、阴阳二爻、乾坤两卦、八经卦、六十四卦，都由一阴一阳构成。庄子曾评价说，《周易》是专门讨论阴阳之道的，"易以道阴阳"（《庄子·天下》）。阴阳学与周易结合，发展出一个系统的哲学世界观，即用阴阳、乾坤、刚柔的对立来解释宇宙万物和人类社会的一切变化。

其二，以"阴阳"解释"天道""人道"的运行规律，成为战国后期黄

---

❶ 刘起釪：《五行原始意义及其分歧蜕变大要》，载艾兰等：《中国古代思维模式与阴阳五行学说探源》，江苏古籍出版社1998年版，第136页。
❷ [英]李约瑟：《中国科学技术史》（第二卷），何兆武等译，上海古籍出版社1990年版，第266页。
❸ 《尚书·洪范》载："箕子乃言曰：'我闻在昔，鲧堙洪水，汩陈其五行。'""五行：一曰水，二曰火，三曰木，四曰金，五曰土。水曰润下，火曰炎上，木曰曲直，金曰从革，土爰稼穑。润下作咸，炎上作苦，曲直作酸，从革作辛，稼穑作甘。"
❹ 陈德述：《略论阴阳五行学说的起源与形成》，《西华大学学报》（哲学社会科学版）2014年第2期。

老学、儒家、法家等诸子政治学说竞相援引的哲学根据。如《荀子·天论》说,"列星随旋,日月递照,四时代御,阴阳大化,风雨博施,万物各得其和以生,各得其养以成","夫星之队(坠),木之鸣,是天地之变,阴阳之化,物之罕至者也"。《荀子·礼论》说:"天地合而万物生,阴阳接而变化起。"也就是说,荀子用"阴阳大化"来解释天象、天地、四时等运行规律,进而作为其礼法思想的哲学根据。在《管子》一书中"阴阳"二字更是频频出现,不仅用以解释天地、四时等自然规律,也用于解释王霸事业兴衰之道。如《管子·四时》说:"阴阳者,天地之大理也;四时者,阴阳之大经也。"《管子·枢言》说:"先王用一阴二阳者,霸;尽以阳者,王;以一阳二阴者,削;尽以阴者,亡。"

其三,以"五行""五德"解释政治兴替规律,为诸侯王霸之业寻找政治理据。关于天下统治权的正当性,夏、商主要是借助于"天命王权"理论来论述,是一种神权政治伦理;西周主要借助于"以德配天"理论来论述,开始出现人文主义倾向;到了战国时期,"五行说"沿着"以德配天"的思路发展出"五德始终"和"五德相胜"的学说,既是对过去"先王"政治兴替的历史经验总结,又是对"潜在"圣王治国活动进行的政治规劝,为新兴的圣王统治的合法性提供理论依据。但是,以阴阳、五行为基础的"五德始终"和"五德相胜"学说并非社会科学规律,它只是迎合了战国时期诸侯称霸、称王、称帝的需求而已。事实上统治者只是将其作为一个政治舆论工具,并根据自身的需求不断对其裁剪和修正。❶

2. 黄老学

黄老之学,作为一种哲学和政治思想盛行于西汉早期。从思想渊源看,其上承老子道家思想,广泛吸收了阴阳、儒、法、墨等学派的观点,对战国末期儒、法思想的革新产生了深远的影响。作为先秦诸子学说之一,其集中

---

❶ 五德始终说不断被人根据需要随时修改。如,按照《尚书·洪范》,五行的顺序是水、火、木、金、土。按照邹衍的五德相胜说,五行的顺序是土、木、金、火、水,以黄帝为土德、大禹为木德、商汤为金德、周为火德。秦统一六国,以自己为水德代替周的火德。汉初不承认秦的合法性,认为自己以水德代替周的火德;但到汉武帝时又承认秦为水德,自己以土德代替秦的水德。不过,到了王莽建立新朝时,又采西汉刘向父子的"五行相生说",以黄帝为土德、夏为金德、商为水德、周为木德、汉为火德,然后宣称自己为火德代替汉朝。

于齐国的稷下学宫与魏国。

（1）黄老学的时代背景。

"黄老"一词合用始于司马迁的《史记》，是一个假托黄帝、老子为创始人的学说学派。黄老学的兴起与战国时期诸子托古立说之风有密切关系，例如，孔子的思想进路是"祖述尧舜，宪章文武"，"周监于二代，郁郁乎文哉！吾从周"（《论语·八佾》）；墨子推崇大禹、背周道而用夏政；❶ 农家倡导"神农之言"❷。《淮南子·修务训》说："世俗之人多尊古而贱今，故为道者必托之于神农、黄帝而后能入说。"这更加印证了前述判断。

有学者认为，战国时期齐国稷下学宫中还只盛行"黄帝之学"，尚未见其与老子关联。❸ "黄""老"二字相连，始于西汉时期。如司马迁所著《史记》称，"申子之学本于黄老而主刑名"（《史记·老子韩非列传》），又称稷下先生慎到、田骈、接予、环渊等"皆学黄老道德之术"（《史记·孟子荀卿列传》）。❹ 但也有学者认为，黄老学并没有黄帝学的思想渊源，只是假托黄帝而将刑名思想注入道家学说而已，即"以道家哲学论证法家政治，其中老子代表道家哲学，黄帝代表法家政治"❺。有理由认为，战国时期稷下学宫的黄老学实际上是对道家学说进行修正产生的学说，处于从道家向法家过渡的阶段。如《荀子·非十二子》称田骈、慎到为"尚法而不知法"，《汉书·艺文志》亦把慎到列为法家。郭沫若指出，"道家在齐国稷下学宫受着温暖的保育，然而已经向别的方向分化了：宋钘、尹文一派发展而为名家，田骈、慎到一派发展而为法家，关尹一派发展为术家"❻。老子学说具有批判现实、无为而治的消极性，无法与战国时期各诸侯国富国强兵、有为而治的需求契合，

---

❶ 《墨子·非攻》对大禹征三苗的军事行动大加歌颂，提出了"以战止战""武力保卫和平"的思想。《庄子·天下》载："墨子称道曰：'昔禹之湮洪水，决江河而通四夷九州也……禹大圣也，而形劳天下也如此。'使后世之墨者，多以裘褐为衣，以跂蹻为服，日夜不休，以自苦为极，曰：'不能如此，非禹之道也，不足谓墨。'"

❷ 楚国人许行是农家的代表人物，约与孟子同时代。农家假托神农之言，主张"贤者与民并耕而食"，"市贾不二"，提倡人人平等劳动、物物等量交换，要求社会"均平"合理。农家著有《神农》《野老》《宰氏》《董安国》《尹都尉》《赵氏》等，均已失传。

❸ 熊铁基、萧海燕：《黄老学回顾与展望》，《光明日报》2016年12月5日，第16版。

❹ 郭沫若甚至认为，环渊就是关伊子，环渊《上下篇》即老子《道德经》，"汉人因环渊别作关尹，望文生训，又将关尹作为关门令尹，于是便由老子过关为关尹著《上下篇》之说"（参见郭沫若：《十批判书》，东方出版社1996年版，第178页）。

❺ 胡家聪：《管子新探》，中国社会科学出版社2003年版，第94页。

❻ 郭沫若：《十批判书》，东方出版社1996年版，第205页。

通过植入假托的黄帝刑名思想,"道家学说在现实政治生活中实现了由边缘化向中心的转移"。❶

(2)黄老学的发展演变。

先秦时期,黄老思想的形成和演进大致分三个阶段。

一是"老子道学"阶段。主要体现在《老子》(又名《道德经》)一书中,相传为春秋时期老子所著,老子曾担任周王室守藏室之史(史官),以博学著称。老子学说体系由道论、治国论、修身论三部分组成。

道论,是老子学说中治国论与修身论的基石。《老子》一书认为,"道"是不可言说的,"道可道,非常道";但又是古今一贯存在的万物和各种规律之母,即"大道","有物混成,先天地生,寂兮寥兮,独立而不改,周行而不殆,可以为天下母。吾不知其名,字之曰道,强为之名曰大"。作为万物之母的"道",又是如何生成或作用于万物的呢?老子道学认为,通过阴阳二气激荡、合和生成万物,即"万物负阴而抱阳,冲气以为和","道生一,一生二,二生三,三生万物"。"道"的运行规律有二,一为"道法自然",这是一种由自然规律推导出社会运行规律的唯物主义哲学观。《老子》一书说,域中有四大,"道大,天大,地大,王亦大。……人法地,地法天,天法道,道法自然"。二为"反者道之动,弱者道之用",这是一种辩证法思想,即世界上万物都包含正反两种形态,相辅相成,并相互作用和转化。

以道论为基础,老子提出了其国家治理思想。一是追求"小国寡民"式的社会理想。在老子看来,返璞归真的小国寡民式的社会才是社会发展的理想。这是基于对春秋时期礼崩乐坏的社会治理乱局的反思,而将历史上成功的治理和治理状态投射到当下社会的一种学术思想。二是"无为而治"的治理策略。《老子》说:"圣人处无为之事,行不言之教。""无为",即顺其自然;"无为而治",就是道治。无为并非"无所作为",其本意是反对社会治理中的乱作为,特别是反对出于称王争霸目的的霸道和王道政治,认为"将欲取天下而为之,吾见其不得已。天下神器,不可为也,不可执也。为者败之,执者失之"。基于历史经验,他呼吁统治者要弃绝智巧,"不尚贤,使民不争;不贵难得之货,使民不为盗;不见可欲,使民心不乱。是以圣人之治,虚其心,实其腹,弱其志,强其骨。常使民无知无欲"。通过无为之治,才能

---

❶ 白奚:《先秦黄老思潮源流述要》,《中州学刊》2003年第1期。

实现天下大治，即"道常无为而无不为，侯王若能守之，万物将自化"。三是"道法自然"的施政理念。老子认为，"万物之道"和"人类上德"都应效法自然，所谓"道之尊，德之贵，夫莫之命而常自然。故道生之，德畜之……生而不有，为而不恃，长而不宰，是谓玄德"；相反，如果刻意建构所谓的"霸道政治"或"德政"，反而难以奏效，"上德不德，是以有德；下德不失德，是以无德……故失道而后德，失德而后仁，失仁而后义，失义而后礼。夫礼者，忠信之薄，而乱之首"。《老子》还说，只有背离了"道法自然、无为而治"理念的国家，才会将仁、义、礼、智、信纳入政纲，"大道废，有仁义；智慧出，有大伪；六亲不和，有孝慈；国家昏乱，有忠臣"，这些都不是最好的治国方略。四是"柔弱处下"的处世哲学。一方面，"强弱转化、物极必反"是老子思想的基点，"将欲歙之，必固张之；将欲弱之，必固强之；将欲废之，必固兴之；将欲取之，必固与之"，这是为人处世之道。这一思想也被应用于诸侯国之间的关系，即大小国之间要相互谦让、不谋取霸权，"大邦不过欲兼畜人，小邦不过欲入事人。夫两者各得所欲，大者宜为下"。这体现了对诸侯国各得其所、和而不同的理想状态的追求。另一方面，强调刑罚政教等国之利器不能随便炫耀和轻易付诸实践，"国之利器不可以示人"；通过战争谋取霸权，往往没有好下场，"以道佐人主者，不以兵强天下，其事好还。师之所处，荆棘生焉。大军之后，必有凶年。善有果而已，不敢以取强"。总体来看，老子学说对春秋时期诸侯争霸的现象持批判态度，认为仁义礼智和刑政都不是最优的治国之策，"道法自然、无为而治"才是上策。

二是黄老学形成阶段。老子道学原本在荆楚一带传播，在发展中融入黄帝学的思想形成了黄老学，代表作就是长沙马王堆汉墓出土的《黄老帛书》（又称《黄帝四经》）[1]。《黄老帛书》假托黄帝之学，用刑名思想对老子道学进行了改造，内容以道学为主，但兼采儒墨、阴阳、名、法诸家观点。

《黄帝四经》总体继承了老子的道论，但在治国论上对老子学说也有重大改造，反映了黄老学者迎合当时诸侯国君称王争霸的治学立场。其一，倡导帝王之道。与老子追求返璞归真式的"小国寡民"社会理想不同，黄老学已出现帝王之道的企图。《黄帝四经·经法》说："帝王者……执六柄以令天下，

---

[1] 《黄老帛书》指的是1973年长沙马王堆汉墓出土《老子》乙本卷前的四本古佚书，包含《经法》《十大经》《称》《道原》四篇，计一万一千余言。

审三名以为万事（稽），察逆顺以观于霸王危亡之理，知虚实动静之所为，达于名实相应，尽知情伪而不惑，然后帝王之道成。"❶ 这意味着，黄老学已经从老子的循道返璞归真式的理想主义国家治理思想，发展为经世致用的帝王之道。其二，主张循道生法。老子学说的核心特征是"反智用道"，"我无为而民自化；我好静而民自正；我无事而民自富；我无欲而民自朴"，把重心放在以施政者"无为而治"为特征的"道治"方面。但黄老学走上了"弃智用法"的治国思路，把"道"具象化，提出了"道生法"的思想。这体现在三个方面，一是君主执道立法的思想。《黄帝四经·经法》提出，"人主者，天地之（稽）也，号令之所出也"，又说"执道者生法"。二是法具有普遍约束力的思想。将抽象的"道"具化为国家治理中的"法"，赋予"法"极高的权威和普遍的适用效力。《黄帝四经·经法》说，"法者，引得失以绳，而明曲直者殹也"，又说"是非有分，以法断之"。三是立法者守法的思想。《黄帝四经·经法》提出，"执道者，生法而弗敢犯殹也，法立而弗敢废也。故能自引以绳，然后见知天下，而不惑矣。"其三，主张刑德并用。黄老学者从道法自然、道生法的思想出发，提出了刑、德皆源于自然的主张。如《黄帝四经·十大经》说，"刑德皇皇，日月相望，以明其当，而盈（绌）无匡"，又说"春夏为德，秋冬为刑"，"刑德相养，逆顺若成，刑晦而德明，刑阴而德阳，刑微而德章。其明者以为法，而微道是行"。在刑与德的关系上，提出了"先德后刑"的治理思想，《黄帝四经·十大经》说，"先德后刑以养生"，"先德后刑，顺于天"。❷ 甚至认为，最好的国家治理是无须刑政的，"善为国者，太上无刑"（《黄帝四经·称》）。在这里既能看到黄老学对老子道学中"上德不德"思想的背离，又能看到其虽然主张"刑德并用"，但又有"先德后刑"的谨慎，与儒家思想有相似性。其四，发展出形名理论。在黄老学里，老子的"无名"之道，转换成了"正名"和"循名"而治的思想。黄老学首先强调"正名"的重要性，认为"分之以其分，而万民不争；授之以其名，而万物自定"（《黄帝四经·道原》）。黄老学者在道法自然的逻辑下，认为天

---

❶ 陈鼓应：《黄帝四经今注今译：马王堆汉墓出土帛书》，商务印书馆2007年版，第135页。如无特别注明，后引内容均来自该版本。

❷ 《黄帝四经》中，有关德的论述与儒家有相通之处。如"主惠臣忠"（《经法·大分》）、"优未惠爱民"（《十大经·顺道》）、"兼爱无私"（《经法·君正》）、"节赋敛，毋夺民时"（《经法·君正》）、"伐死养生"（《经法·论》）、"并时以养民功"（《十大经·顺道》）等。

地万物均有其名分，而且名分有等级分别，即"天地有恒常，万民有恒事，贵贱有恒位，畜臣有恒道，使民有恒度……万民之恒事，男农、女工。贵贱之恒位，贤不肖不相妨。畜臣之恒道，任能毋过其所长。使民之恒度，去私而立公"（《黄帝四经·经法》）。还提出名实相符的命题，"名实相应则定，名实不相应则争"（《黄帝四经·经法》）。在正名的前提下，主张统治者应"循名"而治，正如《黄帝四经·十大经》所言，"吾闻天下成法，故曰不多，一言而止，循名复一，民无乱纪"。综合以上四点，已能窥见法家"以法治国"思想的端倪，或者黄老学在由老子道学发展到法家思想的过程中充当了媒介和桥梁。

三是黄老学在齐地的发展阶段。老子道学自南方的荆楚传入北方，经由杨朱在魏国形成了杨朱学分支；❶ 经由范蠡入齐传入燕齐之地，与燕齐当地的神秘文化融合形成了方仙道分支，❷ 经由稷下学宫形成了黄老学分支❸——这是大名鼎鼎的齐学的重要组成部分。

郭沫若在《稷下黄老学派的批判》一文中指出，"黄老学派，汉时学者称为道家"，"田骈、慎到、环渊、接子（予），还有宋钘、尹文，都是道家"。❹ 学术界已初步达成共识，《管子》四篇（《形势》《枢言》《宙合》《水地》）为稷下黄老道家作品。❺ 由于《管子》被认为是战国时期齐法家托管子之名的作品，故黄老学与齐法家，甚至与后来的秦晋法家都有思想上的传承关系。

---

❶ 杨朱学派是发端于战国时期魏国的道家学派，创始人为杨子（杨朱）、告子、子华子、詹子（詹何）、它嚣、魏牟等。相传，杨朱曾师从老子，但他对老子学说思想进行了一些发展，如"贵生""全生"等观点。在战国时期，杨朱学派的影响很大。《孟子·滕文公下》说，"杨朱、墨翟之言盈天下，天下之言，不归于杨，则归墨。"

❷ 战国时，燕齐一带的方士将其神仙学说及方术与道家、邹衍的阴阳五行说糅合起来形成了方仙道，主要流行于燕齐的上层社会，依于鬼神，以图长生求仙。《史记·封禅书》载："宋毋忌、正伯侨、充尚、羡门高都是燕人，为方仙道，形解销化，依于鬼神之事。"

❸ 有学者考证认为，从老子学说到黄老学说，范蠡是一个承上启下的关键人物。范蠡，楚国宛地三户（今南阳淅川县）人，师从计然（计然又师于老子），因不满楚国政治而进入越国，被拜为上大夫，辅佐越国勾践称霸。因感于君王只可共患难、不可共享乐，遂辞官归隐。后范蠡又入齐担任齐相，这是老子道学传入齐国的一条主线（参见徐勇胜：《先秦黄老学的结构性演进及其相关问题》，陕西师范大学硕士学位论文，2007年，第9-10页）

❹ 郭沫若：《十批判书》，东方出版社1996年版，第159页。

❺ 陈鼓应：《〈管子〉四篇诠释》，商务印书馆2006年版，第55页。

(三) 战国齐法家：黄老学、儒家思想的交互渗透

战国时期的齐法家在继承管仲、晏婴的礼法思想的基础上，借鉴儒家、黄老等诸子学说，融汇形成了《管子》一书，系统阐述了齐法家思想。齐国稷下学所具有的开放包容的学风，注定了齐法家是稷下学宫多种学说交互影响的产物，其中黄老学、儒家思想对其影响最大。

1.《管子》中的黄老思想

《管子》在基础理论层面继承了老子的"道论"思想。例如，《管子·内业》说，"道也者，口之所不能言也，目之所不能视也，耳之所不能听也"，与老子所说"道可道，非常道"相通。又说，"凡物之精，此则为生，下生五谷，上为列星。流于天地之间，谓之鬼神藏于胸中，谓之圣人……德成而智出，万物毕得"，这与老子所说"道生万物、道法自然"有相通之处。

在治国论上，《管子》对老子学说和黄老学说的发展主要体现在两方面。第一，刑名理论。黄老学的贡献是，基于"道生法"的思想，提出了以刑"正名分"对于达成"是非有分""民无乱纪"的治理效果的重要性。《管子》则进一步发展出统治之术，即"因之术""循名责实"的君王统治之术。《管子·心术上》说："'无为之道'，因也，因也者，无益无损也。以其形，因为之名，此因之术也。"《管子·心术下》又说："凡物载名而来，圣人因而财（裁）之，而天下治。（名）实不伤，不乱于天下，而天下治。"由此，就明确了统治术下的君臣关系，即君守道、臣有为，就能实现天下大治，"心之在体，君之位也；九窍之有职，官之分也。心处其道，九窍循理"（《管子·心术上》）。简言之，这是一种君王通过刑名之制、刑赏之策，驾驭臣民的统治方法。

第二，礼法思想。黄老学初步提出了"道生法"，以及"执道者生法""法者，引得失以绳，而明曲直者也"等以法而治的思想，相对于老子学说中"失道而后德，失德而后仁，失仁而后义，失义而后礼"的思想，在付诸治理实践方面是一个重大发展。但是，黄老学尚未论述"礼"的运用问题，而《管子》中出现了"道""法""礼"相通的论述。《管子·心术上》说："礼出乎义，义出乎理，理因乎宜者也。法者，所以同出，不得不然者也，故杀

僇禁诛以一之也。故事督乎法，法出乎权，权出乎道。"在《管子·枢言》中讲得更明白，"法出于礼，礼出于治。治、礼，道也"。这种关于礼、法、治、道四者关系的论述，体现了道家、儒家、法家思想的综合融汇特征。当然，《管子》作为齐法家的作品，其"礼法结合"思想是对先王礼治实践经验的总结，也有受儒家礼治思想影响的成分，但礼法结合的理论基础是从黄老学说中寻求的。

2.《管子》中的礼法思想

齐国自立国以来，"重礼、简礼、明法"是一个绵延不断的文化传统。但在战国时期《管子》一书中，相比于春秋时期管仲、晏婴的思想，其"礼法并用"的思想更加明晰和成熟。

一方面，战国齐法家主张改革周礼，但仍强调礼的重要性。《管子》所说的"礼"是什么呢？沿着齐国"因其俗、简其礼"的国家治理传统，进一步打破了周礼的"贵族之礼""礼不下庶人"的阶层限定，淡化了"亲亲""尊尊"的周礼核心原则，倾向于把"礼"定位为全民、全社会之礼，但仍然残留尊君、等级的思想要素。如《管子·五辅》有"八礼"之说："上下有义，贵贱有分，长幼有序，贫富有度。凡此八者，礼之经也。故上下无义则乱，贵贱无分则争，长幼无等则倍，贫富无度则失。"齐法家仍然重视"礼"的作用，甚至把"礼"上升到治国根本的高度，认为"礼义廉耻"是"国之四维"，"四维不张，国乃灭亡"（《管子·牧民》）。反过来说，如果违礼、毁礼，政令法治和统治秩序也将无从谈起，"贵贱不明，长幼不分，度量不审，衣服无等，上下凌节，而求百姓之尊主政令不可得也"（《管子·权修》）。当然，齐法家重"礼"是为了维护诸侯国君的统治秩序安定，秩序安定了，才能回到干事创业、富国强兵的轨道上来，这才是齐法家重礼的真正目的。

另一方面，战国齐法家在"礼"之外，着重构建了一套"法"的规范体系。在西周以前，"礼"主要是维护贵族秩序、调整贵族权利义务关系的制度，具有阶层限定性；"德"和"刑"，才是调整全社会成员的行为规范。东周以降，礼崩乐坏，以"德""礼""刑"构建起来的规范体系显然不能再适应国家治理的需要，齐法家顺势提出了"法"这样一套规范体系。齐法家重"法"，目标是通过"修政任事""举贤尚功"，帮助诸侯国君践行霸王之道，这从齐法家关于礼、法逻辑关系的阐述中可窥一斑。《管子·五辅》说，"民知礼矣，而未知务，然后布法以任力，任力有五务"。即是说，礼能守成，但不能富国强兵，礼治是有缺陷的。这里"布法以任力"，就是举贤尚功、重视刑赏之治的意思。这里所说的"五务"，即"君择臣而任官，大夫任官辩事，官长任事守职，士修身功材，庶人耕农树艺"。所以，齐法家所谓的"以法治国"的本质是刑赏之治，而其所谓的"法"则是干事创业的刑赏规则。在这方面，与单纯重视礼乐、否认礼外有法的孔孟儒家有明显的不同。

为了进一步探求齐法家的礼法思想，还须澄清"礼"和"法"的相互关系。《管子》主要从三个方面系统阐述了"礼""法"的交互关系。

一是主张"礼""法"同源。在礼法关系方面，究竟是"礼"源自"法"，还是"法"源自"礼"，《管子》不同篇章中的阐述不一。如《管子·枢言》说："法出于礼，礼出于治。治、礼，道也。万物待治，礼而后定。"这里认为法是源于礼的。而《管子·任法》又说："仁义礼乐者，皆出于法，此先圣之所以一民者也。"这种歧异的论述，一方面表明《管子》非出于一人之手，而是战国时期齐法家的集体作品；另一方面表明齐法家既想构建一套法治的思想体系，但其"法治"思想仍然与传统的"礼治"思想混杂在一起，界线不清晰。如果说，从西周的"礼治"到秦晋法家的"法治"（去礼，只言法）之间有一个思想发展渐进的过程，则齐法家可谓其中间形态。

二是主张"礼""法"并重。《管子》一边强调礼的重要性，"礼义廉耻"是"国之四维"；一边强调法的重要性，"君臣上下贵贱皆从法，此谓为大治"。与西周"先礼而后刑"的治理思想相比，从"先礼后刑"到"礼法并重"，是齐法家的一大发展。

三是主张"礼""法"互补。在齐法家这里，"礼"是用来维护尊卑等级关系的，"法"是用来干事创业、富国强兵的；以"礼"进行柔性的伦理教化，以"法"进行刚性的劝赏明罚，二者在不同领域、不同侧面协同发挥作用。如《管子·形势解》说："仪者，万物之程式也。法度者，万民之仪表也；礼义者，尊卑之仪表也。"《管子·任法》说："群臣不用礼义教训，则不祥；百官服事者离法而治，则不祥。"《管子·立政》说："凡将举事，令必先出。"《管子·权修》又言："法者，将立朝廷者也。将立朝廷者，则爵服不可不贵也。爵服加于不义，则民贱其爵服。民贱其爵服，则人主不尊。人主不尊，则令不行矣。"

（四）荀子儒学：黄老学、齐法家交互影响的产物

1. 齐法家与孔孟儒家的思想冲突

齐法家为齐学的代表，孔孟儒家为鲁学的代表。如果把二者的法律文化（治理思想）进行对比，会发现存在诸多分歧，甚至对立。

（1）在治国之道方面：齐行霸道，鲁崇王道。

齐国治国的基本方略是"霸道"（或霸王道相杂），以霸争天下，正如管仲所言"君霸王，社稷定；君不霸王，社稷不定"（《管子·大匡》）。虽然齐法家也主张重礼、尚法，但重礼是为了尊君，尚法（刑赏）是为了富国强兵，最终服务于诸侯争霸。邹鲁儒家主张的治国方略是"王道"（王天下之道），王道的根本是顺应民心，"得天下有道：得其民……得其民有道：得其心"（《孟子·离娄上》）；去争致和，倡导和合文化，"礼之用，和为贵。先王之道，斯为美，小大由之"（《论语·学而》）；主张国家治理要有德性，以德化天下，"为政以德，譬如北辰，居其所而众星共之"（《论语·为政》）。可以说，齐法家践行的"霸道"，是基于春秋战国时代诸侯争霸、不霸将亡的实用主义选择，是现实主义的治国之道，也是应急之道；而儒家倡导的"王道"，是基于对尧舜等先王之道和历史经验教训的汲取，是富有理想主义的治国之道，也是长远之道。

道不同，不相为谋。鲁儒家对于齐法家争霸的思想和行径，向来是持蔑视态度的。如《孟子·公孙丑上》载，公孙丑曾问孟子："夫子当路于齐（如果您在齐国掌权），管仲、晏子之功，可复许乎？"孟子回答说："子诚齐人也，知管仲、晏子而已矣。"孟子对管仲、晏子以霸道辅助齐君的轻蔑之意，不言而喻。《孟子·梁惠王上》亦载，齐宣王曾问孟子，是否听说过齐桓公、晋文公称霸之事。孟子说："仲尼之徒，无道桓、文之事者，是以后世无传焉，臣未之闻也。无以，则王乎？"可见，在孟子看来，桓、文称霸之事都违反了"以周天子为尊"的周礼，所以采取回避的态度。孟子进一步说，如果齐宣王愿意听，我可以谈谈我的"王道"思想。于是齐宣王追问道："德何如则可以王矣？"孟子回答："保民而王，莫之能御也。"即便齐法家与儒家都强调"爱民""保民"，但齐法家的爱民具有功利性，爱民富民是为了用民，进而霸天下；儒家的保民思想具有教化性，爱民保民从而得民心，进而王

天下。

(2) 在面对改革的态度方面：齐学主变，鲁学主常。

齐学主变，重视与时俱进，富有革新精神，且开放包容。如《管子·正世》所说，"不慕古，不留今，与时变，与俗化"。这也是齐国的传统，自姜太公确立"因其俗、简其礼"的建国方针以来传承不辍，稷下学宫的包容并蓄更是将其发展到极致。而鲁学主常，仰慕先王之道，思想偏保守之风，且有排他性。正如《论语·先进》所载，鲁国当权者打算花钱翻修国库，闵子骞问："仍旧贯，如之何？何必改作？"孔子回答说，"夫人不言，言必有中"，对闵子骞的节俭省用大加赞赏。这种保守性体现在治国之道上，即孔子说的"克己复礼为仁。一日克己复礼，天下归仁焉"，或是"孟子道性善，言必称尧舜"（《孟子·滕文公上》）。

变与不变导致对待"礼""法"的态度迥然有别。齐法家"重礼"，目的是维护以君权为核心的等级秩序；在重礼的同时，又主张"因其俗、简其礼"，目的是不让政治礼制束缚经济改革发展；其主张"任事用法"，目的是在干事创业方面"事断于法"，"君臣上下皆守法"。所以，齐法家的礼法有别、礼法并用、重礼尚法，充满功利主义和实用主义色彩，基本逻辑是以改革促发展、以发展争霸权。而鲁儒家从根本上否认在"礼"之外还存在"法"，主张对旧"礼"能不改革尽量不要改，其中人伦制度绝对不能改，"亲亲也，尊尊也，长长也，男女有别，此其不可得与民变革者也"；有些可以改，"立权度量，考文章，改正朔，易服色，殊徽号，异器械，别衣服"（《礼记·大传》）。改抑或不改，取决于是否合仁、合情，都要以德化民以得民心，最终落脚于不战而王的"王道"。

(3) 在对"礼"的态度上：齐学怀疑，鲁学坚守。

鲁儒家的王道和以礼治国思想，在形成逻辑上呈现"三步递进式"。第一步：法先王。《礼记·中庸》说："仲尼祖述尧舜，宪章文武。"《孟子·离娄上》说："规矩，方圆之至也；圣人，人伦之至也。欲为君，尽君道；欲为臣，尽臣道。二者皆法尧、舜而已矣。"第二步：行德仁之政。孔子倡导"为政以德"，孟子则说"仁政"，"先王有不忍人之心……行不忍人之政，治天下可运之掌上"（《孟子·公孙丑上》）。在这里，孔孟所倡导的"德仁之治"与"先王之道"是重合的，先王即是"人伦之至""大德仁人""圣人"，先王之治就是德治、仁政，也是圣人之治。第三步：以礼治国。圣人之治，就是修礼制乐、以礼治国（这是就治国方略而言）。孔子说，礼的核心要义是"君君，臣臣，父父，子子"，"君使臣以礼，臣事君以忠"（《论语·颜渊》）。

齐学虽然也"重礼"，但对儒家所坚守的"礼治"是充满怀疑的，时常提出诘难。兹举几例：

其一，晏婴、孔子之争。据《史记·孔子世家》载，孔子为躲鲁国祸乱而到了齐国，齐景公向其请教为政之道，孔子说了"君君臣臣"和"政在节财"的道理。齐景公很高兴，想赐田邑给孔子，遭到齐相晏婴的反对。晏婴说，"儒者滑稽而不可轨法；倨傲自顺，不可以为下；崇丧遂哀，破产厚葬，不可以为俗；游说乞贷，不可以为国"，这是对只重礼、不尚法的儒家的根本性否定。晏婴还说，礼崩乐坏已有很长时间了，孔子还在宣扬他那一套繁文缛节的"礼仪"，"君欲用之以移齐俗，非所以先细民也"，亦即，恐怕这不是引导齐国风俗的好办法。说到底，晏婴、孔子之争，实际上是齐、鲁建国之初的"因其俗，简其礼"和"变其俗，革其礼"的建国方针的差异的延续。

其二，淳于髡、孟子之争。《孟子·离娄上》载，稷下学宫的元老人物淳于髡曾就"男女有别"之礼诘问过孟子，他举例说，既然男女授受不亲为"不易之礼"，那么，嫂子溺水该伸手救助吗？孟子答曰，"嫂溺不援，是豺狼也"。这里出现了一个"礼"与"人性"的悖论，所以孟子不得不借助于"权"来自圆其说，"男女授受不亲，礼也；嫂溺，援之以手者，权也"。

其三，孟子弟子咸丘蒙的疑问。关于"君君、臣臣、父父、子子"的政治和家庭伦理，也有人从"疑先王"的角度提出质疑。如《孟子·万章上》载，咸丘蒙曾向孟子求证一个世上流传的说法是否为真，"语云：'盛德之士，君不得而臣，父不得而子。'舜南面而立，尧帅诸侯北面而朝之，瞽瞍亦北面而朝之。舜见瞽瞍，其容有蹙。孔子曰：'于斯时也，天下殆哉，岌岌乎！'不识此语诚然乎哉？"❶ 对这个说法，孟子断然否定，认为"此非君子之言，齐东野人之语也"。从这些实例中，可以感受到齐学的自由开放风气，以及其对固守礼制的儒家的挑战与批判。

---

❶ 意思是：咸丘蒙问，"俗话说：'有大德的人，君主不能把他当作臣下，父亲不能把他当作儿子。'舜做了天子，尧率领诸侯朝见他，他父亲瞽瞍也朝见他。舜见了瞽瞍，神色很不安。孔子说：'在这个时候呀，天下真是危险到极点啦！'不知这句话真这么说过吗？"

2. 荀子对孔孟儒学的传承

荀子堪称先秦时期最后一位儒学大师，以孔子、子弓的正宗传人自居。《荀子·非十二子》提出了"宗原应变，曲得其宜"的治学思想，在吸收齐国稷下学宫中诸子学说的基础上，主张对诞生于春秋时代背景下的孔子儒学进行与时俱进的革新。由此导致了一系列悖论现象，荀子一方面传承了孔子儒学，另一方面又衍生了秦晋法家思想（如李斯、韩非均曾拜师荀子，却成了秦晋法家的代表人物）。客观地说，荀子学说的根基在儒家，但曾三任"稷下学宫"祭酒的经历，又使其学说饱受齐学影响。有学者指出，"《管子》和《荀子》把齐学和鲁学融合起来。《管子》是以齐学为本，鲁学为末；而《荀子》是以鲁学为本，齐学为末。但都熔齐学、鲁学于一炉。这是既不同于齐学，又不同于鲁学的一种新的思想模式"❶。

不论荀学对儒家思想有多少改造，在核心立场上还是坚守了孔子儒学的精神，不过有所发展：

其一，重视从先王之道寻找学说灵感。荀子明确说："先王之道，则尧、舜已"（《荀子·大略》）。但是，荀子认识到"法先王"过于理想主义，又提出了"法后王"的观点，"道不过三代，法不二后王……夫是之谓复古。是王者之制也"（《荀子·王制》），"后王之成名：刑名从商，爵名从周，文名从礼"（《荀子·正名》）。他还批判了"只法先王"的儒家学者，认为"略法先王而足乱世术，缪学杂举，不知法后王而一制度……是俗儒者也"（《荀子·儒效》）。

其二，部分继承了孔子"仁"的思想。礼学是孔子对于诗书礼乐传统的继承，"仁学则是孔子依据礼乐文化传统所做的理论创造"❷。对于孔子思想的传承，孟子侧重于取"仁"，创造性地发展了"仁政"思想；荀子侧重于取"礼"，发展出"礼法结合"的治理思想。这并不意味着荀子放弃了"仁"的思想，但他确实淡化了"仁"的核心地位，将"仁""义""礼"相提并论。《荀子·大略》说："仁，爱也，故亲；义，理也，故行；礼，节也，故成……故曰：仁义礼乐，其致一也。三者皆通，然后道也。"

---

❶ 蔡贵德：《齐学、鲁学与稷下学宫》，《东岳论丛》1987年第3期。
❷ 黄宣民、陈寒鸣：《中国儒学发展史》（上册），中国文史出版社2009年版，第5页。

其三，重视"礼"的核心地位。在孔孟思想中，对"礼"的理解始终没有摆脱血缘关系的推演逻辑。如《孟子·梁惠王上》载："老吾老，以及人之老，幼吾幼，以及人之幼……故推恩足以保四海，不推恩无以保妻子。"荀子也认为"礼"极其重要，"若夫志以礼安，言以类使，则儒道毕矣。虽舜不能加毫末于是矣"（《荀子·子道》）。但是，在论述"礼"的由来时，荀子引入了黄老学说"道"的思想，将"礼"置于天道和宇宙公理的崇高地位，"君臣、父子、兄弟、夫妇，始则终，终则始，与天地同理，与万世同久，夫是之谓大本"（《荀子·王制》）。虽然荀子重视"礼法结合"，但他认为"礼"还是处于更根本的地位，"隆礼尊贤而王，重法爱民而霸，好利多诈而危，权谋倾覆幽险而亡"（《荀子·强国》），这也是荀学与法家的本质不同之处。

其四，继承了孔孟的"贤人治国"思想。孔子的"为政以德"，孟子的"徒善不足以为政，徒法不能以自行"思想，实际上都是倡导"贤人政治"。荀子虽然在"礼"之外还重视"法"，但认为"有乱君，无乱国。有治人，无治法"（《荀子·君道》），认为国家治乱根本上不取决于有无"良法"，而取决于有无"治人"，在这方面仍然回归了儒家贤人当政的核心立场。

其五，继承了孔孟的"民本思想"。孔、孟、荀都坚持爱民重民的立场，但三者的论证思路有所差异。孔子基于"仁爱"的立场，强调好的统治者要"爱民""教民"，这是圣贤的自律性品德。孟子基于春秋末期战国初期诸侯争霸、灭国者无数的实践，提出"民贵君轻"的思想，并隐约提出"暴君放伐"的思想。而荀子结合战国时期诸侯国频繁亡国灭国的经验教训，进一步强调"庶民"的作用，正如《荀子·哀公》所说，"君者，舟也；庶人者，水也。水则载舟，水则覆舟"。

3. 齐学对荀子的影响

荀学思想庞杂，在孔孟儒学成为儒学正统的情况下，荀学长期遭受非议，认为其"冒孔之名，以败孔之道。曰法后王、尊君统，以倾孔学也；曰有治人、无治法，阴防后人之变其法也；又喜言礼乐刑政之属，惟恐箝制束缚之具之不繁也"。❶荀子思想是齐地稷下学宫自由开放、兼容并蓄的学风影响的

---

❶ 陈寒鸣：《荀子对孔学的继承与发展及其与孟学的异同》，《江南大学学报》（人文社会科学版）2020年第1期。

产物，尤其受到黄老学说、齐法家的影响，从某种意义上说是孔孟儒家思想的修正。

（1）荀子思想中的黄老元素。

其一，天道思想。在孔孟的思想中，虽有关于人间主宰的"天"的阐述，❶ 但又有怀疑"天命""鬼神"的论述。换言之，孔孟儒学并没有形成哲学化的"道论"，更多的是受先王之治启迪的经验之学。荀子明显受黄老学的影响，把"天"解释为自然现象或自然规律，并走向了"道法自然"之路。如《荀子·天论》说："列星随旋，日月递炤，四时代御，阴阳大化，风雨博施，万物各得其和以生，各得其养以成，不见其事，而见其功，夫是之谓神。皆知其所以成，莫知其无形，夫是之谓天。"不仅如此，《荀子·儒效》还认为天、地、人各有其规律，"先王之道"非天地之道，而是"人之所以道也"。当然，荀子最终还是回到了儒学根本立场，认为"治乱非天"、关键靠人，"强本而节用，则天不能贫；养备而动时，则天不能病"（《荀子·天论》）。这一点上，荀学与黄老学的"顺天者昌，逆天者亡。勿逆天道，则不失所守"（《黄帝四经·十六经》）的立场有重大不同。

其二，人性思想。孔子对人性善恶未作深究，仅模糊地说"性相近也，习相远也"（《论语·阳货》）。孟子主张性善论，"人性之善也，犹水之就下也。人无有不善，水无有不下"（《孟子·告子上》）。立足于心性学说，从人人皆有恻隐之心、羞恶之心、辞让之心、是非之心，推论"仁义礼智根于心""仁义礼智非由外铄我也"（《孟子·尽心上》）。换言之，孔孟学说追求的社会治理在本质上是依靠人人自律的逻辑达成的，而非依靠外在强力的规范约束。黄老学也未明确讨论人性善恶，但提出了"趋利避害"的人情（民情）观，如《管子·形势》说"民之情，莫不欲生而恶死，莫不欲利而恶害"，《慎子·因循》说"天道因则大，化则细。因也者，因人之情也"。荀子受黄老学的"人情"观影响，主张人性都是同一的。如《荀子·荣辱》说，"材性知能，君子小人一也；好荣恶辱，好利恶害，是君子小人之所同也"。人的本性是善，还是恶呢？《荀子·性恶》认为，"今人之性，生而有好利焉，顺是，故争夺生而辞让亡焉；生而有疾恶焉，顺是，故残贼生而忠信亡焉；生

---

❶ 如孔子曾说，"获罪于天，无所祷也"（《论语·八佾》）；但孔门弟子又说，"夫子之文章，可得闻也。夫子之言性与天道，不可得闻也"（《论语·公冶长》）。

而有耳目之欲，有好声色焉，顺是，故淫乱生而礼义文理亡焉。然则从人之性，顺人之情，必出于争夺，合于犯分乱理而归于暴……因此观之，然则人之性恶明矣"。荀子受黄老学影响形成了性恶论，为其建构"礼法并用"治国思想提供了人性论基础；反过来，荀子的性恶论又为秦晋法家提供了思想基础。

其三，王霸思想。荀子立足于战国时代背景归纳了三种治国策略，即"王道""霸道"和"强道"。《荀子·王霸》认为，"用国者，义立而王，信立而霸，权谋立而亡"。《荀子·王制》进而对三"道"做了区分，"王夺之人，霸夺之与，强夺之地"。荀子反对强道，认为"权谋立而亡"，但不反对霸道、赞许王霸，实际上是王道、霸道思想的杂糅。荀子认为，要统一天下，必须实行"王道"；要使国家强盛，则要实行"霸道"。《荀子·大略》说："君人者，隆礼尊贤而王，重法爱民而霸，好利多诈而危。"如果践行王道，谁可王天下呢？荀子强调圣人为王，说"非圣人莫之能王"，又说"天下者，至大也，非圣人莫之能有也"（《荀子·正论》）。圣王如何治理国家呢？《荀子·非十二子》对道家、墨家、名家、前期法家、儒家思孟学派等六家观点逐一进行了驳斥，认为其观点虽然"言之成理""持之有故"，但是不能"一天下，财（裁）万物，长养人民"，终究为"欺惑愚众"之言。所以，荀子在吸收黄老学"道论"元素的基础上，提出了"礼治、乐治、道治"相结合的治国之策，即"礼以分治""乐以和治"与"心以道治"。荀子说，"先王之道，礼乐正其盛者也"，"天下无二道，圣人无两心"（《荀子·解蔽》）。荀子认为，国家治理的"乱之本"在于"心不知道"，所以，治心之道就在于教人"虚壹而静"与"心合于道"（《荀子·正名》）。

（2）荀子思想中的法家元素。

第一，荀子主张"人性恶"，与孔孟儒家形成对照，为法家打开了理论之窗。

孔子主张"性相近，习相远"，但也认识到"欲"的危害，主张君子应通过自我修行克服不合理的欲望。孔子说，"我欲仁，斯仁至矣"（《论语·述而》），又说"富与贵，是人之所欲也，不以其道得之，不处也。贫与贱，是人之所恶也，不以其道得之，不去也"（《论语·里仁》），进而追求一种"贫而乐，富而好礼"（《论语·学而》）的思想境界。孟子主张人性善，"孟子道性善，言必称尧舜"（《孟子·离娄下》）。在《孟子·告子上》中，孟子阐述了其人性善的论证逻辑，即从人之性与禽兽之性相区别的角度，得出"人性为仁义""人无有不善"的结论；进而从人生而有之的"恻隐之心，羞恶之心，恭敬之心，是非之心"的先验立场出发，将其对应的"仁、义、礼、智"规定为人性的基本内容。为了防止失去初心（善），孟子从个人自律的角度，提出了"养心存心"的道德规劝，"养心莫善于寡欲"（《孟子·尽心下》），"君子所以异于人者……以仁存心，以礼存心"（《孟子·离娄下》）；从国家治理的角度，提出了完善礼法规范的建议，"不以规矩，不能成方圆"，但又认为"徒善不足以为政，徒法不能以自行"（《孟子·离娄上》），认为"善政不如善教之得民也……善政得民财，善教得民心"（《孟子·尽心上》）；最终，落脚于统治者自觉践行"仁政"，"当今之时，万乘之国，行仁政，民之悦之，犹解倒悬也"（《孟子·公孙丑上》）。

在人类性情天生相近方面，荀子与孔孟的观点并无分别。荀子说，"凡人之性者，尧舜之与桀跖，其性一也；君子之与小人，其性一也"（《荀子·性恶》），"凡性者，天之就也，不可学，不可事"（《荀子·性恶》）。但在结论上，荀子得出了与孟子截然不同的观察结论，主张人性恶。在《荀子·性恶》中，荀子阐述了其论证逻辑，受黄老学"趋利避害"的人情（民情）观影响，他认为"人之性恶，其善者伪也"，"可学而能，可事而成之在人者，谓之伪"，"凡礼义者，是生于圣人之伪，非故生于人之性也"。荀子进而主张，性恶是犯罪和社会动乱的根源，"从人之性，顺人之情，必出于争夺，合于犯分乱理而归于暴"。对于人性之恶，不能仅靠节欲自律，"凡语治而待去欲者，无以道欲，而困于有欲者也；凡语治而待寡欲者，无以节欲，而困于多欲者也"（《荀子·正名》）。重要的是要靠外在约束，所以有必要"立君上"，"法先王"，"兴礼法"，这是荀子与孔孟治国思想逻辑的根本分歧点。荀子虽然主张人性恶，但又主张人性是可以后天重塑的，这就是"化性为伪"的观点。《荀子·解蔽》说："性也者，吾所不能为也，然而可化也。"化性的手段，就是礼、乐和道，荀子于是提出了"礼治、乐治、道治"相结合的治国之策。荀子人性恶的观点，被法家所用，《韩非子·奸劫弑臣》的立场更加鲜明，"夫安利者就之，危害者去之，此人之情也"。《韩非子·备内》描述了一个更加无情图利的社会景象，"舆人成舆，则欲人之富贵；匠人成棺，则欲人之夭死也。非舆人仁而匠人贼也，人不贵则舆不售，人不死则棺不买。情非憎人也，利在人之死也"。虽然在人性恶的出发点上相同，但荀子倡导的"礼法并用""化性为伪"仍是一个教化为主的治国思路；而法家则走向了"刑赏之治""严刑峻法"之路，即一方面利用人性恶，通过刑赏达到富国强兵的政治目的；另一方面为了遏制人性之恶，行专制之实。《韩非子·八经》说："凡治天下必因人情。人情者有好恶，故赏罚可用。赏罚可用，故禁令可立，而治道具矣。"《韩非子·六反》说："故明主之治国也，适其时事以致财物，论其税赋以均贫富，厚其爵禄以尽贤能，重其刑罚以禁奸邪。使民以力得富，以事致贵，以过受罪，以功致赏，而不念慈惠之赐。此帝王之政也。"

第二，荀子主张礼法并用、隆礼重法，极大强化了法的作用，却又将礼置于根本地位。

荀子从人性恶的立场出发，高度重视"礼"的作用。荀子明确提出，要以礼治国，认为"国之命在礼"（《荀子·强国》）。荀子认为，礼应渗入社会生活的每个层面，"人无礼则不生，事无礼则不成，国家无礼则不宁"（《荀子·修身》）。荀子礼治思想的出发点，就是防止人欲之恶的极度膨胀，通过礼达到"化性为伪"的效果，并认为这是"先王之道"。《荀子·礼论》系统阐述了"礼"的起源，他认为，"人生而有欲，欲而不得，则不能无求；求而无度量分界，则不能不争。争则乱，乱则穷。先王恶其乱也，故制礼义而分之，以养人之欲，给人之求，使欲必不穷乎物，物必不屈于欲，两者相持而长，是礼之所起也"。

荀子隆礼，也重法。礼、法从何而来呢？荀子强调，礼仪、法度都是圣人所作，这是强调君王立法权，强调君王负有以"礼仪""法度"达到"化性为伪"的职责。"圣人积思虑，习伪故，以生礼义而起法度"（《荀子·性恶》）。甚至在荀子看来，礼本身就是法，礼是"法之大分，类之纲纪"（《荀子·劝学》），礼法大经是"百王之所同也"（《荀子·王霸》）。

荀子虽然隆礼重法，形式上与法家思想相似，实质上却有明显的不同。一是荀子所谓的礼法与齐法家所谓的礼法的调整范围不同。荀子认为，礼是用来调节贵族的"位""禄"的，"德必称位，位必称禄，禄必称用，由士以上则必以礼乐调节之"；法则是用来治理庶民百姓的，"众庶百姓则必以法数制之"（《荀子·劝学》）。而在齐法家那里，礼是维持贵族等级秩序的，法则是以刑赏的方式督促官员和庶民建功立业的。二是荀子认为法自圣人出，齐法家认为法自君出，亦属形似而神不似。荀子认为，执法者应由君子担当，"有良法而乱者，有之矣；有君子而乱者，自古及今，未尝闻也"（《荀子·

王制》)。但是，齐法家认为，"君臣上下贵贱皆从法，此谓为大治"，更加依赖法的作用，而不是执法者的品性。三是对法的功能作用认识不同。荀子认为，礼法制度都服务于圣王"化性为伪"的政治任务，即教化、规制人性之恶，促使人人向善。而齐法家认为，法治是公平赏罚、富国强兵的手段，"君舍法而以心裁轻重，则同功殊赏，同罪而殊罚矣。怨之所由生也"，因此，要"事断于法"(《慎子·君人》)。到了秦晋法家，则更加走向极端，主张"以法为本""不务德而务法"(《韩非子·显学》)，主张严刑峻法、轻罪重判，"不宥过，不赦刑"，"有过不赦，有善不遗"，从而追求"以刑去刑，刑去事成"(《商君书·靳令》)的效果。

第五章 秦汉时期齐鲁学派的传承与融合

秦汉时期是齐鲁法律文化发展的波折期，也是齐鲁法律文化传承与融合的关键时期。秦统一六国建立了中国历史上第一个大一统的帝国，在施政策略上采用更具革新精神，但也更具破坏性的秦晋法家治理思想。汉初为了与民休息，在施政策略上更加重视黄老学。但汉武帝以后，儒家思想再度复兴，甚至在儒家思想体系内部出现了"齐学"与"鲁学"两个流派的激烈论争，通过论争达到了竞争、淘汰与融合的效应。为适应中央集权的统治需要，董仲舒提出"春秋大一统"和"罢黜百家，独尊儒术"的主张，但其所谓的"独尊儒术"其实是以"天人感应"的神学哲学为理论基础的，巧妙地将儒家"德治"与法家的"刑治"结合起来，达到"儒法合流""外儒内法"的思想整合。自此以后，无论是儒家、齐法家，抑或是齐学、鲁学，在名义上都已不复存在，齐鲁法律文化已经融入中华法律文明的主体之中。

一、秦国与秦晋法家思想

秦国，本是周王室在中国西北地区分封的诸侯国之一。周孝王六年（约公元前905年），秦非子因养马有功被周天子封为附庸国，都于秦邑。后秦庄公因击败西戎有功，被周宣王封为西陲大夫。公元前770年，秦襄公派兵护送周平王东迁有功，被封为诸侯。秦穆公时称霸西戎，位列"春秋五霸"之一。秦孝公于公元前359年任用商鞅变法，富国强兵，秦国逐渐成为战国中后期最强大的诸侯国。公元前230年至公元前221年，秦王嬴政先后攻灭中原六国，建立了中国历史上第一个大一统的秦帝国。但秦帝国是一个短命的王朝，公元前207年刘邦率军占领秦都咸阳，秦帝国灭亡。

（一）秦国-秦帝国时期"诸子学说"的融合

在西周时期，秦国是一个偏居西陲的小国，受中原礼乐文化的影响较少。秦国从受封伊始，就一直处于与西戎等民族连年征战的环境中，因此有"重军功、尚耕战"的传统。直到西周灭亡之际（公元前770年），秦襄公因派兵护送周平王东迁有功才被封为诸侯，彼时周王室衰微、礼崩乐坏的局面已经出现，中原礼乐文化对秦国影响不大。到了春秋战国时期，秦国本土由于文化积淀薄弱并没有发育出诸子学说，但秦国重视人才引进，从其他六国引进人才不分贵贱、不看出身，只看才能。[1] 与"世卿世禄"贵族文化盛行的中原诸侯国相比，这反而成了秦国的后发优势。

在秦孝公任用商鞅变法之前，秦国引进的人才不限于某一个学说流派，而是引进百家人才服务于一个目标，即助秦富国强兵、称霸诸侯。秦孝公即位后求贤若渴，向天下发出"求贤令"，"宾客群臣有能出奇计强秦者，吾且尊官，与之分土"（《史记·秦本纪》）。商鞅正是在此背景下自魏国入秦，商鞅三见秦孝公，第一次以黄老学建议秦孝公"帝道治国"，第二次以儒家学说建议秦孝公"王道治国"，均不受重视；第三次以法家思想建议秦孝公"霸道治国"，在分析当时三大强国魏、齐、楚变法的利弊后，引出自己的"治秦九论"，备受秦孝公重视。《淮南子·要略》对此有精彩的描述，"秦国之俗，贪狼强力，寡义而趋利，可威以刑，而不可化以善；可劝以赏，而不可厉以名……孝公欲以虎狼之势而吞诸侯，故商鞅之法生焉"。公元前359年，秦孝公正式任用商鞅变法。变法伊始，面对旧贵族"法古无过，循礼无邪"的质疑，商鞅进行了有力的辩驳，"治世不一道，便国不法古。汤、武之王也，不

---

[1] 例如，秦穆公时期，用五张羊皮从楚国市井之中换回百里奚，**授上大夫**；从西戎挖来由余，**授上卿**；蹇叔是经百里奚引荐入秦的，**授上大夫**；三人辅助秦穆公称霸西戎。秦孝公时期，商鞅入秦拜相之前，只是魏国丞相府的一个低级官吏（中庶子）。秦惠文王时期，引进两个纵横家，一是魏国人张仪，助秦"合纵连横"；二是司马错，助秦征服巴蜀之地。秦武王重用的甘茂，本是蔡国人，学百家说。**秦昭襄王重用的范雎**，本是魏国中大夫须贾门客，入秦拜相后制定了"远交近攻"策略。

循古而兴；殷、夏之灭也，不易礼而亡。然则反古者未必可非，循礼者未足多是也"（《商君书·更法》）。商鞅变法最为核心的内容就是铲除"仁义、和平、善良、孝悌"的旧礼，按军功授爵，体现在法律思想上就是法家的"刑赏之治"，推行"重刑主义""严刑峻法"。

公元前338年秦孝公逝世，其子秦惠文王继位，虽然商鞅被杀，但新法并未被废除，秦晋法家思想从此在秦国生根发芽。秦王嬴政时期，李斯第一次游说秦王就谈到了"灭诸侯，成帝业"，秦王甚为折服，后拜李斯为相。李斯与韩非同为荀子弟子，又同为秦晋法家代表人物，李斯曾说"自以为不如非"（《史记·老子韩非列传》）。李斯的思想与韩非思想相似，甚至部分直接来自韩非，后人有"韩非著书，李斯采以言事"之说。❶ 秦王嬴政对韩非的法家思想极为青睐，"秦王见《孤愤》、《五蠹》之书，曰：'嗟乎，寡人得见此人与之游，死不恨矣'"（《史记·老子韩非列传》）。李斯说此为韩非所著，秦王立即派兵攻打韩国，迫使韩王派韩非为使者入秦。秦王嬴政对韩非思想的重视程度，由此可窥一斑。

在公元前221年秦王嬴政统一六国前，秦国仍是一个诸子百家学说荟萃之地。例如，韩非是法家思想的集大成者，实际上是对儒家、法家、黄老学等学派兼收并蓄的结果。在韩非的老师——荀子的思想中，已经出现以儒家为主，兼与法家、黄老学等交融的态势。韩非对荀子思想进行取舍，以法家思想为主，但仍有黄老思想的成分。在韩非之前，法家思想也有诸多流派，如商鞅重"法"，申不害重"术"（君主统治的手段、策略），慎到重"势"（君王统治的权力、威势）。韩非综合各家之长，兼言法、术、势，成为法家思想的集大成者。再如，与韩非同时代的吕不韦，曾在秦庄襄王时期担任秦国丞相，广纳贤才以为门客，并要求他们"人人著所闻，集论以为八览、六论、十二纪，二十余万言。以为备天地万物古今之事，号曰《吕氏春秋》"（《史记·吕不韦列传》）。有学者认为，《吕氏春秋》"因含有反对秦国当时所行法家之治的深刻意味，故一字不提法家"。❷ 但也有学者认为，"在《吕氏春秋》中，我们可以看到儒、道、法，乃至先秦兵家、农家的思想因子，而其中的儒道法所占比例几近均等，难分伯仲"。❸

---

❶ 黄晖：《论衡校释》，中华书局1990年版，第1174页。
❷ 徐复观：《两汉思想史》（二），华东师范大学出版社2001年版，第1页。
❸ 杨玲：《先秦法家在秦汉时期的发展与流变》，中国社会科学出版社2017年版，第4页。

秦王嬴政建立"大一统"的秦帝国后，与"书同文，车同轨，行同伦"一样，在国家治理方面也产生了统一思想的需求，一度助秦成功的秦晋法家思想，顺理成章地成了国家治理的主流学说。同时开始禁绝其他诸子学说的传播，甚至出现了"焚书坑儒"事件。据《史记·秦始皇本纪》载：秦始皇称帝不久，李斯便建议，"臣请史官非秦记皆烧之。非博士官所职，天下敢有藏《诗》、《书》、百家语者，悉诣守、尉杂烧之。有敢语《诗》、《书》者弃市。以古非今者族。吏见不知举者与同罪。令下三十日不烧，黥为城旦（四年苦役）"。秦朝的官府垄断文化政策，与先秦时期各国诸子百家争鸣、私学官学自由、布衣饱学可拜相的景象形成了鲜明的对比。在这一背景下，秦帝国形成了"法家独尊"的局面，诸子学说交流融合的态势暂时受挫。

（二）齐法家与秦晋法家的法律思想比较

在东周王室衰微、礼崩乐坏、诸侯群起的时代背景下，齐、秦两国不约而同地选择了法家的国家治理和法律文化，以富国强兵、谋求霸权。只不过，在齐国践行的是以《管子》为代表的齐法家的治理思想，在秦国践行的是以《商君书》《韩非子》为代表的秦晋法家的治理思想。虽同为法家，但齐法家与秦晋法家在学术源流、治理思想上有诸多差异。

第一，学术源流上有关联，又不尽相同。在先秦时期，齐、秦两国分处东西偏远之地，既远离中原传统文化核心区域，受传统"礼"文化影响不深，因而易于接受周礼之外的新兴法律文化；又分处东夷、西戎环伺的恶劣环境，生存压力迫使其更加容易走上富国强兵之路。所以，齐国从管仲时期便开始形成以"重礼尚法"为特征的齐法家文化，向上可追溯至姜尚建国时面对东夷族群采取的"因其俗，简其礼"的方针，向下至战国时期受到阴阳学、黄老学、鲁学的深刻影响。而秦国面对西戎族群的侵扰，战事不断，素有崇尚军功的文化传统；及至战国时期，各国先后兴起变法图强运动，先有受魏国李悝、楚国吴起变法影响的商鞅，后有在齐国稷下学宫受荀子之学影响的李斯、韩非，都对秦晋法家的生成和秦国的国家治理实践产生了深刻影响。

第二，就"君与法"关系而言，都主张法自君出，但法的实施逻辑不同。齐法家主张，欲树立君主权威，首先要确保法令的权威，"令重则君尊"（《管子·重令》），为了实现令重，要求君主要率先尊法，"君臣上下贵贱皆从法"(《管子·任法》)。秦晋法家虽然也主张"法不阿贵,绳不挠曲。法之所加,智者弗能辞,勇者弗敢争。刑过不避大臣,赏善不遗匹夫"(《韩非子·有度》),但是君主超然于法之上。因为秦晋法家认为,只有树立君主的绝对权威,才能保证法令畅通,如商鞅主张"君尊则令行"(《商君书·君臣》),韩非主张"权重"才能"位重"(《韩非子·难势》),申不害主张"独视者谓明,独听者谓聪,能独断者,故可以为天下主"(《韩非子·外储说右上》)。相比而言,齐法家更接近"法律面前人人平等"的现代法治思想,而秦晋法家则走向了"以法治民"的独裁专制。

第三,就"礼与法"关系而言,齐法家主张"礼法兼用",秦晋法家主张"一断于法"。礼与法,在先秦时期都是社会治理规范,但"礼"更具伦理法、柔性法色彩,"法"更具强制性规范色彩;"礼"兼有行为规范和教化成俗的功效,"法"更侧重刑赏治理、任人用事的功效。在礼法关系上,儒家、齐法家、秦晋法家侧重各有不同。孔子主张"为国以礼"(《论语·先进》),"夫礼者,所以定亲疏,决嫌疑,别同异,明是非也……道德仁义,非礼不成;教训正俗,非礼不备;分争辨讼,非礼不决;君臣、上下、父子、兄弟,非礼不定;宦学事师,非礼不亲;班朝治军,莅官行法,非礼威严不行;祷祠祭祀,供给鬼神,非礼不诚不庄"(《礼记·曲礼上》)。但孔孟儒家很少论及法,似乎不承认礼外有法。齐法家既"重礼",也"尚法"。齐法家一方面把"礼义廉耻"称作"国之四维","四维不张,国乃灭亡","四维张则军令行"(《管子·牧民》);另一方面认为,"法律政令者,吏民规矩绳墨也"(《管子·七臣七主》),"君臣上下贵贱皆从法,此谓为大治"(《管子·任法》)。但到了秦晋法家那里,"礼"已彻底被"法"所取代,呈现"弃礼用法"的现象。如慎到说,"无法之言不听于耳;无法之劳不图于功;无劳之亲不任于官。官不私亲,法不遗爱,上下无事,唯法所在"(《慎子·君臣》)。可以说,在礼法关系上,孔孟儒家、秦晋法家是两个极端,而齐法家、荀学调和居中。

第四,就"德与刑"关系而言,齐法家主张"宽刑省禁",秦晋法家主张"严刑峻法"。齐法家吸收了儒家的德治思想,也深刻地认识到对臣民来说,"刑罚不足以畏其意,杀戮不足以服其心。故刑罚繁而意不恐,则令不行矣。杀戮众而心不服,则上位危矣"(《管子·牧民》)。所以,齐法家主张应"宽刑省禁",反对滥施刑罚,即便对犯有"不用上令""政不治""寡功"等严重罪行的人，也要给予两次悔过机会。管仲甚至创设了"赎刑"，重罪者"甲赎"，轻罪者"盾赎"。但在秦晋法家看来，"德治"是上古时代的产物，彼时"人民少而财有余，故民不争"，而今日"人民众而货财寡，事力劳而供养薄，故民争"（《韩非子·五蠹》），所以必须"以法为本"，"不务德而务法"（《韩非子·显学》），"任其力不任其德"（《商君书·错法》）。因而，秦晋法家走向了轻罪重罚的重刑主义，"行刑，重其轻者，轻者不至、重者不来；此谓以刑去刑，刑去事成"（《商君书·靳令》）；而且反对赦罪减刑，"不宥过，不赦刑，故奸无起"（《商君书·赏刑》）。

第五，就人民立场而言，齐法家倡导"富民可教"，秦晋法家主张"弱民易治"，但共性是都主张"民愚易治"。齐法家认为，欲称霸诸侯必须重视人民的力量，"夫霸王之所始也，以人为本"（《管子·霸言》）。如果人民生活贫穷，就会滋生动乱，若"以法随而诛之，则是诛重而乱愈起"（《管子·治国》）。必须让人民过上富足的日子，"凡治国之道，必先富民；民富则易治也，民贫则难治也"，又说"仓廪实而知礼节，衣食足而知荣辱"（《管子·牧民》）。秦晋法家则持相反的立场，认为治理老百姓最好使其"衣不煖肤，食不满肠，苦其志意，劳其四肢，伤其五脏，而益裕广耳"（《商君书·算地》）。需要说明的是，在先秦时期，"愚民"思想广泛存在于诸子百家思想中。如老子认为，"古之善为道者，非以明民，将以愚之。民之难治，以其智多"（《老子》）。孔子认为，"民可使由之，不可使知之"（《论语·泰伯》）。管子认为，"圣王之治人也，不贵其人博学也，欲其人之和同以听令也"（《管子·法禁》）。商鞅也认为，"民愚则易治"（《商君书·定分》）。

秦国崛起、统一六国，成也秦晋法家、败也秦晋法家。虽然原因是多方面的，如统治残暴、大兴土木、徭役沉重等，但是，所奉行的秦晋法家思想不能不说是一个原因。《史记·太史公自序》说："法家不别亲疏，不殊贵贱，一断于法，则亲亲尊尊之恩绝矣。"贾谊在《过秦论》中也认为，秦朝灭亡的原因就是不行仁政，"攻守之势异也"，导致"天下苦秦久矣"。

二、西汉初期的黄老学与黄老之治

代秦而立的西汉，在"汉承秦制"的指导思想下逐渐接受了与法家治国思想有亲缘关系的黄老思想。正如有学者指出的那样,"西汉前期是中国法律思想史上一个重要时期,短短的几十年中,官方法律思想发生了由法到儒的巨大转变……这场巨大转变中的关键转折点正是黄老学派的法律思想"❶。

刘邦代秦之后,确立了"汉承秦制"的治国思想。据《晋书·刑法志》载:"汉承秦制,萧何定律,除参夷连坐之罪,增部主见知之条,益事律《兴》、《厩》、《户》三篇,合为九篇。"汉承秦制的弊端也很明显,包括继承了严刑峻法的重刑主义思想。秦统一六国却二世而亡,这给了西汉学者批判秦晋法家思想一个绝佳的借口,纷纷将秦亡之过归咎于法家思想。在这种情况下,刘邦的谋士陆贾就告诫他说,要"文武并用","陆生时时前说称《诗》、《书》。高帝骂之曰:'乃公居马上而得之,安事诗书?'陆生曰:'居马上得之,宁可以马上治之乎?且汤武逆取而以顺守之,文武并用,长久之术也。昔者吴王夫差、智伯极武而亡;秦任刑法不变,卒灭赵氏。乡使秦已并天下,行仁义,法先圣,陛下安得而有之?'"(《史记·郦生陆贾列传》)这种对秦亡教训的总结,显然对于西汉国家治理策略的转变发挥了作用,但转变不是一朝一夕完成的。

刘邦统治时期,西汉朝廷忙于东征西讨平定天下,在治国方略改革方面无力顾及太多,"明确地以'无为而治'作为一种施政原则,是在刘邦死后,惠帝时才开始的"❷。而要追根溯源,则可能始于曹参相齐及其代萧何成为汉相之后。据《史记》载,汉高祖六年,曹参被封为齐王刘肥的相国,他向胶西盖公学习"言治道贵清静而民自定"的"黄老言",在他为齐相的九年之中"其治要用黄老术",结果"齐国安集,大称贤相"(《史记·曹相国世家》)。汉惠帝二年,曹参继萧何为国相,一方面"萧规曹随";另一方面,秉承黄老之术,"填以无为,从民之欲,而不扰乱"(《汉书·刑法志》)。可以说,在曹参的施政理念中,"萧规曹随"与"黄老之治"是一体两面、相辅相成的,通过朝政的"不折腾"来达到"无为而无不为"的治理效果。曹参的后继者陈平,也好"治黄帝、老子之术"(《汉书·张陈王周传》)。此后,文帝、景帝、窦太后也都喜好黄老之术,"文帝本修黄老之言,不甚好儒

---

❶ 杨颉慧:《西汉前期黄老学说下的法律思想与法治实践研究》,郑州大学博士学位论文,2017年,第1页。

❷ 林剑鸣:《秦汉史》,上海人民出版社1989年版,第283页。

术，其治尚清静无为"。❶《史记·外戚世家》亦载："窦太后好黄帝、老子言，帝及太子诸窦不得不读黄帝、老子，尊其术。"在统治集团长期接受和尊崇黄老之术的氛围之下，黄老学说遂成为西汉前期的官方治理的指导思想。不过，真正将黄老学说确立为政治统治指导思想的是汉文帝。"文帝以庶子藩王而至九五之尊，深知民间疾苦、民心所盼，故其先后除诽谤、妖言法，除肉刑，减笞刑；又除田租；实行'轻徭薄赋'、'约法省禁'、'去繁礼'政策，因作露台需费百金而罢作；身体力行贯彻黄老清静无为说，确定了文景时期任用黄老的基调。"❷

总结来看，一方面，西汉初年通过"汉承秦制""萧规曹随"的政治实践，延续了先秦以来法家的法治主义精神。如汉文帝说，"法者，治之正"（《汉书·刑法志》）。另一方面，在强调以法治国的同时，反思秦晋法家崇尚严刑峻法的重刑主义，融入了黄老学派主张的"清静无为"和"刑德并用"思想。据《史记·张释之冯唐列传》载，文帝时期的廷尉张释之说："法者天子所与天下公共也。今法如是，更重之，是法不信于民也……廷尉，天下之平也。一倾而天下用法皆为轻重，民安所措其手足？"特别是，黄老学派主张的"礼法并用"思想，对西汉初年纠正单纯靠重刑治国的偏差发挥了很大的作用，西汉初年的"不孝入罪""服丧入制""尊卑量刑"等立法都是兼重礼法的体现。如据《张家山汉墓竹简·奏谳书》载，汉高祖刘邦时就有"不孝罪"，"教人不孝，次不孝之律。不孝者弃市。弃市之次，黥为城旦舂"。汉初萧何制律时，规定大臣可以请假奔丧的制度。对卑幼犯上的行为开始贯彻加重处罚的原则。如《二年律令·贼律》规定："子贼杀伤父母……皆枭其首市。"概而言之，从对秦帝国"重刑主义法治思想"的反思，到西汉初年对"法治主义黄老思想"的回归，再到后来汉武帝时期"儒法合流"的发展，是治国理念持续变动演化的三个阶段。

---

❶ 王利器：《风俗通义校注·正失》，转引自杨颉慧：《西汉前期黄老学说下的法律思想与法治实践研究》，郑州大学博士学位论文，2017年，第33页。

❷ 郑杰文：《西汉前期黄老的文化派别》，《管子学刊》2002年第2期。

三、西汉时期"儒法合流"的三部曲

东周的春秋时期是诸子学说蜂出、各自标新立异的时期，战国时期则是诸子学说交流、彼此荟萃融合的时期，经历秦帝国短暂的"官府垄断、诸子沉寂"的转型，到汉代再次出现了黄老、法家、儒家等诸子学派在争鸣中渐趋融合的气象，最后以"罢黜百家、独尊儒术"的名义走向了以"儒法合流"为主流的新儒学发展道路。就西汉的法律文化融合而言，既是先秦时期齐鲁法律文化争鸣与融合的延续，也是齐鲁法律文化融入"以儒为主"的中华主流法律文化的历史绝唱，汉代以后作为地域学派意义上的齐学、鲁学渐趋沉寂。

综观西汉整个历史，法律文化的争鸣、融合与发展大体上经历了"三部曲"。

1. 以黄老学为主的诸子争鸣与融汇

西汉初年再度兴起的黄老学本是齐学，其学术思想渊源于战国中晚期齐国的"稷下学宫"的诸子思想。西汉初年，黄老学之中蕴含的"君主无为、臣民有为"思想，适应了饱受战乱之苦后的"与民休息"的政治形势；而黄老学之中的"礼法兼用"思想，又适应了中央集权的庞大帝国的政治稳定需求。所以，汉初具有远见卓识的统治者如汉文帝、汉景帝、窦太后，以及汉相萧何、曹参、陈平均倡导将黄老思想融入政治治理实践。

一种学说能被提升为官方治理理念，必定是与这种学说的繁荣发展相伴随的。在秦汉之际，比较有代表性的"黄老学"作品有《吕氏春秋》《文子》《淮南子》。此外，《荀子》《韩非子》《新语》《新书》《韩诗外传》等也不同程度地受到"黄老学说"的影响。例如，陆贾的《新语·至德》说，"君子之为治也，块然若无事，寂然若无声，官府若无吏，亭落若无民，闾里不讼于巷，老幼不愁于庭。近者无所议，远者无所听。邮无夜行之卒，乡无夜召之征"，这与道家和黄老学之中"清静无为"的政治理念相似。贾谊的《新书·道术》也大谈"虚术之道"，"道者，所道接物也，其本者谓之虚，其末者谓之术。虚者，言其精微也……凡此皆为道也"。韩婴的《韩诗外传·卷二》讲为君之道时说，"天无事焉，犹之贵天也……君无事焉，犹之尊君也……故有道以御之，身居无能也，必使能者为己用也"。受西汉官方加持的黄老学普遍地融入儒家思想之中，并不令人感到意外。著名学者余英时说，"由于汉代思想界已趋向混合，差不多已没有任何一家可以完全保持其纯洁性，而不受其他各家的影响"。[1]

到了西汉中期以后，黄老学作为治国思想渐趋沉寂。一个原因是政治层面上的，即"无为而治"的政策导致地方诸侯、刘姓王国坐大，甚至在汉景帝时出现了吴楚"七国之乱"。另一个原因是儒家学派的崛起，到汉武帝时期出现了"罢黜百家、独尊儒术"的统治思想，黄老学不再受到政治重视。到西汉末期以后，黄老学逐渐向民间宗教意义上的"黄老道教"转变。其实，黄老学本身就有"刑政礼法"意义上的政治治理思想和"神仙方术"意义上的方术道教思想之分。有学者指出，自秦至东汉末四百余年，以方术为生的方士阶层逐渐成了与儒生相对抗的另一士族。[2] 东汉末年的黄巾军起义，是道教思想在民间广泛传播的一个力证。

2. 儒家学派内部"齐学""鲁学"的争鸣

"齐学""鲁学"的称谓有广义、狭义之别。广义上，把产生于先秦时期齐地之学均称为齐学，而把产生于鲁地的孔孟儒学称为鲁学。但在狭义上，"齐学""鲁学"仅指汉代儒家经学者的两个重要派别，换言之，齐学、鲁学都是儒学。清代学者唐晏云以正统与否作区分，"西汉经学首宜辨者，为鲁与齐之分。鲁学为孔门正传，齐学则杂入衍、奭之余绪，是以余闻而参正统也"[3]。钱穆则根据儒生治经范围作区分，认为《鲁诗》《鲁论》和《礼》归属鲁学，《齐诗》《齐论》《尚书》和《易》归属齐学。[4] 现代也有学者认为，"齐学原指秦汉之际辕固生和公羊寿等经学派"[5]，鲁学是"儒学在鲁地传播

---

[1] 余英时：《士与中国文化》，上海人民出版社1987年版，第140页。
[2] 金贵晟：《黄老道探源》，中国社会科学出版社2008年版，第129页。
[3] 唐晏：《两汉三国学案》，中华书局1986年版，凡例。
[4] 钱穆：《两汉经学今古文平议》，商务印书馆2001年版，第222页。
[5] 胡孚琛：《齐学刍议》，《管子学刊》1987年第1期。

而形成的一种区域儒学"，❶ 这可能是较为符合西汉时期儒家"齐学""鲁学"争鸣实况的划分。

在西汉初期，《公羊传》《齐诗》和《齐论》陆续由当时的儒生完成，标志着"齐学"的形成；同一时期，鲁学也作为相对应的学派形成。❷ 据文献记载，刘邦时期，尚未设置五经博士，彼时儒生尚不受重视。文帝、景帝时，已经出现了经学博士的设置，如张生、晁错是《书》博士，申生、辕固、韩婴是《诗》博士，胡毋生、董仲舒是《春秋》博士。此后，儒家齐学、鲁学两个学派有四次争鸣：

一是汉武帝时，江公、董仲舒都是五经博士。江公治《谷梁传》，是鲁学家；董仲舒治《公羊传》，是齐学家。汉武帝召见二人问策，二人辩论，结果不善言辞的江公败下阵来。当时，担任丞相的公孙弘（齐地人）也治公羊，重用董仲舒，汉武帝于是尊公羊学，让太子刘据学《公羊春秋》，公羊学由此兴盛。

二是汉武帝晚年，推崇《公羊传》的汉武帝与喜爱《谷梁传》的太子刘据之争。刘据学习并通晓《公羊传》之后，却又喜欢《谷梁传》，于是私下里向江公学习《谷梁传》。最后，刘据因巫蛊之案蒙冤自杀。

三是汉宣帝初年，来自鲁地的韦贤、夏侯胜和史高都很推崇鲁学。《汉书·儒林传》载，"宣帝即位，闻卫太子好《谷梁春秋》，以问丞相韦贤、长信少府夏侯胜及侍中乐陵侯史高，皆鲁人也，言谷梁子本鲁学，公羊氏乃齐学也"❸。汉宣帝询问众人的意见，都说宜兴《谷梁》，三人都同意。

四是汉宣帝时期，鉴于鲁学、齐学出现门派之争，皆称自己为正统，于是在石渠阁召开了一次经学会议，令"诸儒讲五经同异，太子太傅萧望之等平奏其议，上亲称制临决焉"（《汉书·宣帝纪》）。这是齐学与鲁学的最后一次冲突，鲁学因宣帝的支持而取胜，《谷梁传》被立为官学，意味着官学重心"由齐学到鲁学的转变"❹。

齐学与鲁学的差异，不是在对待礼法态度上有根本不同，而是西汉前期或中期齐、鲁两地的儒家经学者所体现的不同的治学旨趣和风格，"齐学崇尚

---

❶ 刘德增：《"鲁学"初论》，《齐鲁学刊》1991年第2期。
❷ 李沈阳：《汉代齐学与鲁学研究综述》，《管子学刊》2017年第1期。
❸ 班固：《汉书》，中华书局1962年版，第3618页。
❹ 吴雁南、秦学颀、李禹阶：《中国经学史》，福建人民出版社2001年版，第89页。

权变、多神秘性，鲁学则崇尚仁义、因循守成"。❶ 文景时期经学博士的设置，特别是汉武帝时期设置五经博士，让儒生可以担当学管，掌握学术话语权，这也许加剧了学派之争。到西汉后期，随着古文经学的崛起，齐学与鲁学融合趋势在所难免。东汉后期，除《公羊传》与《谷梁传》外，两派典籍混在一起，难辨彼此，作为经学派别意义上的齐学与鲁学也基本泯灭。❷

3. "儒法合流"与"儒法之争"

西汉初年，在治国思想上经历了一个从重视法家向重视黄老学的转变过程。但经由战争起家的治国者，并未把儒家思想放在一个重要的位置上，或者说儒家思想尚不能有效解决当时面临的政治紧迫需要。据《汉书·儒林传》载："及高皇帝诛项籍，引兵围鲁，鲁中诸儒尚讲诵习礼，弦歌之音不绝，岂非圣人遗化好学之国哉？……然尚有干戈，平定四海，亦未皇庠序之事也。孝惠、高后时，公卿皆武力功臣。孝文时颇登用，然孝文本好刑名之言。及至孝景，不任儒。窦太后又好黄、老术，故诸博士具官待问，未有进者。"

汉景帝时，出现了儒生逐渐受重视的现象，一个重要的历史人物董仲舒走上历史舞台。董仲舒（公元前179年至公元前104年），西汉广川（河北景县）人，汉景帝时任经学博士，讲授《公羊春秋》。随着黄老学逐渐不能适应治国理政的需要，法家"重刑主义"的前车之鉴记忆犹新，儒家思想乘势而起受到了统治者的重视。汉武帝元光元年（公元前134年），下诏征求治国方略，董仲舒在著名的《举贤良对策》中系统地提出了"天人感应""大一统"学说，"诸不在六艺之科、孔子之术者，皆绝其道，勿使并进"和"推明孔氏，抑黜百家"的主张，受到汉武帝赏识。建元五年（公元前136年），汉武帝置儒家五经博士，罢各家传记博士；元光元年，又黜黄老刑名百家之言，只选学儒术者为官；元朔五年（公元前124年），兴太学为五经博士置弟子，在弟子中选官，以学习儒家经典优劣为标准。至此，儒家完成了华丽转身，代黄老学成为西汉统治思想。

董仲舒虽是儒生出身，以治儒家经典为学术要务，但他的思想并非单纯的儒家思想。一方面，他发挥了孔孟儒家思想中德治与自然异象的关联元素，

---

❶ 安作璋、张汉东：《山东通史·秦汉卷》，人民出版社2009年版，第193页。
❷ 李沈阳：《汉代齐学与鲁学研究综述》，《管子学刊》2017年第1期。

从哲学上提出"天人感应"理论，赋予儒家"德治"思想以先验的神学合理性，并以此劝诫统治者必须顺天意、行"王道"，"任德而不任刑"。另一方面，董仲舒又基于"天人感应"的神学理论，论述了"刑罚不中"会激化社会矛盾、影响社会秩序安定。所以，董仲舒以"天人感应"的神学哲学为理论基础，将儒家"德治"与法家的"刑治"结合起来，实现儒法思想的交融。此外，他还适应中央集权的统治需要，提出"春秋大一统"和"罢黜百家，独尊儒术"的主张；针对加强君权需要，提出"君权神授"的政治思想和相应的儒家道德观点；针对汉初土地兼并现实，发挥儒家的仁政思想，主张限田、薄敛、省役；针对为人处世标准，提倡孝道，提出"君为臣纲，父为子纲，夫为妻纲"和"仁义礼智信"五种为人处世的道德标准，即三纲五常。总之，其学以儒家宗法思想为中心，杂以阴阳五行说，把神权、君权、父权、夫权贯穿在一起，形成帝制神学体系。

汉武帝采纳了董仲舒的思想，"罢黜百家，独尊儒术"，但也不尽采儒家的治理思想，而是"儒法兼采、儒表法里"。他对儒生动辄主张"法先王"、抨击时政的做法深恶痛绝，曾说"朕闻五帝不相复礼，三代不同法，所繇（由）殊路而建德一也。盖孔子对定公以徕（来）远，哀公以论臣，景公以节用，非期不同，所急异务也"。不仅如此，他还让"有司奏请置武功赏官，以宠战士"。❶ 这些论述，与商鞅变法时主张的"三代不同礼而王，五霸不同法而霸"非常相似，重视"军功"、崇尚变革，这些本身都是法家思想的元素。颇受汉武帝重视的股肱之臣公孙弘，曾向武帝提出"八治"之法，"因能任官，则分职治；去无用之言，则事情得；不作无用之器，则赋敛省；不夺民时，不妨民力，则百姓富；有德者进，无德者退，则朝廷尊；有功者上，无功者下，则群臣逡；罚当罪，则奸邪止；赏当贤，则臣下劝：凡此八者，治民之本也"，并说"礼义者，民之所服也，而赏罚顺之，则民不犯禁矣"。❷ 在公孙弘的思想中，"礼义""赏罚"是并重的，"因能任官""有功者上""罚当罪""赏当贤"的思想都具有更加明显的"法家"思想元素。

西汉立国以来，旗帜鲜明的法家已不复存在，但法家思想并未绝迹，而是以"隐身"的形象示人。在汉初，法家先是以黄老学的构成元素（刑名思

---

❶ 班固：《汉书·武帝纪》，中华书局1962年版，第173页。
❷ 班固：《汉书·武帝纪》，中华书局1962年版，第173页。

想）活跃，在黄老学消退后又被儒家吸收，至汉武帝时期，"以隐身人、幕后者的身份垂帘听政、霸王道杂用之、外儒内法、阳儒阴法的政治文化特点就此形成"。❶ 随着汉武帝时期"罢黜百家，独尊儒术"政策的施行，法家学派已没有立足之地，但是官吏群体中的儒法思想斗争仍然存在。例如，酷吏张汤也仰赖儒生行"春秋决狱"之法，"汤决大狱，欲傅古义，乃请博士弟子治《尚书》、《春秋》补廷尉史，亭疑法"（《史记·酷吏列传·张汤传》）。但张汤并不真心赞同儒生治国之策，在匈奴来请和亲时，武帝请群臣发表意见，博士狄山主张和亲，而武帝问张汤意见时，汤曰"此愚儒，无知"（《汉书·张汤传》）。更令人瞩目的"儒法之争"发生在汉昭帝始元六年（公元前81年）召开的盐铁会议上。在这次会议上，出现了对立的两派：一是以霍光为首，主张推举贤良、询问民情、免除田租，即"恤民政策"；一是以桑弘羊为首，坚持再开屯田、增强国力，所谓"富国强兵"政策，这正是汉武帝时期推行的政策。在会议上，从民间来的贤良文学与桑弘羊就包括盐铁等经济政策在内的汉武帝的内外政策，展开了激烈论辩。有学者提出，这是儒法最后一次争鸣，"自桑弘羊以后，作为一个与儒家公开对抗的独立的法家学派，则渐渐消失了"。❷

自汉武帝以后，"罢黜百家，独尊儒术"政策表面上是儒家思想一元至尊，实质上其已不是单纯的先秦时期孔孟儒家，而是以儒为主，儒法融合、礼法并用、德刑并重的新儒家。在中央集权的大一统政治体制下，诸子百家、齐学、鲁学均丧失了独立存在的价值，而融入中华主流法律文化的大潮之中。陈寅恪曾说："中国自秦以后，迄于今日，其思想之演变历程，至繁至久。要之，只为一大事因缘，即新儒学之产生及其传衍而已。"❸

---

❶ 杨玲：《先秦法家在秦汉时期的发展与流变》，中国社会科学出版社2017年版，第4—5页。
❷ 王铁：《汉代学术史》，华东师范大学出版社1995年，第244页。
❸ 《陈寅恪集：金明馆丛稿二编》，生活·读书·新知三联书店2001年版，第282页。

第六章　齐鲁法律文化传统的现代启迪

在法律史学者看来，法律文化即法律传统。法律传统虽然在历史中形成，但不能简单地认为"凡是过去的"就是传统，也不能把"传统"与"现代"绝对对立起来。"传统的正确意义，应该是在保持稳定的连续性中的变革和创新的文化时间过程。任何文化，作为传承的东西而且成为'统'，都是保守与变革在整合中的统一，都是在连续性中的发展。"[1]那些仅仅属于过去，但已经僵化和死亡的东西，是不能称为传统的。因此，所谓传统，"就其最明显、最基本的意义来看，它的涵义仅只是世代相传的东西，即任何从过去延传至今或相传至今的东西……决定性的标准是，它是人类行为、思想和想象的产物，并且被代代相传"[2]。换言之，齐鲁法律文化具有历史属性，但其精神内容也具有融于现在，并作用于未来的属性。基于这种对传统的理解，本章选取五个视角讨论齐鲁法律文化传统的现代价值。

一、国家治理：从"为政以德"汲取"良法善治"的智慧

（一）"轴心时代"的国家治理思想

人类社会的一些伟大思想往往发生在社会大变革或转型时期，"轴心时

---

[1] 李鹏程：《当代文化哲学沉思》，人民出版社1994年版，第371页。
[2] ［美］E. 希尔斯：《论传统》，傅铿、吕乐译，上海人民出版社1991年版，第15页。

代"就是这样一个历史时期。1949年德国哲学家卡尔·雅斯贝尔斯提出了一个著名的概念即"轴心时代"（Achsenzeit，Axial Period），用以描述在公元前800年至公元前200年之间（特别是在公元前500年前后这个历史阶段），在地球北纬30度左右，若干不同的地方先后产生了灿烂辉煌的古代文明。这些伟大的文明缘起于若干卓越的思想家，既包括中国的孔子、老子创立的儒家和道家思想，也包括巴门尼德、苏格拉底、柏拉图等创立的古希腊哲学。雅斯贝尔斯认为，轴心时代的出现是以人类的自我觉醒为前提的，"轴心期是在世界历史水平上唯一一个相当于总体的普遍类似，而不单单是特殊现象偶然的同时发生"[1]。

1. 中国先秦时期国家治理学说萌生的背景

在中国，关于国家治理思想的第一次大讨论发生在春秋战国时期（公元前770年至公元前221年）。当时诸子百家争鸣的主要议题，其实就是国家治理方略问题。据《荀子·王霸》载："（五伯）乡方略，审劳佚，谨畜积，脩战备，齺然上下相信，而天下莫之敢当。"大意是：春秋五霸之所以成功，就在于他们注重方法策略，合理使用民力，发展经济，做好战备，君民同心，这样就无人敢与他们作对了。从《荀子》使用"方略"的语境看，其本身就有治国方略的意蕴，即治理国家的战略性方针和全盘性策略。

讨论齐鲁法律文化中蕴含的国家治理思想，需要结合先秦诸子学说形成的时代背景，特别需要结合周代国家和区域治理思想的形成和遭遇的危机进行讨论。公元前11世纪，周武王通过牧野之战取代商纣王成为天下的统治者，在汲取先王的治理经验和"汤武革命、夏商覆灭"的历史教训的基础上，周王室作出了"天命靡常，惟德是辅"（《诗经·大雅·文王》）的政治运行规律判断，围绕"敬天保民""明德慎罚"（《尚书·康诰》）的施政纲领，形成了"礼治""刑治"与"德治"相辅相成的治国方略。但是，在周代"分封建国"的政治体制下，以周王为代表，由诸侯和卿大夫组成的贵族统治体系看似组织严密，实则在周王室与受封诸侯、诸侯与受封卿大夫之间存在流动不居的内在体制性缺陷，不同时期政治经济和军事实力的变动时刻拨弄着

---

[1] ［德］卡尔·雅斯贝尔斯：《历史的起源与目标》，魏楚雄、俞新天译，华夏出版社1989年版，第19页。

政治混乱的琴弦。在此背景下，作为国家强力统治工具的"刑"（战争和刑罚），事实上掌握在诸侯手中；作为周王室倚重的政治制度和伦理规范的"礼"，由于其软法的特质而"崩坏"；作为政治规矩的"德"，逐渐失去对贵族集团的约束力，由此导致春秋战国时期以"礼崩乐坏"为显著特征的政治混乱，诸侯竞相"争霸""称王"，周代"分封建国"的政治体制逐渐解体。在此情况下，掌握知识的没落贵族、低级官吏和民间饱学之士汇聚成一个独特的知识阶层，围绕如何治国修身，诸子学说蜂出。在治国方略方面，既有源自老子的以"道法自然""无为而治""君无为而臣有为"为特征的"道治"方略，也有源自孔子的以"效法先王""克己复礼""为政以德"为特征的"王道"方略，还有源自稷下学宫的以"道法自然""礼法并用""重视刑赏"为特征的"霸道"方略，其他各种修正或衍生学说更是层出不穷。

2. 古希腊思想家讨论国家治理的时代背景

古希腊的荷马时代（公元前 12 世纪至公元前 8 世纪）仍处于氏族社会末期，注重德性是古希腊社会的道德传统。荷马时代结束之后，古希腊城邦通过与波斯帝国的希波战争（公元前 499 年至公元前 449 年）的胜利，使雅典成为当时最强盛的奴隶制城邦。但后来希腊城邦内部的雅典与斯巴达之间的伯罗奔尼撒战争（公元前 431 年至公元前 404 年）使原始民主制遭到破坏，出现了贵族寡头政治和篡权的僭主统治，古希腊城邦进入由盛及衰的时代。正是在这一政治伦理混乱的时期，出现了很多杰出的思想家，如被誉为"古希腊三贤"的苏格拉底、柏拉图、亚里士多德等。

"古希腊三贤"关于国家治理、道德政治和法治的讨论深刻地影响了西方政治和法治文明。在亚里士多德之前，苏格拉底和柏拉图都反对简单的少数服从多数的民主政治，苏格拉底主张"贤人政治"或者"好人政治"，而柏拉图则主张兼具智慧和美德的"哲学王"式的统治。直到亚里士多德时期，才明确地主张"法治"，并提出了影响西方法治数千年的法治定义，"法治应包含两重意义：已成立的法律获得普遍的服从，而大家所服从的法律又应该是本身是制定得良好的法律"。[1] 古希腊思想家从"贤人政治"向"良法之治"的发展过程，与中国先秦时期从儒家"礼治"走向齐法家"法治"具有

---

[1] ［古希腊］亚里士多德：《政治学》，吴寿彭译，商务印书馆 1983 年版，第 184 页。

相似性。

综上可见，无论是中国先秦时期诸子百家围绕国家治理形成的儒家、法家和道家等思想学说，还是古希腊思想家"贤人政治""哲学王统治""良法之治"，都具有若干共性，既有重视规则之治的一面，也有重视道德治理的一面。"轴心时代"东方和西方的这种法律文化的共性绝不是偶然的，而是对人类社会发展规律的一定程度的揭示。虽然有其历史局限性，但其中围绕国家长治久安、人民安居乐业、经济持续发展、社会全面进步的一些论述，涉及一些跨时代的共性问题，在现代社会仍然有启迪意义。

（二）齐鲁法律文化蕴含的"规则之治"思想

在现代社会，法治作为治国方略已为世界上大多数国家所接受。但是，"关于它的含义与作用机理却存有大量含混不清的认识。可以说，捍卫法治的人有多少，法治观念就有多少"[1]。从法治的形式意义来说，最基础的含义无非有二：一是重视规则在国家治理中的基础性地位，法律得到普遍的遵守；二是重视规则对权力的约束作用，反对超越法律之上的特权。换言之，法治的形式意义就是重视规则之治。从这个意义上说，齐鲁法律文化已经蕴含了一些形式法治思想。

1. 先秦时期的"礼""法""刑"都是一种治理规则

长期以来人们往往误以为先秦儒家只主张"德治"而不主张"法治"，原因就在于只把儒家之"礼"视为"道德之礼"，而忽视了"礼"的制度规范意蕴。作为跨语际交流的先行者，严复早就指出，"西文'法'字，于中文有理、礼、法、制四者之异译，学者审之"[2]。概括言之，先秦时期的"礼""法""刑"都是一种治理规则，只不过不同时期的表达方式和治理逻辑有所不同而已。

在西周以前，"礼"经历了从社会习俗逐渐向国家法律制度演变的过程。

---

[1] 陈金钊：《魅力法治所衍生的苦恋——对形式法治和实质法治思维方向的反思》，《河南大学学报》2012年第5期。

[2] 严复：《孟德斯鸠法意》（上册），商务印书馆1981年版，第3页。

"礼"源于原始社会"祭天祀祖"的习俗,即祭礼。《说文解字·示部》说:"礼,履也,所以事神致福也。"在夏、商王国社会,祭祀开始与神权、王权发生关联,成为维系王权统治安危的国家大事,所谓"国之大事,在祀与戎"(《左传·成公十三年》)。周灭商以后,基于"天命靡常,惟德是辅"的革命性认识,又形成了"尊礼尚施,事鬼敬神而远之,近人而忠焉,其赏罚用爵列,亲而不尊"(《礼记·表记》)的思想,即把"礼"与"神权"进行了一定的剥离,把"礼"定位为调整人际关系的规范。随着周公制礼,"礼"从一种社会习俗、一种王权象征开始上升为国家体系化的治理规则。周代统治者的智慧之处在于赋予"礼"以文明、温情的面目,但实际上"礼""刑"是互为表里的关系,"礼"是靠刑罚来强制性贯彻实施的。正如《论衡·谢短》所载:"古礼三百,威仪三千,刑亦正刑三百,科条三千,出于礼,入于刑,礼之所去,刑之所取,故其多少同一数也。"现代学者也认为,"古人心目中真正的'法'是'礼'与'刑'二者的结合(且以'礼'为主,'刑'不过是为'礼'而存在的)"❶。现代学者一般认为,"西周的'礼',其实就是西周调整贵族内部和同族平民关系的'法'……只是在西周不叫'法'或'法律',而名曰'礼'"❷。可见,"周礼"实际上就是周代法律制度的概称。

直至春秋时期,"礼"就是法的认识仍然普遍,但"法"字尚不具有法律意义。❸ 随着春秋时期周王室的统治秩序分崩离析,不仅"礼"不再被人们普遍遵守,而且随着时间推移人们对"礼"的认识也出现了模糊和混乱。儒家正是在整理古礼的过程中兴起的,其突出的表现就是孔子编修六经的活动。清代学者皮锡瑞说:"经学开辟时代,断自孔子删定《六经》为始;孔子以前,不得有经。"❹所谓《六经》,"皆先王之政典也"❺。但在孔子生活的时代,"礼"的含义已经复杂化,在不同语境中含义有所不同。(1)有时,"礼"是指隐含在"先王政典"中的法律精神或法律传统。如孔子说,"制度在礼,文为在礼"(《礼记·仲尼燕居》)。(2)有时,"礼"是指经过儒家重新梳理,且期待成为未来社会治理的规范。孔子编修六经的目的,就是通过

---

❶ 范忠信、郑定、詹学农:《情理法与中国人》,中国人民大学出版社1992年版,第63页。
❷ 李光灿、张国华:《中国法律思想通史》(一),山西人民出版社1994年版,第13页。
❸ 栗劲、王占通:《略论奴隶社会的礼与法》,《中国社会科学》1985年第5期。
❹ 皮锡瑞:《经学历史》,中华书局1959年版,第19页。
❺ 章学诚:《文史通义新编新注·易教上》,仓修良编注,商务印书馆2017年版,第1页。

"复礼"达到国家治理有序。(3) 儒家所谓的"礼",内涵与外延都极为广泛,几乎涵盖了天子、诸侯、大夫、士和庶民一切行为规范。换言之,既有带有国家根本大法性质的"礼",也有民法、刑法、行政法、婚姻法、诉讼法等部门法意义上的"礼",还有儒家倡导的道德情操意义上的"礼"。"礼"能用来治国吗?在孔子看来,"能以礼让为国乎?何有?不能以礼让为国,如礼何?"(《论语·里仁》)。与孔子同时代的左丘明说得更透彻,"礼,经国家,定社稷,序人民,利后嗣者也"(《左传·隐公十一年》)。在儒家看来,"礼"不仅能治国,还兼有调整社会生活方方面面的规范功能,就此而言确实存在泛化的现象。《礼记·曲礼上》载:"道德仁义,非礼不成;教训正俗,非礼不备;分争辨讼,非礼不决。君臣上下父子兄弟,非礼不定。宦学事师,非礼不亲。班朝治军,莅官行法,非礼威严不行。祷祠祭祀,供给鬼神,非礼不诚不庄。"

到了战国时期齐法家的著述中,才出现"法""礼"二词并用或者以"法"代"礼"的现象,开始突破西周"礼""刑"中心主义的观念。(1) 齐法家开始从国家一般法律制度的意义上,赋予"法"新的含义。如齐法家认为,"法者,天下之程式也,万事之仪表也"(《管子·明法解》),"尺寸也,绳墨也,规矩也,衡石也,斗斛也,角量也,谓之法"(《管子·七法》),"如四时之不贰,如星辰之不变,如宵如昼,如阴如阳,如日月之明,曰法"(《管子·正第》)。(2) 齐法家虽然"尚法",但仍然"重礼"。曾任齐相的晏婴就赋予"周礼"很高的地位,他说,"无礼而能治国家者,婴未之闻也"(《晏子春秋·内篇谏下》)。他还认为,"礼之可以为国也久矣,与天地并","在礼,家施不及国,民不迁,农不移,工贾不变,士不滥,官不滔,大夫不收公利"(《左传·昭公二十六年》)。(3) 齐法家是一个倡导务实变革的学术流派,他们虽然"重礼"但又不相信"礼"能富国强兵,所以主张"变法"和"修法"。早在管仲任齐相时,就认为周礼的有些内容已经过时,因而主张"修旧法,择其善者而业用之"(《国语·齐语》)。但是,与儒家以"礼"包打天下的做法不同,齐法家在主张"修旧法"以图变革的过程中创造性地设置了"法、律、政令"等多种制度,并赋予其不尽相同的功能。如《管子·七臣七主》中说,"夫法者,所以兴功惧暴也;律者,所以定分止争也;令者,所以令人知事也。法、律、政令者,吏民规矩绳墨也"。

综上可见,在先秦时期"礼""法""刑"都是一种治理规则,都根源于西周时期的国家治理文化，只不过儒家和齐法家各取所需，演绎发展出各自的治国学说体系而已。其中，儒家更多是在"礼""刑"关系中讨论"礼治"的问题，即通过弱化"刑"的主导地位，把"礼"放在国家治理的中心地位，强调"礼"的教化和预防作用。如孔子说，"礼乐不兴，则刑罚不中"（《论语·子路》）。齐法家更多是在"刑""赏"关系中讨论"法治"的问题，强调法的"兴功惧暴"功能，以服务于与时俱进和富国强兵的政治目的。"刑""赏"不是齐法家的首创，而是对西周法律传统的挖掘和发扬。在《周礼·天官·大宰》中就记载了大宰之职，包括"掌建邦之六典，以佐王治邦国""以八法治官府""以八则治都鄙"等，"八则"包括"祭祀""法则""废置""禄位""赋贡""礼俗""刑赏""田役"，并说"七曰刑赏，以驭其威"。在战国时期齐法家提出的"法治"话语普遍传播后，儒家也给予了回应，但总体上是将"法"作为"礼"的分支来对待。如荀子说，"《礼》者，法之大分，类之纲纪也"（《荀子·劝学》），"隆礼至法则国有常，尚贤使能则民知方"（《荀子·君道》）。荀子的这种认识，与齐法家的"隆礼""尚法"思想有相通之处，都把"礼法"作为国家常备的治理规则。

2. "礼法面前人人平等"是儒家和齐法家的共识

虽然人们对于法治的认识多种多样，但就"法律面前人人平等"是形式法治的基本特征而言是存在共识的。所谓法律面前人人平等，是指人人平等地享有法律规定的权利和承担法律义务，不允许任何人享有超越法律的特权。❶ 对于违反"礼法"制度者予以惩罚，是自古就有的法律理念。如《周礼·地官·小司徒》载："不用法者，国有常刑。"无论是儒家倡导的"礼治"，还是齐法家倡导的"法治"，都较为重视人们对"礼法"的遵守，以及"礼法"实施中的平等，强调违反"礼法"应受惩罚。

儒家对于"违礼"的行为，不但从道义上进行谴责，而且从执法上也重视平等地惩罚。这种平等性体现在，上至天子，下至诸侯、士大夫和庶民，都应一体守礼。（1）对于天子，儒家发展出"暴君放伐"的思想。这等于承认，对于严重违礼的天子，可以发动革命取而代之。孟子则进一步提出"国君去位"和"诛独夫民贼"的思想。（2）对于诸侯、士大夫，儒家对其违礼

---

❶ 邹瑜、顾明：《法学大辞典》，中国政法大学出版社1991年版，第12页。

的行为深恶痛绝。例如,对于鲁国大夫季氏僭越周天子舞乐之礼的行为,孔子严厉批评道,"八佾舞于庭,是可忍也,孰不可忍也"(《论语·八佾》)。再如,齐国大夫陈成子杀害了齐简公属于严重违礼的行为,孔子沐浴而朝,向鲁哀公请求道,"陈恒弑其君,请讨之"(《论语·宪问》)。(3)孔子不仅对天子、诸侯、士大夫的违礼行为严加谴责,对于自己和弟子也要求严格遵守礼法制度。例如,周代对葬礼有严格规定,不同等级的人有不同的安葬仪式,大夫治丧,由家臣治其礼;不再担任大夫职务的,以士礼安葬。"大夫废其事,终身不仕,死以士礼葬之"(《礼记·王制》)。这种一体遵守,各守其礼的倡导,实际上与现代社会全体人民一体守法、法律面前人人平等思想相一致。

齐法家崇尚"法治",形成了"令尊于君、事断于法、君民贵贱皆从法"的思想,较之儒家思想在法律面前人人平等方面更加进步。(1)在君臣关系上,形成了臣民应当有独立立场、不片面迎合君主喜好的治理思想。据《晏子春秋·内篇问上》载,齐景公曾问什么样的人才是忠臣,晏婴答曰,"不掩君过,谏乎前,不华乎外……顺则进,逆则退,不与君行邪也"。晏子所谓"不与君行邪",与商代名臣比干直谏纣王、西周芮良夫直谏厉王的精神一脉相承。(2)在君与法的关系上,形成了"令尊于君""事断于法"的法治思想。如《管子·明法解》说:"明主虽心之所爱而无功者不赏也,虽心之所憎而无罪者弗罚也。"《慎子·君人》说:"君人者,舍法而以身治,则诛赏予夺,从君心出矣……君舍法,而以心裁轻重,则是同功殊赏,同罪而殊罚也,怨之所由生也",因此,"大君任法而弗躬,则事断于法矣。法之所加,各以其分"。《管子·任法》认为,"明君不为亲戚危其社稷,社稷戚于亲;不为君欲变其令,令尊于君;不为重宝分其威,威贵于宝;不为爱民亏其法,法爱于民","君臣上下贵贱皆从法,此谓为大治"。

长期以来,有些学者将中国传统的根本精神概括为"人治",认为中国古代未曾出现和存在过法治思想,理由是中国古代是君主立法,而不是人民立法,法律不是取消特权,而是将特权法律化等。❶ 这种认识是有偏颇的,是站在西方法治立场看中国、站在现代立场看古代的结果。不能否认,儒家和齐法家都主张圣君立法,这一点与古希腊原始民主制确有不同。但是,人民等

---

❶ 张中秋:《中西法律文化比较研究》,中国政法大学出版社2006年版,第307–310页。

级化、法律特权化并非中国古代法律独有的现象，在古希腊、古罗马，甚至法治思想已非常成熟的近代欧美国家依然如此。

在孕育了西方法治思想的古希腊，虽然亚里士多德的"良法之治"的论述影响深远，但不能忽视其所谓的"良法"仍然只是那个时代的良法。恩格斯在《家庭、私有制和国家的起源》一文中曾指出，古雅典全盛时期仍然是奴隶制社会，自由公民的总数只有9万人，而奴隶有36.5万人，被保护民（外地人和被释放的奴隶）有4.5万人；即便是自由民，也按照财富的多少被分为四等，一切公职只有前三个等级的自由民才有资格担任。❶ 在对近代欧美法律文化产生巨大影响的罗马法时代，是一个以"家族"为基本单位的奴隶制社会，只有"家父"才具有法律上的人格（caput），家子、妇女、平民、拉丁人、外国人、奴隶等均不具有法律主体资格。❷ 在罗马法的后期，家子、家属等也部分地获得了法律人格，但奴隶的法律地位始终没有获得法律的承认。1804年《法国民法典》第一次实现了"自然人"的抽象平等，并规定所有法国人都有资格成为民事主体。1811年《奥地利普通民法典》第16条规定："每个（生物学意义上的）人均生来就因理性而获得天赋的权利，并被据此被视为（法律上的人）。禁止奴隶制以及以此为依据的权力行使。"❸ 即便在被视为现代法治楷模的美国，当杰斐逊在1801年当选美国第三任总统时，他所起草的《独立宣言》中的"人人生而平等"，并不适用于美国当时的1500万黑人农奴，直到1863年林肯总统签署《解放黑人奴隶宣言》之后美国的千百万奴隶才被从法律意义上解放。而直到1965年林登·约翰逊总统与马丁·路德·金、拉尔夫·阿伯纳西和克拉伦斯·米切尔一起签署了《投票权法案》之后，美国的非裔黑人才获得与白人一样的选举投票权。从这种意义上说，古希腊、古罗马和欧美国家难道不是将特权法律化吗？却很少见到有人质疑他们的法治观念。所以，历史上立法上的阶层特权是东西方普遍的法律现象，作为特定历史阶段的产物，法律制定以后被普遍遵守仍然不失为形式法治的标志。

---

❶ 《马克思恩格斯选集》第4卷，人民出版社1995年版，第117、114页。
❷ ［英］梅因：《古代法》，沈景一译，商务印书馆1959年版，第81-82页。
❸ 最高人民法院民法典贯彻实施工作领导小组：《中华人民共和国民法典总则编理解与适用》（上），人民法院出版社2020年版，第99-100页。

(三) 齐鲁法律文化蕴含的"道德之治"思想

近年来我国学者围绕法治主义进行了深入探讨，并围绕形式法治和实质法治展开争鸣。虽然就具体问题仍有争论，但就法治应当是"良法善治"已初步达成共识。通过回顾齐鲁法律文化起源可知，追求"良法善治"是自古就有的治理效果追求，具体路径就是通过在法治中注入道德因素来实现的。

如果说"规则之治"是治国方略，那么"以德治国"则定义了法治的道德品格，也就是"良法善治"。"以德治国"思想的形成，深深扎根于齐鲁法律文化传统之中。其中，儒家倡导的礼治，在政治和治理的理想层面被表达为"仁政"或者"德政"。相比较而言，齐法家还讲"礼、法并重"，但齐法家的法已经出现明显的功利化趋势，即把法看作实施刑赏和追求富国强兵的工具；到了秦晋法家，法彻底沦为君主专制的工具和手段，失去了追求良法善治的伦理品格。

儒家所说的"仁"和"仁政"是什么意思呢？

在儒家思想中，"仁"是德政、礼治等一切行为规范和制度设计的价值基础，"为政以德"和"仁政"是儒家政治伦理的核心要义。孔子说："为政以德，譬如北辰，居其所而众星共之"（《论语·为政》）。为政以德的思想基础是"仁"，孔子说，"仁者，爱人"（《论语·颜渊》）。以爱人、爱民之心执政，是仁政思想的核心。孟子进一步丰富了仁政思想，他甚至认为仁政是国家治理的核心问题，"万乘之国行仁政，民之悦之，犹解倒悬也。故事半古之人，功必倍之"（《孟子·公孙丑上》）。

什么是"仁"呢？有学者考证，"仁"源于东夷文化，本意是夷人对祖先表达哀思的礼仪（尸祭礼），后来演化出"亲亲相爱"的观念。[1]孔子将"礼"与"仁"结合起来阐述，并将其广泛应用于人际关系、政治治理之中。如"谨而信，泛爱众而亲仁"（《论语·学而》），"刚、毅、木、讷，近仁"（《论语·子路》），"仁者必有勇"（《论语·宪问》），"能行五者（恭宽信敏惠）于天下为仁矣"（《论语·阳货》）等。概括来看，在孔孟生活的时代，"仁"似乎被定位为一切美德的总称。用现代话语体系来说，仁就是哲学上的

---

[1] 胡启勇：《先秦儒家法伦理思想研究》，民族出版社2012年版，第197–198页。

"善",也是特定历史时代的"核心价值观"。

在儒家学派看来,如何才能实现"仁政"呢?

第一,在立法层面,主张统治者应本着爱民之心制定政策制度。儒家所倡导的仁政本质上是爱民之政,主张统治者应当关心人民疾苦,而首要的就是要解决广大人民群众的民生问题。孟子根据战国时代土地兼并严重、民不聊生的社会现实,认为"仁政必自经界始,经界不正,井地不均,谷禄不平;是故暴君污吏必慢其经界"(《孟子·滕文公上》)。孟子在不同语境下还有别的论述,如对梁惠王说,"王如施仁政于民,省刑罚,薄税敛,深耕易耨,壮者以暇日,修其孝悌忠信,入以事其父兄,出以事其长上。可使制梃以挞秦、楚之坚甲利兵矣"(《孟子·梁惠王上》)。从这些论述来看,"正经界""深耕易耨""薄税敛""省刑罚""修其孝悌忠信"等,分别关系土地产权、农业生产、税收、刑事政策、礼仪文化等国家长治久安的事务,这需要施政者根据不同时代、不同地域的情况作出相应的判断。总的核心精神是,把爱民、重民生放在首要位置,急人民之所急,想人民之所想,让人民安居乐业,这是仁政的要义。

第二,在法的实施方面,主张德刑互补、德主刑辅、宽猛相济、明刑弼教的实施方略。在孔孟生活的时代,"法"还没有成为社会治理规范的主导用语,因此早期的儒家主要是从礼刑关系对仁政加以论述的,相较于"刑治",儒家更看重"德化教育"为主的礼治。孔子曾说,"道之以政,齐之以刑,民免而无耻;道之以德,齐之以礼,有耻且格"(《论语·为政》)。孟子以人性善为理论基础,反对严刑峻法,但并非绝对地反对国家强制力的保障,而只是主张"省刑罚"也能达到善治的效果而已,"王如施仁政于民,省刑罚,薄税敛……可使制梃以挞秦、楚之坚甲利兵矣"(《孟子·梁惠王上》)。荀子则从性恶论出发,得出了类似的结论,"治之经,礼与刑,君子以修百姓宁。明德慎罚,国家既治四海平"(《荀子·成相》)。儒家重视以"德化教育"为主的礼治,但并不完全忽视刑罚的作用。《左传·昭公二十年》曾记述一件故事,郑国子产去世前曾对子大叔留下临终遗言说,"我死,子必为政。唯有德者能以宽服民,其次莫如猛。夫火烈,民望而畏之,故鲜死焉。水懦弱,民狎而玩之,则多死焉,故宽难"。但是子大叔当政之后,因"不忍猛而宽",结果"郑国多盗,取人于萑苻之泽"。子大叔很后悔没有听从子产的告诫,于是"兴徒兵以攻萑苻之盗,尽杀之,盗少止"。孔子听说这件事后评论道,

"善哉！政宽则民慢，慢则纠之以猛。猛则民残，残则施之以宽。宽以济猛；猛以济宽，政是以和"。孔子编修的《尚书》在德礼之教与刑罚之治的关系上更是一语中的，"明于五刑，以弼五教"，"刑期于无刑"（《尚书·大禹谟》）。

第三，在法律规范和执法者的关系上，儒家特别重视施政者和执法者的道德品格。孟子曾说，"徒善不足以为政，徒法不能以自行"（《孟子·离娄上》）。这包含两个方面的意思，一是认为仅仅有具有善良品格的政策和法律是不够的，关键是这些政策和法律要得到实施；二是施政者和执法者的道德品格，将直接影响良法善治的效果。在孔孟的思想中，特别强调施政者的率先垂范作用。《孟子·离娄上》曰："君仁莫不仁，君义莫不义，君正莫不正。一正君而国定矣。"孟子还讨论了违法犯罪的根源问题，他认为，只有人民群众都富裕了，生活有保障了（有恒产），才不会犯罪；贫穷是违法犯罪的根源。《孟子·梁惠王上》载："无恒产而有恒心者，惟士为能；若民，则无恒产，因无恒心。苟无恒心，放辟邪侈，无不为已。及陷于罪，然后从而刑之，是罔民也。焉有仁人在位，罔民而可为也？"有学者从孟子"徒善不足以为政，徒法不能以自行"的论述中得出了儒家主张"人治"的观点，实为误读。关注施政者和执法者的道德品格是东西方早期思想家的共识，古希腊苏格拉底的"贤人政治"和柏拉图的"哲学王统治"都是将良好的治理效果寄希望于统治者的道德品格，亚里士多德虽然主张法治，但他的"中庸至善主义"实际上也强调了一个社会中产阶级作为施政主体的重要性。

（四）从齐鲁法律文化中汲取"良法善治"的智慧

新中国成立后，中国共产党在领导人民进行社会主义建设的过程中，最终将"依法治国"确定为国家治理的基本方略。党的十八大以后，我国又将"全面推进依法治国"纳入"四个全面"的战略布局。习近平总书记指出，"法治是人类文明的重要成果之一，法治的精髓和要旨对于各国国家治理和社会治理具有普遍意义"[1]。因此，建设以"良法善治"为特征的社会主义法治国家，既需要学习借鉴世界上优秀的法治文明成果，也需要立足中国国情，从中国传统法律文化中汲取经验和智慧。

---

[1] 《十八大以来重要文献选编》（中），中央文献出版社2016年版，第186-187页。

1. 形式法治与法的确定性

形式法治与实质法治是法治的分类，也是法治的两面，单纯强调其中任何一个方面都是有局限性的。形式法治强调规则的普遍性、一致性和确定性，强调法的自治性，因而构成了现代法治的基础性和外在性要件。如果没有形式法治，不强调规则的普遍性、一致性和确定性，不重视公共事务中的规则意识，就会从根本上背离法治。

重视形式法治，从根本上就是要反对人治，要依靠法律制度进行国家治理。在齐鲁法律文化传统中，即便受历史的局限（有君主统治的政治环境），无论是儒家的"圣君立法"思想，还是齐法家的"隆礼""重法"思想，都强调要"立法""重法"，这里蕴含了最原始的规则之治思想。在儒家和齐法家的治理理想中，即便是君主和贵族也不能"违礼""违法"或恣意行事。新中国成立后，在总结历史经验教训的基础上确立了依法治国的方略，首要的就是解决规则之治的问题。习近平总书记说："发展人民民主必须坚持依法治国、维护宪法法律权威，使民主制度化、法律化，使这种制度和法律不因领导人的改变而改变，不因领导人的看法和注意力的改变而改变。"❶ 在全面推进依法治国时代，对这一点怎么强调都不为过。

重视形式法治，基本的要求就是规则面前人人平等，法律要得到普遍的遵守。第一，任何人都不能享有超越法律之上的特权。第二，任何人违法都要受到法律的制裁。第三，全体社会成员均应当知法、守法。这些思想在齐鲁法律文化传统中已经初步萌生，在现代法治建设中应当进行更加精细化的制度构建。习近平总书记强调："坚持法律面前人人平等，必须体现在立法、执法、司法、守法各个方面……任何人违反宪法法律都要受到追究，绝不允许任何人以任何借口任何形式以言代法、以权压法、徇私枉法。"❷ 中国的齐鲁法律文化传统与西方法治一个显著不同之处在于，前者更加重视对社会的礼法教育，而不是简单地事后法律制裁了事，这一点尤其具有启示意义。在当代中国特色法治建设中，已将法制宣传作为党领导下的依法治国战略部署的重要一环，"要坚持把全民普法和守法作为依法治国的长期基础性工作……

---

❶ 《十八大以来重要文献选编》（中），中央文献出版社2016年版，第55页。
❷ 《十八大以来重要文献选编》（中），中央文献出版社2016年版，第184页。

要坚持法治教育从娃娃抓起,把法治教育纳入国民教育体系和精神文明创建内容……使尊法守法成为全体人民共同追求和自觉行动"❶。

重视形式法治,要处理好"变革"与"法的稳定性"的关系。即如何在社会转型和变革中保持法的稳定性,保持变革活动符合法治精神。齐法家是历史上主张变法的先驱,主张"修旧法,择其善者而业用之"(《国语·齐语》),蕴含着通过变法适应社会发展的法治发展规律。习近平总书记指出,"当前,我们要着力处理好改革和法治的关系。改革和法治相辅相成、相伴而生。我国历史上的历次变法,都是改革和法治紧密结合,变旧法、立新法",他着重批评了"改革就是要冲破法律的禁区"和"法律很难引领改革"两种认识误区,指出"在法治下推进改革,在改革中完善法治,这就是我们说的改革和法治是两个轮子的含义……立法主动适应改革需要,积极发挥引领、推动、规范、保障改革的作用,做到重大改革于法有据,改革和法治同步推进"。❷ 这一论述,无疑是古代变法精神在当代的创新和发展。

2. 实质法治与良法善治

实质法治更加关注法的道德品格、法的实施过程和法治的效果,简单来说就是追求"良法善治"。正如有学者所指出的那样,"法治是一种融汇多重意义的综合观念,是民主、自由、平等、人权、理性、文明、秩序、效益与合法性的完美结合"❸。也有学者认为,"形式法治的思维方式是法治的基础,实质法治只是一种对机械司法的纠偏措施",结合我国法律文化背景,"必须警惕实质法治的反法治倾向"。❹ 但是,法治应当是一种良法善治已成为大多数人的共识。

重视实质法治,从治国方略看要求依法治国与以德治国相结合,这是齐鲁法律文化的传统智慧。如果说"依法治国"在世界范围内的国家治理方面具有共性,那么"以德治国"则充满了东方智慧。在儒家政治思想中,"为政以德"才是"仁政","德法(刑)相济、德主刑辅"具有根本性地位。党的

---

❶ 《十八大以来重要文献选编》(中),中央文献出版社2016年版,第190页。
❷ 《习近平关于全面依法治国论述摘编》,中央文献出版社2015年版,第51–52页。
❸ 张文显:《二十世纪西方法哲学思潮研究》,法律出版社1996年版,第63页。
❹ 陈金钊:《魅力法治所衍生的苦恋——对形式法治和实质法治思维方向的反思》,《河南大学学报》(社会科学版)2012年第5期。

第六章　齐鲁法律文化传统的现代启迪

"以德治国"思想有一个持续不断的发展完善过程。2001年1月江泽民总书记在全国宣传部长会议上首次提出，"我们要把法治建设与道德建设紧密结合起来，把依法治国与以德治国紧密结合起来"。❶ 2014年党的十八届四中全会《中共中央关于全面推进依法治国若干重大问题的决定》强调："建设中国特色社会主义法治体系，建设社会主义法治国家，必须坚持依法治国与和德治国相结合。"习近平总书记指出："必须坚持依法治国和以德治国相结合。法律是成文的道德，道德是内心的法律，法律和道德都具有规范社会行为、维护社会秩序的作用。治理国家、治理社会必须一手抓法治、一手抓德治，既重视发挥法律的规范作用，又重视发挥道德的教化作用，实现法律和道德相辅相成、法治和德治相得益彰。"❷

重视实质法治，从立法来看就是要制定具有善良品格的法律，这是实现"良法善治"的前提。在齐鲁法律文化传统中，对于"礼法"的来源，无论是儒家还是齐法家都强调其"自然法"的属性，但只有圣君才能制定良法，即所谓"圣君立法论"。"礼"是怎么来的呢？《荀子·大略》说："天地生之，圣人成之。"《礼记·礼运》说："圣人作则，必以天地为本，以阴阳为端，以四时为柄，以日星为纪。"为什么只有圣君才能制定良法呢？因为圣君集各种美德于一身，即道德的化身。随着近代社会理性主义的兴起，"良法"的判断标准不再依赖于"圣人"或"圣君"，而是依赖于一些公认的价值准则。一个时代有一个时代的道德，一个时代有一个时代的价值观，每个民族也有各具特点的价值观。2015年习近平总书记指出："全面依法治国，必须紧紧围绕保障和促进社会公平正义来进行。公平正义是我们党追求的一个非常崇高的价值，全心全意为人民服务的宗旨决定了我们必须追求公平正义，保护人民权益、伸张正义。"❸ 在社会主义当前阶段，除了公平正义，我们这个时代的核心价值观还有哪些呢？首先，要重视传统文化在人民群众中的深刻而复杂的影响。习近平总书记指出，"中华传统美德是中华文化精髓，蕴含着丰富的思想道德资源"；并把中华传统美德概括为六大方面，即"讲仁爱、重民本、守诚信、崇正义、尚和合、求大同"。❹ 其次，要立足当代，凝练催人

---

❶《江泽民文选》（第三卷），人民出版社2006年版，第200页。
❷《十八大以来重要文献选编》（中），中央文献出版社2016年版，第185页。
❸《习近平谈治国理政》（第二卷），外文出版社2014年版，第129页。
❹《习近平谈治国理政》，外文出版社2014年版，第164页。

奋进的积极价值观和道德观。2012年党的十八大报告中提出了"社会主义核心价值观",即"倡导富强、民主、文明、和谐,倡导自由、平等、公正、法治,倡导爱国、敬业、诚信、友善,积极培育和践行社会主义核心价值观"。[1] 2018年,中共中央印发《社会主义核心价值观融入法治建设立法修法规划》,明确提出,"坚持全面依法治国,坚持社会主义核心价值体系,着力把社会主义核心价值观融入法律法规的立改废释全过程,确保各项立法导向更加鲜明、要求更加明确、措施更加有力,力争经过5到10年时间,推动社会主义核心价值观全面融入中国特色社会主义法律体系,筑牢全国各族人民团结奋斗的共同思想道德基础"。

重视实质法治,从法的实施来看,就是要求执法者、司法者本身要有高尚的道德情操并带头守法。有了良法不见得有善治,善治的实现关键靠人,这种思想在齐鲁法律文化中就已经萌生,并经受了历史的反复验证。在儒家治理思想中,特别强调施政者的道德品格和率先垂范作用。孟子曾说,"徒善不足以为政,徒法不能以自行",又说"君仁莫不仁,君义莫不义,君正莫不正。一正君而国定矣"(《孟子·离娄上》)。改革开放以来,我国关于人与法的关系的认识经历了两个阶段。第一个阶段是在改革开放之初,邓小平为了突出法的重要性曾指出,"为了保障人民民主,必须加强法制。必须使民主制度化、法律化,使这种制度和法律不因领导人的改变而改变,不因领导人的看法和注意力的改变而改变"。[2] 这主要是一种形式法治观,强调规则之治的重要性。第二个阶段是党的十八大以来,我们党越来越重视实质法治观,不仅追求"有法可依、有法必依、执法必严、违法必究",而且尤其重视执法者和党的高级领导干部在"善治"实现中的关键作用。习近平总书记指出:"各级领导干部在推进依法治国方面肩负着重要责任,全面依法治国,必须抓住领导干部这个'关键少数'。这就是我们党一直强调的,政治路线确定之后,干部就是决定因素。"[3]

---

[1] 《十八大以来重要文献选编》(上),中央文献出版社2014年版,第25页。
[2] 《邓小平文选》(第二卷),人民出版社1994年版,第146页。
[3] 《习近平关于全面依法治国论述摘编》,中央文献出版社2015年版,第118页。

二、人民立场：从"民本"到"以人民为中心"的思想传承

在国家和社会治理中，重视人民的地位和作用在中国和西方都有着悠久的历史。古希腊的民主政治模式，到19世纪以后逐渐向欧美民主政治思想和价值观嬗变；而中国的民本思想源远流长，经过历史上长期的传承和发展，如今已经以"以人民为中心"的崭新面貌融入中国当代发展理念之中。在当今时代，对比考察齐鲁法律文化传统中的民本思想和西方民主思想的源流，对于澄清一些认识上的问题仍然意义重大。

（一）齐鲁法律文化传统中的民本思想

所谓民本，即以民为本，它要求统治者治理国家要以民为本，要根据民意需求及时调整施政策略；否则，便会有政息人亡的危险。这是3000多年前西周统治者在建国之初就得出的经验。到了春秋战国时期，作为齐鲁法律文化的主要组成部分，儒家和齐法家对民本思想进行了进一步的理论提炼和升华。西周时期的"敬天保民"，孔子的"仁者爱人"，孟子的"民贵君轻"，荀子的"水则载舟，水则覆舟"，齐法家的"重民、爱民、富民、用民"等思想，构成了齐鲁法律文化中民本思想的发展脉络和主要内容。

民本思想是对历史上国家和社会治理经验教训的深刻总结，儒家对其进行系统整理后形成了统治者要"为政以德"的施政劝诫。在孔子生活的时代，"重视民意"已是较为成熟的施政经验。据《尚书》记载，早在禹时期，皋陶就提出了天子要体察民情，说"天聪明，自我民聪明；天明畏，自我民明威。达于上下，敬哉有土"（《尚书·皋陶谟》）。夏代的第二任夏王太康失国，夏人总结其教训时说，"皇祖有训，民可近，不可下，民惟邦本，本固邦宁"（《尚书·五子之歌》）。周武王伐纣之际也强调天命民意相通，"天矜于民，民之所欲，天必从之"，"天视自我民视，天听自我民听"（《尚书·泰誓》）。至春秋时期，孔子儒学的核心就是"仁"，"仁者，爱人"（《论语·颜渊》），在国家治理层面就是要求统治者要"爱民"。在孔子"仁"的思想基础上，孟子进一步发展出"仁政"思想，主张"民为贵，社稷次之，君为轻。

是故得乎丘民而为天子"(《孟子·尽心下》)。民贵君轻,"得民心者得天下",一语道破了人民群众是政治发展的最终决定力量的社会运行规律。

在先秦时期,民本思想虽然是在"君主统治"的前提下讨论"君民关系"的产物,具有维护君主的稳健统治的初衷,但是维护君主统治也不是无条件的,儒家的"暴君放伐"思想从反面论证了不以民为本的严重后果。"暴君放伐"的思想可以追溯到孔子时代,但是其历史经验基础则有更悠久的历史。《周易·象传》引孔子的话说,"天地革而四时成,汤武革命,顺乎天而应乎人"。孔子的这一态度等于承认,殷革夏命、周革殷命都是顺应天意和符合民心的好事,这为国家兴替提供了理论基础。而周厉王施行暴政遭到平民反抗和放逐,这是人民群众作为革命力量正当性的最早论述。到了孟子时代,进一步提出了"国君去位"和"诛独夫民贼"的思想。荀子延续了孔孟思想,将君民关系喻为"舟水"关系,"君者,舟也;庶人者,水也。水则载舟,水则覆舟"(《荀子·哀公》);他还提出了臣民"从道不从君"的思想,认为"天之生民,非为君也;天之立君,以为民也"(《荀子·臣道》)。

齐法家虽然倡导富国强兵的"霸道"统治策略,但与秦晋法家相比不是单纯地将臣民作为奴役的对象,而是蕴含了丰富的"重民、爱民、富民、用民"思想,具体参见第四章关于齐法家的礼法思想的阐述。先秦时期儒家和齐法家的民本思想,还没有发展出"人民的统治"的意蕴,但是也具有明显的进步意义。在当时的历史条件下,能够认识到人民群众的力量,通过倡导"仁政"或"信赏必罚"的策略达到取信于民的效果,这本身就是对人民群众的重视。

(二)民主思想的起源及其发展演进

1. 西方民主思想的起源

"民主"一词最早源于希腊文"demokratia",由"demos"和"kratos"两部分构成,"demos"的意思是"人民""地区","kratos"的意思是"统治""管理"。[1]从希腊文"demokratia"的字面意思来看,它是指一种公共事

---

[1] 徐时仪:《"民主"的成词及其词义内涵考——兼论西学新词对中国思想文化和社会发展的影响》,《上海师范大学学报》(哲学与社会科学版)2007年第4期。

务管理模式，即"人民的统治"（又称"民治"，或"人民当家作主""民主"，或"人民主权""民权"），与"君主统治""贵族统治"等治理模式相对应。

古希腊不是一个国家，而是一个城邦林立的地区。在不同的城邦，分别存在贵族政治、寡头政治、僭主政治和民主政治。其中，古希腊的雅典城邦经过公元前6世纪的梭伦改革和公元前5世纪的伯利克里改革，民主政治快速发展。在雅典，公民大会是最高权力机构，城邦的男性成年公民都可以参与城邦公共事务的议事和投票。但在古希腊思想家看来，"民主"在当时并不是一个褒义词，柏拉图、亚里士多德均将其视为"暴民政治"或"愚民政治"的代名词。❶ 后来的波里比阿在《罗马史》一书中指出，君主政体、贵族政体、民主政体均非优良的政体，它们各自都有蜕变堕落的危险，君主制容易蜕变成暴君制，贵族制容易蜕变为寡头制，而民主制则易于蜕变为暴民政体；罗马政治之所以获得成功，是因为采取了混合政体。❷

比较来看，中国先秦时期和古希腊关于人民参与政治的认知存在一些差异。

第一，雅典从氏族社会解体后进入贵族统治时期，经过平民和贵族的斗争确立了民主政治。彼时的雅典国家由10个部落组成，共选出500名代表组成公民大会，每年定期召开会议讨论解决战争与媾和、城邦粮食供应、选举高级官吏等国家重大问题。国王很早就被废除，"在雅典没有总揽执行权力的最高官员"❸。而我国古代大约从公元前21世纪进入王国社会（夏、商），公元前11世纪周武王通过"武王伐纣"建立周王朝，公元前770年至公元前221年处于春秋战国时期，彼时诸子百家学说都是围绕君权、君臣和君民关系论述的，虽然萌生了民本思想，但类似雅典的由平民组成的"公民大会"组织来讨论决定国家大事在当时是不可想象的。

第二，古希腊的民主制是一种小国寡民式社会的产物，在其产生的时代遭到了思想界的否定性评价，将其视同为"暴民政治"，换言之，民主制在当

---

❶ 燕继荣：《民主理念的演变》，《学习时报》2001年6月18日，第5版。
❷ 徐大同：《西方政治思想史》，天津人民出版社1985年版，第60页。
❸ 《马克思恩格斯选集》（第4卷），人民出版社1995年版，第116页。

时并不被认为是一种先进的政治治理模式。❶ 而在春秋战国时期，中国名义上处于周天子的大一统式的统治之下，实际上各诸侯国是独立王国，但诸侯国国君一般并没有独断专行的权力，实际上是君主制、贵族制政治治理的混合体。从当时的眼光看，东西方的治理实践和治理思想彼此无优劣之分。

第三，古希腊的民主制是一种直接民主的尝试。中国先秦时期儒家和齐法家民本思想的提出，是对君主统治的一种改良，是对统治者的道德劝诫，"民本"成为这种改良和劝诫的政治舆论手段。

2. 民主思想在西方的发展

源于古希腊的"民主"观念在西方历史上一度陷入沉寂，特别是在中世纪并不受重视。直到19世纪初，英语中的"democracy"仍然不是一个褒义词；法国资产阶级大革命中广泛宣扬了"自由、平等、博爱"等价值观念，但还没有对"民主"形成价值共识。

19世纪以后，随着欧洲资产阶级启蒙思想家的阐释，民主才逐渐从一种理论向政治实践转化。从人民参与国家治理的角度，各个国家产生了不同的民主政治体制和模式。英国政治学家戴维·赫尔德将西方各种民主模式归为两大类型，一是直接的或参与的民主（direct or participatory democracy），二是自由的或代议的民主（liberal or representative democracy）。❷ 前者传承了古希腊直接民主的遗风，以平民的参与和平等为价值追求，如法、德、意采用全民直接选举的民主制；后者则对平民参与政治抱有疑虑，主张以代议制克服平民的不理性，更加崇尚自由的价值，如英、美等国多采间接选举的民主制。

20世纪以后，民主开始与自由、平等、共和等政治观念建立关联，彼此之间的关系日渐复杂。首先，民主与自由有关联，但不等同。亨廷顿认为西方的民主根植在个人自由的思想土壤中，"一定程度的个人自由是民主政治的一个基本组成部分，反过来看民主政治运作的长期后果可能是扩大和加深个人的自由"❸。但实际上，自由主义是西方政治思想上最核心的传统，民主并不是。其次，民主与平等也不尽相同。在直接民主或参与式民主政治体制中，

---

❶ 过于泛滥的直接民主，成为政治腐败、社会动乱的隐患。狭隘的城邦体制，最终无法容纳政治和经济的迅速发展。公元前4世纪后半期，日渐衰微的希腊被北部崛起的马其顿王国所灭。
❷ [英] 戴维·赫尔德：《民主的模式》，陈崎译，中央编译出版社2006年版，第6、7页。
❸ [美] 亨廷顿：《第三波——20世纪后期民主化浪潮》，三联书店1998年版，第28页。

平等参与是民主的基本含义；但是，在自由的或代议的民主政治中，平等的重要性并没有那么大。最后，民主与共和也有明显的差异。"共和"一词来源于拉丁语"Res Public"，原意指"共同的财产""共同利益"和"公共事务"。❶ 用到政治领域，即强调国家是国内人民的共同财产（事务），而不是世袭王朝的私人财产（事务）。从政治要求上看，民主实行"少数服从多数"原则，强调的是统治者中的多数意志统治；共和则要求尊重多数、同时要保护少数，主张"合众、和谐与平衡，强调宪政和法治"。❷

近代以来，欧美国家对民主政治的探索实践取得了一定的成功，在经济上率先强大起来，于是开始在全球进行经济、政治、文化殖民，将其民主政治包装成所谓的普世价值观。但实际上，欧美国家的民主政治并非自古以来的真理，也非普遍适用的真理，不能忽视世界上民主政治实践的多样性。

3. 民主思想在中国的引入

在中国古汉语中，"民主"一词本是"人民的主宰""君主"的意思，与"人民的统治"含义相去甚远。如《尚书·多方》载，"天惟时求民主，乃大降显休命于成汤，刑殄有夏"，"乃惟成汤克以尔多方简，代夏作民主"。

西方民主思想进入中国，始于清末时期东西方的文化交流。考察将英语"democracy"翻译成中文的过程，能够较为清楚地反映当时的人们对"民主"一词本意的认知。据学者考证，英国人马礼逊编纂出版的历史上第一部汉英、英汉双语词典——《华英字典》，第一次对英文"democracy"一词作出中文翻译和解释，"既不可无人统率，亦不可多人乱管"。1848 年，英国传教士麦都思在上海出版《英汉字典》，并将"democracy"解释为"众人的国统，众人的治理，多人乱管，小民弄权"。1864 年，丁韪良在翻译《万国公法》的时候，将"Republic"和"Democratic character"均翻译成"民主"。1866 年，罗存德在《英华字典》将"democracy"转译为"民政，众人管辖，百姓弄权"。❸ 民主思想进入中国的政治实践，则始于革命志士的鼓与呼。这种政治

---

❶ 刘训练：《"共和"考辨》，《政治学研究》2008 年年第 1 期。
❷ 马炜泽、王维民：《论民主、共和、宪政的区别及实践回顾》，《中共伊犁州委党校学报》2004 年第 1 期。
❸ 王世柱、李栋：《从"民主"到"人民民主"——中国近代民主观念嬗变的考察》，《政法学刊》2015 年第 3 期，第 5 - 6 页。

实践分两个阶段：

一是清末政治改良派的政治实践，包括辛亥革命后的民国政府的政治实践。在当时，"democracy"的中文译名一般为民主、民权，"此处的'民'一般理解为官绅，而非普通民众"。❶ 实际上，这种民主观带有"精英主义"或"贤人政治"的意味，以削弱君权或君主专制为主要目标，但与平民老百姓没多大关系。

二是俄国十月革命爆发后，以李大钊为代表的进步知识分子提倡的"新民主"。十月革命后，李大钊敏锐地捕捉到一种"新的民主"模式的产生，他在1918年11月《新青年》上发表的《庶民的胜利》一文中大声疾呼，"民主主义战胜，就是庶民的胜利"❷。1919年7月14日毛泽东在《湘江评论》创刊号上说："世界什么问题最大？吃饭问题最大。什么力量最强？民众联合的力量最强……各种对抗强权的根本主义，为'平民主义'（德莫克拉希，一作民本主义、民主主义、庶民主义）。宗教的强权、文学的强权、政治的强权、社会的强权、教育的强权、经济的强权、思想的强权、国际的强权，丝毫没有存在的余地，都要借平民主义的高呼，将它打倒。"❸

经过"五四运动"和"新文化运动"的洗礼，中国共产党在1921年成立，此后领导中国工人阶级、农民阶级等劳苦大众经过艰苦卓绝的革命战争取得了新民主主义革命的胜利。1949年毛泽东在《论人民民主专政》一文中指出，过去的经验，要求我们实行人民民主专政，"人民是什么？在中国，在现阶段，是工人阶级，农民阶级，城市小资产阶级和民族资产阶级"，专政的对象则是"帝国主义的走狗即地主阶级和官僚资产阶级以及代表这些阶级的国民党反动派及其帮凶们"。❹ 从此以后，作为"人民当家作主"和"人民主权"意义上的民主，在中国国家治理实践中焕发了勃勃生机。

---

❶ 王世柱、李栋：《从"民主"到"人民民主"——中国近代民主观念嬗变的考察》，《政法学刊》2015年第3期，第5-15页。

❷ 姜佑福：《五四新文化运动中的马克思主义社会政治哲学——以1919年前后〈新青年〉杂志为中心的批判性考察》，《天津社会科学》2015年第2期。

❸ 中共中央文献研究室：《毛泽东早期文稿》，湖南人民出版社2013年版，第201页。

❹ 《毛泽东选集》（第四卷），人民出版社1991年版，第1475页。

（三）从"民本"到"以人民为中心"的发展理念

在国家和社会治理层面，依法治国的方略主要回答了党领导人民治理国家"主要靠人、还是主要靠法"的方针问题。依法治国主要侧重于治理的过程、方法和手段，还有一个更为重要的问题，即国家和社会的治理是为了更好的发展，发展又是为了谁呢？在这一点上，中国古代的"民本思想"与发端于古希腊的"民主思想"的侧重点是不同的。"民主"主要回答"谁来治理国家、怎么治理国家"的问题，答案是"人民当家作主""人民通过选举或表决的方式"行使参政议政权——归根结底，其也是一种治理的手段和方法。但是，源于齐鲁法律文化传统的"民本"思想则具有超越政治制度的意义，不论什么历史阶段，不论哪个国家，也不论什么政体，都有一个发展是为了谁的问题，这关系国家治理和社会发展的宗旨问题。

党的十八大以来，以习近平同志为核心的党中央部署治国理政的全部活动，都是围绕"以人民为中心"这一主题展开的。2012年党的十八大召开之后，习近平就在记者会上郑重宣示，"人民对美好生活的向往，就是我们的奋斗目标"。❶ 2013年3月，习近平在全国"两会"期间指出，"我们要随时随刻倾听人民呼声、回应人民期待，保证人民平等参与、平等发展权利，维护社会公平正义，在学有所教、劳有所得、病有所医、老有所养、住有所居上持续取得新进展，不断实现好、维护好、发展好最广大人民根本利益"。❷ 2015年10月，党的十八届五中全会提出以人民为中心的发展思想，强调"必须坚持以人民为中心的发展思想，把增进人民福祉、促进人的全面发展作为发展的出发点和落脚点"。❸ 2017年10月党的十九大召开，习近平总书记再次指出："必须坚持人民主体地位，坚持立党为公、执政为民，践行全心全意为人民服务的根本宗旨，把党的群众路线贯彻到治国理政全部活动之中，把人民对美好生活的向往作为奋斗目标，依靠人民创造历史伟业。"❹

党的施政理念中的"劳有所得""老有所养""住有所居"等思想，与传

---

❶ 《十八大以来重要文献选编》（上），中央文献出版社2014年版，第70页。
❷ 《十八大以来重要文献选编》（上），中央文献出版社2014年版，第236页。
❸ 《十八大以来重要文献选编》（中），中央文献出版社2016年版，第789页。
❹ 《十九大以来重要文献选编》（上），中央文献出版社2019年版，第15页。

统文化中儒家所追求的"大同社会"目标一样,都是一种理想的社会发展目标追求。孔子在《礼记·礼运》中对理想社会的憧憬是,"大道之行也,天下为公,选贤与能,讲信修睦。故人不独亲其亲,不独子其子,使老有所终,壮有所用,幼有所长,鳏、寡、孤、独、废疾者,皆有所养"。关心人民疾苦、保障人民民生,正是中国传统文化中的民本主义的核心要义。可以认为,中国古代以重民、爱民为核心的"民本主义"思想,为当代中国"以人民为中心"的发展理念的形成提供了思想基础。

三、社会治理:从"无讼"哲学看"诉讼社会"的纠纷化解

在学术研究中,除了要关注"书本上的法",还要关注"实践中的法"。有法律史学者认为,诉讼是法律文化呈现的"最佳实践舞台","狱讼的考察使中国传统法律文化研究真正具有文化研究的意义"。[1] 中国当下正逐渐步入"诉讼社会",如何回应越来越多的诉讼案件是一个重大的时代性课题。围绕"无讼"思想这一核心,下面拟从学者(思想家)、施政者(统治者)、人民群众(参与者)等多重视角进行法律文化比较观察,揭示齐鲁法律文化传统中"无讼"的思想价值和实践特征,以期有所启迪。

(一)先秦时期诸子学说中的"无讼"思想

1. 孔子的无讼思想

"无讼"思想数千年来一直为人们所津津乐道,但要追根溯源,可以追溯到孔子时代。孔子既是一位学者、儒家宗师,又曾担任鲁国司寇(司法长官)、亲自办案,鲁国治理实践和孔子的学说是儒家无讼思想的两大根基。孔子曾说,"听讼,吾犹人也。必也使无讼乎!"(《论语·颜渊》)对这句话应该如何解读呢?

其一,这里的"讼",包括各种纠纷案件,或泛指司法活动。早在西周时

---

[1] 胡旭晟:《狱与讼:中国传统诉讼文化研究》,中国人民大学出版社2012年版,第2页。

期，诉讼已有民、刑的初步分野。《周礼·秋官·大司寇》载，"以两造禁民讼，入束矢于朝，然后听之"，"以两剂禁民狱，入均金，三日乃致于朝，然后听之"。郑玄注曰，"讼，谓以财货相告者"，"狱，谓相告以罪名者"。但是，除了诉讼目的、诉讼费用缴纳不同外，讼、狱的起诉方式和审判程序并无很大区别，均遵循"私诉"的原则，只在例外情形下才由官吏控诉。"听讼"往往是"听狱讼"的概称，如《周礼·秋官·大司寇》载"以五声听狱讼"，孔子也说"凡听五刑之讼，必原父子之情，立君臣之义，以权之"（《孔子家语·刑政》）。

其二，这里的"无讼"，并非禁止诉讼，而是颇具"以讼去讼"的哲学思辨思维，即通过听讼达到"没有诉讼""消除诉讼"或"诉讼不再发生"的诉讼效果和社会治理效果。可以从三点来理解，（1）通过个案公正处理，使双方受到教育，不再争讼。《说苑·至公》载，"孔子为鲁司寇，听狱必师断，敦敦然皆立"，然后充分听取原告、被告的陈述，这是关于孔子听讼过程的描述。南怀瑾认为，孔子说的"无讼"意在告诫审判者，不要主观擅断，要充分考虑双方的情理，"然后再来判断是非……使大家没有纷争"。❶ 清代学者崔述的总结较为得当，"圣人所谓'使无讼'者，乃曲者自知其曲而不敢与直者讼，非直者以讼为耻而不敢与曲者讼也"。❷ （2）在个案办理中，追求符合礼法的社会效果，从而预防争讼。《荀子·宥坐》记载了孔子办理的两个案件，但处理方法不同，一个案件是父子相争、久拖不决，"孔子为鲁司寇，有父子讼者，孔子拘之，三月不别。其父请止，孔子舍之"；一个是孔子上任七日就诛杀了鲁国高官少正卯，而且暴尸三日。前者涉及礼法中的父子伦理，所以"三月不别"；后者少正卯乱政，所以果决处置，目的都是服务于最佳的治理效果。（3）"无讼"效果的实现，从根本上要依靠统治者的"仁政""德教"，通过教化实现无讼是社会治理的内在逻辑。根据《荀子·宥坐》记载，对于孔子在父子争讼案中的处理结果，季孙表达了不满，认为孔子欺骗了他，因为孔子曾对他说"为国家必以孝"，"今杀一人以戮不孝，又舍之"。孔子则认为，"上失之，下杀之，其可乎！不教其民而听其狱，杀不辜也……罪不在民故也"。由此可见，孔子是十分重视教化的，认为民众犯罪的根源是统治

---

❶ 顾颉刚：《崔东壁遗书》，上海古籍出版社1983年版，第702页。
❷ 陈景良：《崔述反"息讼"思想论略》，《法商研究》（中南政法学院学报）2000年第5期。

者没有实行仁政，没有尽到教化责任，因此反对"不教而杀"的重刑主义，"不教而杀谓之虐；不戒视成谓之暴；慢令致期谓之贼"（《论语·尧曰》）。反过来说，统治者实行仁政、重视德教才能达到"去刑""无讼"的效果，所谓"善人为邦百年，亦可以胜残去杀矣"（《论语·子路》），"制五刑而不用，所以为至治也"（《孔子家语·五刑解》）。

其三，这里的"吾犹人也"，表明追求"无讼"的治理效果是孔子时代普遍的社会共识。这种共识，一方面来源于"先王"的治理思想和政治实践，另一方面源于思想界的共识。这里先谈第一点，对言必称"先王"的孔子来说，这是相当合理的。首先是尧，他是一个善于教化、能致和谐的高手。据《史记·五帝本纪》载："帝尧者，放勋。其仁如天，其知如神……能明驯德，以亲九族。九族既睦，便章百姓。百姓昭明，合和万国。"尧不但善于德教、崇尚和谐，还反对争斗。据《尚书·尧典》记载，尧让举荐人才，有人举荐了他的儿子丹朱，尧却说："吁！嚚讼可乎？"意思是：虚妄好争斗的人，怎么可以重用呢？据《史记·五帝本纪》载，尧的晚年要求举荐人才，四岳都推荐舜。舜具有什么才能呢？"舜年二十以孝闻"，"舜耕历山，历山之人皆让畔；渔雷泽，雷泽上人皆让居；陶河滨，河滨器皆不苦窳。一年而所居成聚，二年成邑，三年成都"，尧最终决定授天子位于舜，而不是自己的儿子丹朱，"舜让辟丹朱于南河之南。诸侯朝觐者不之丹朱而之舜，狱讼者不之丹朱而之舜"，这表明，舜确实是一个善行教化之政、善于处理"狱讼"的高手。还有一个例子，就是周灭商以前，发生了诸侯国有争议竞相寻求周文王调停的记载。据《史记·周本纪》载："虞芮之人有狱不能决，乃如周。"其结果如何呢？"入（周）界，耕者皆让畔，民俗皆让长。虞芮之人未见西伯，皆惭，相谓曰：'吾所争，周人所耻，何往为，只取辱耳。'遂还，俱让而去。"这表明，周文王继承了先王尧、舜的教化之政的精髓，所以，孔子在对夏商周三代之礼比较之后作出了选择，"周监于二代，郁郁乎文哉！吾从周"（《论语·八佾》）。

从孔子的学术思想体系，可窥知"无讼"是孔子倡导的"仁学""德教""克己复礼"的国家治理学说的一个重要环节。从孔子曾担任鲁国司寇的办案实践，可窥知其对自己倡导的仁礼之治的身体力行。但是，孔子所处的时代决定了，这只是他在春秋时期面对社会现实的一种入世努力。春秋后期，"礼崩乐坏"，贵族之间的"田讼""水讼"不绝于书。有些贵族为了胜诉，不惜

重金贿赂法官，甚至因争讼而酿成血案。在这种情况下，孔子极力倡导"无讼"思想，无非是为了恢复或维系其所倡导的礼治秩序。❶

2. "无讼"思想的价值基础

孔子所说的追求无讼"吾犹人也"，表明无讼在春秋时期有广泛的社会共识。"无讼"在儒家文化中居于重要地位，在其他诸子学说中也有体现。换言之，诸子学说目标相同，只是实现目标的路径不同。

在儒家学说中，无讼的理论基础最具哲学意蕴，也最具传承价值。其一，和谐的审美观。以礼致和谐，是儒家的基本治理思路。《论语·学而》说："礼之用，和为贵。先王之道，斯为美，小大由之。有所不行，知和而和，不以礼节之，亦不可行也。"这种和谐思想是从自然和谐向社会和谐推演的。《礼记·月令》说的"仲春之月……命有司，省囹圄，去桎梏，毋肆掠"，"孟秋之月……戮有罪，严断刑"，就是自然和谐在司法中的体现。孔子所倡导的"父为子隐，子为父隐，直在其中矣"，是一种社会伦理的和谐。追求"无讼"的效果，是一种司法的和谐。其二，伦理的义利观。儒家的无讼思想，"实质上是'重让而非争'，是'有义务而无权利'"，❷ 其根源是"重义轻利"的价值观。孔子曾说，"君子喻于义，小人喻于利"，"富与贵，是人之所欲也，不以其道得之，不处也；贫与贱，是人之所恶也，不以其道得之，不去也"（《论语·里仁》）。重义轻利的本质是淡化人的权利意识，强化伦理意识，"亲亲，仁也；敬长，义也"（《孟子·尽心上》），"义"后来泛指符合儒家伦理的公平正义。其三，仁政的统治观。统治者不行"仁政""德教"，是违法犯罪和讼争频发的根源；施行"仁政""德教"，才能从根本上达到无讼的治理效果。

法家学说中，萌发了"以刑去刑"的思想。当然，"以刑去刑"的重刑主义思想主要存在于秦晋法家思想体系之中。从逻辑上看，从儒家"明德慎罚"到法家"以刑去刑"的思想，中间经历了三个思想转换阶段。第一个阶段是战国时期儒家杰出代表人物荀子，他受黄老学的影响主张"人性本恶"，为其建构"礼法并用"治国思想提供了人性论基础。但是，荀子的思想重心

---

❶ 张岭梓：《论无讼》，太原科技大学硕士论文，2007年，第5—6页。
❷ 胡旭晟：《狱与讼：中国传统诉讼文化研究》，中国人民大学出版社2012年版，第37页。

还是在儒家思想范畴中,他主张"君人者,隆礼尊贤而王,重法爱民而霸,好利多诈而危"(《荀子·大略》),还说"用国者,义立而王,信立而霸,权谋立而亡"(《荀子·王霸》)。但是,"性恶论"为以强调外在规范约束的法家"以法治国"思想提供了思想基础,也使得儒家思想出现了与法家思想通融的态势。第二个阶段是战国时期的齐法家,他们已不像荀子那样主张王道,而是旗帜鲜明地主张"信赏必罚"的霸道思想。但是,齐法家主张的"信赏"与"必罚"是并列的,正所谓"轩冕不下拟,而斧钺不上因"(《管子·法法》),也就是说,赏赐不打折扣,刑罚不任意加重。而且,齐法家是反对重刑主义的,认为"刑罚不足以畏其意,杀戮不足以服人心。故刑罚繁而意不恐,则令不行矣。杀戮众而心不服,则上位危矣"(《管子·牧民》)。第三个阶段是战国时期的秦晋法家,他们从重刑主义的思路出发,试图追求"以刑去刑""防治犯罪"的社会治理效果。商鞅是第一个系统地提"禁奸止过,莫若重刑"(《商君书·赏刑》)的重刑主义的思想家,他以性恶论为立论基础,主张"刑主赏辅""刑不善而不赏善""轻罪重刑",以达到"以刑去刑,以杀去杀"(《商君书·画策》)的治理效果。在"德法"或"德刑"关系上,齐法家与秦晋法家也呈现明显的不同。齐法家认为,治理国家应当"重法",但不宜"重力",不能一味地"以力使",而应当"以德使",才能做到"民归之如流水"(《管子·君臣》)。但秦晋法家主张的"以法为本""不务德而务法""不养恩爱之心。而增威严之势"(《韩非子·显学》),主张"任其力不任其德"(《商君书·错法》),《韩非子·内储说上七术》还援引商鞅的话说,"行刑重其轻者,轻者不至,重者不来,此谓以刑去刑"。通过严刑峻法、轻罪重刑,从而达到"以刑去刑,刑去事成"(《商君书·靳令》)的治理效果。

老子道家学说从道法自然的角度,提出"无为而治"的思想,在争讼问题上追求"使民不争"的治理效果。《老子》中说,域中有四大,"道大,天大,地大,王亦大……人法地,地法天,天法道,道法自然"。顺其自然的治理,就是"无为而治","圣人处无为之事,行不言之教"。老子反对儒家所倡导的"礼义"之治、有为而治,"上德不德,是以有德;下德不失德,是以无德。……故失道而后德,失德而后仁,失仁而后义,失义而后礼。夫礼者,忠信之薄,而乱之首"。道家思想中的治理之道,就是一切恢复到自然状态,"不尚贤,使民不争;不贵难得之货,使民不为盗;不见可欲,使民心不乱。

是以圣人之治，虚其心，实其腹；弱其志，强其骨。常使民无知无欲，使夫智者不敢为也。为无为，则无不治"。简言之，通过无为之治实现"使民不争"，进而达到"无讼"的治理效果。

(二) 古代官府"息讼"与民众"好讼"的文化悖论

孔子的"无讼"思想，具有三个层面的论述：一是从审判者个案听讼的微观角度，强调审判者的专业性、职业道德及其对公平正义的追求，以收"以讼去讼"的效果；二是从社会治理的中观角度，强调通过一案的公正处理，发挥对整个社会的教化影响作用，让潜在的争讼者不再争讼；三是从国家治理的宏观视角，强调统治者行仁政、重教化。但在秦汉以后，中央集权的帝国统治制度建立之后，孔子无讼思想的完整性被不断取舍，甚至扭曲。如东汉时期的郑玄认为："情犹实也。无实者，多虚诞之辞。圣人之听讼与人同耳，必使民无实者不敢尽其辞，大畏其心志，使诚其意不敢讼。"❶ 在这里，从对"听讼者"的职业要求转向对"争讼者"的防范，把多讼的原因归结为"不实之民"，并将重心放在"大畏其心志"方面。汉唐以后，无讼文化的核心转移至劝告乃至要求民众"息讼"，打击和惩罚所谓的"讼棍"，以服务于政治统治的稳定。清代更是以"良民"和"莠民"来比喻，所谓"良民畏讼，莠民不畏讼；良民以讼为祸，莠民以讼为能"。❷

随着孔孟儒家审判者自律（专业精神）、社会自成（社会效应）、统治者自省（施仁政）的无讼文化的完整性被曲解，是否争讼成了判断一个人是好人还是坏人的标准，这必然导致官方和民间诉讼文化的分化甚至对立，一方面是官方的"息讼""抑讼"司法政策，另一方面是民间的"惧讼""贱讼"心理，或者"好讼""以死相争"的心理。分析司法政策与诉讼心理之间的关系，即便在当今社会仍然有启发意义。

1. 官府的"息讼""抑讼"政策

对于古代官府的"息讼""抑讼"政策，有学者进行了如下精当的概括：

---

❶ 刘宝楠：《论语正义》（卷十五），高流水点校，中华书局1990年版，第503页。
❷ 王石磊：《试析中国传统诉讼观念》，《北京市工会干部学院学报》2005年第1期。

在刑事诉讼中，国家以严刑峻法，使民众视法为畏途；在民事诉讼中，则通过道德感化以绝讼源，多方调解以消讼意，惩罚讼徒以儆效尤。❶具体体现在三个方面：

（1）在舆论宣传上，营造"教化为先、无讼是求"的文化氛围。

正面宣传以托古叙事为主，树立榜样。据《史记·五帝本纪》记载，"历山之农者侵畔，河滨之渔者争坻"，舜亲耕于历山、亲渔于雷泽，以自己的言传身教终使"历山之人皆让畔"，"雷泽上人皆让居"。这是一个典型的托古说今的例子。秦汉以后的人认为，"词讼繁多，大抵皆因风俗日薄，人心不古，唯己是私，见利则竞"，"不知讲信修睦，不能推己及人"。❷而解决的方法就是，加强教化使民不争，敦厚人心，来达到减少讼争的目的。

反面则以宣扬狱讼的危害为主，恐吓兴讼者。如《周易·讼卦》说，"讼，终凶"，"讼不可妄兴"，"讼不可长"。宋代曾任提点刑狱官职的名臣黄震说："讼乃破家灭身之本，骨肉变为冤雠，邻里化为仇敌，贻祸无穷，虽胜亦负，不祥莫大焉。"❸清代理学家陆陇其曾任河北灵寿县知县，其审理民事案件时，经常将当事人传唤到庭后进行如下劝导："尔原被（告）非亲即故，非故即邻，平日皆情之至密者，今不过为户婚、田土、钱债细事，一时拂意，不能忍耐，致启讼端。殊不知一讼之兴，未见曲直，而吏有纸张之费，役有饭食之需，证佐之友必须酬劳，往往所费多于所争，且守候公门，费时失业。一经官断，须有输赢，从此乡党变为讼仇，薄产化为乌有，切齿数世，悔之晚矣。"❹前述劝言的核心就是，通过诉讼并不能使矛盾真正得到解决，反而破坏人伦，给当事人带来更大不幸。

（2）从立法上"抑讼"，即通过限制起诉主体、起诉时间、起诉事由等，抑制民间动辄兴讼的冲动。

如唐律规定，每年只有自十月一日起至第二年的三月三十日止的6个月，百姓才能提起有关田宅、婚姻、债负之类的诉讼。宋朝将这一期限缩短为4个月，自十月一日起至第二年的正月三十日止。明、清两朝则规定每年四月一日至七月三十日为"农忙止讼"期，除谋反、叛逆、盗贼、人命等重案外，

---

❶ 范忠信等：《情理法与中国人》，中国人民法学出版社1992年版，第185页。
❷ 梁治平：《寻求自然秩序中的和谐》，中国政法大学出版社1997年版，第203页。
❸ 《黄氏日抄》卷七十八《词诉约束》。
❹ 周红兴编：《中国历代法制作品选读》，文化艺术出版社1988年版，第263页。

其他案件一律不准告诉，受理诉状的官员要受到处罚。❶

（3）在司法上，构建官民协调的"调处息争"司法衔接机制。

早在西周时期，就设有"调人之职"。秦汉之后，调处息争已成办案原则。"调处息争"主要针对民事案件与轻微刑事案件，具体有三种形式。第一种是官府调处。由州县官主持和参与，注重息事宁人，忽视是非曲直，以息讼为宗旨。案件诉至官府，优先考虑调处，当调处不成时，才令公堂对簿，剖明曲直。第二种是民间调处。在宋代，以官府调处为主，民间调处为辅，调处息讼已趋于制度化。民间调处由亲邻、族长主持和参与。明太祖朱元璋曾诏谕，凡户婚、田宅、斗殴，均须由里老先行调处，然后才须诉至县官。第三种是官批民调。主要存在于清朝，是指官府经初步堂审，如果认为案件事属"细微"，则"批令"由保甲长、宗族长、会首、亲邻、中人等居中调处；调处不成，再予以堂审、判决。❷

2. 民间"贱讼"与"好讼"的文化并存

在儒家文化上千年的熏陶下，古代民众产生了强烈的厌讼、耻讼、贱讼心理。

正如民谚所说，"饿死不做贼，冤死不告官"。但老百姓在心理上并非主动、自愿、自觉地对接精英阶层的"无讼"思想，他们所表现出来的厌讼、耻讼、贱讼心理，更准确地说是惧讼、畏讼心理。"中国人之'贱讼'，其实并非真正鄙视诉讼，而是害怕诉讼。故'贱讼'实为'恐讼'。"❸ 为何惧讼、畏讼？不外乎以下几点原因，一是对官府的贪腐受贿、滥施刑罚感到惧怕，二是对争讼可能导致生活中伦理秩序的紊乱充满不安，三是对封建专制统治下无力改变现状的境遇充满无奈。山东曲阜孔庙石碑上刻了一首《忍讼歌》，在一定程度上揭示了老百姓惧讼、畏讼心理背后的原因：

---

❶ 方潇：《孔子"无讼"思想的变异及其原因分析》，《法商研究》2013年第1期。
❷ 田平安、王阁：《论清代官批民调及其对现行委托调解的启示》，《现代法学》2012年第4期。
❸ 范忠信：《贱讼：中国古代法观念中的一个有趣逻辑》，《比较法研究》1989年第2期。

世宜忍耐莫经官，人也安然己也安然。
听人挑唆到衙前，告也要钱诉也要钱。
差人奉票又奉签，锁也要钱开也要钱。
行到州县细盘旋，走也要钱睡也要钱。
约邻中证日三餐，茶也要钱烟也要钱。
三班人役最难言，审也要钱和也要钱。
自古官廉吏不廉，打也要钱枷也要钱。
唆讼本来是奸贪，赢也要钱输也要钱。
听人诉讼官司缠，田也卖完屋也卖完。
食不充足衣不全，妻也艰难子也艰难。
始知讼害非浅鲜，骂也枉然悔也枉然。

但也有史学研究表明，即便危险重重，争讼现象仍然没有消失。尤其是宋代以后，随着商品经济的发展、造纸术的发明和讼学的兴起，江南地区"好讼"之风盛行。❶

据《宋史·地理志》记载，当时京东东路、江南东西路、荆湖南北路、福建路的民众都有好讼的风气。其中，尤以江南西路（近江西省）突出。南宋时期，"江西人好讼，是以有簪笔之讥，往往有开讼学以教人者，如金科之法，出甲乙对答及哗讦之语。盖专门于此，从之者常数百人"。❷在清代前期，中国东南沿海商品经济发达的地区民风依然好讼；及至清代中后期，好讼之风开始向四川、黑龙江、山东、河南、陕西等地区扩散。清雍正年间蓝鼎元曾任福建潮阳知县，对该县健讼现象有如下描述，"吾思潮人好讼，每三日一放告，收词状一二千楮，即当极少之日，亦一千二三百楮以上"。❸另外，嘉庆二十一年（1816年）仅有23366户的湖南宁远县一年间提出了约一万份诉讼文书，乾隆年间湖南湘乡县（今湘乡市）一年间收受了14400—19200份呈词，道光年间任山东省邱县知县代理的张琦仅一个月就收到诉讼文书2000余份，康熙末年曾任浙江省会稽知县的张我观在8个月内收到约7200份的词

---

❶ 许怀林：《宋代民风好讼的成因分析》，《宜春学院学报》2002年第1期。
❷ 雷家宏：《从民间争讼看宋朝社会》，《贵州师范大学学报》（社会科学版）2001年第3期。
❸ 蓝鼎元：《鹿洲公案》，刘鹏云、陈方明注译，群众出版社1985年版，第5页。

状。❶ 上述史料表明，在儒家文化传承的过程中，官方和民间对待争讼的态度是存在差异的，至少在追求"无讼"的社会和民间"好讼"态势这一方面确实如此。

（三）诉讼社会中"无讼"思想的借鉴价值

1. 古代社会对"无讼"文化的反思

追求"无讼"的法律文化既是特定历史时期的产物，又深刻影响了中国社会两千多年的历史发展进程。从大多数历史时期看，司法实践与儒家无讼理论有着较大距离，甚至严重扭曲变形，成为统治者的统治工具或者官员懒政的口实。对待传统诉讼文化，应该看到无讼思想的理论之美，也应该看到古代息讼、抑讼司法实践之丑；既应该看到无讼的优点，也应该看到无讼文化的缺陷，对此一些古代社会的官员和学者已经进行了一些检讨，至今仍有启发意义。

首先，对息讼、抑讼的批判。明代官员海瑞认为，"无讼"不是无为而治，而应当有为而治，即应当通过公正审判实现"无冤"，进而实现无讼。海瑞认为，即便如人所言"十状九诬"，"十人中一人为冤，千万人积之，冤以百以十计矣"（《示府县状不受理》）。清代学者崔述旗帜鲜明地反对息讼、抑讼政策，他认为，"自有生民以来，莫不有讼。讼也者，事势之所必趋，人情之所断不能免者也"❷。在争讼不可避免的情况下，实践中发生讼争而又愿意让步的，要么是贤者，要么是孤弱之人。在这种情况下，不允许诉讼或者抑制诉讼是乱世的开始，风俗败坏之源，所以，崔述于嘉庆年间任福建罗源、上杭等县知县时，"卯起亥休，事皆亲理，日与士民接见，书役禀事皆许直入二堂，兼听并观……从人胥役俱无所容其奸。听讼不预设成见，俾两造证佐各尽其辞而后徐折之。数年，案无枉者"❸。

其次，对兴讼、好讼的反思。必须认识到，"好讼"之风亦不可长，"诉讼爆炸"对社会的危害性很大。欧阳修认为，江南东路的歙州（今徽州）难

---

❶ ［日］夫马进：《明清时代的讼师与诉讼制度》，载［日］滋贺秀三等著：《明清时期的民事审判与民间契约》，王亚新、范愉、陈少峰译，法律出版社1998年版，第392－394页。
❷ 顾颉刚：《崔东壁遗书》，上海古籍出版社，2013年版，第701页。
❸ 张岭梓：《论无讼》，太原科技大学硕士论文，2007年，第36页。

治,"民习律令,性喜讼,家家自为簿书,凡闻人之阴私毫发、坐起语言,日时皆记之,有讼则取以证。其视入狴牢、就桎梏,犹冠带偃簪,恬如也"❶。该记载表明:一些地区的民众熟悉法律条令,喜欢诉讼,乐于窥探并记录他人的生活隐私,以作为今后诉讼的证据,如此好讼风气实在令人担忧。在世界范围内,发生过几次"诉讼爆炸"现象,陈卫东教授的统计显示,1560—1580年,英国王座法庭的受案数增加近五倍;1940—1995年,美国联邦法院的受案数量增加约7倍,美国加州法院系统的收案数量增加约26倍;1978—2017年,中国法院系统一审每年受案数量从44.7万件增长到2260万件。❷

尽管如此,儒家和齐法家思想中的无讼思想仍然有其积极意义,即便在法治昌明和权利意识彰显的时代,仍然不应鼓励好讼滥诉之风。儒家和齐法家思想中的礼法结合、注重纠纷事前化解的思想,以及以讼去讼、注重通过司法进行法治教育的思想,是中国古人在诉讼文化上留下来的珍贵遗产。

2. 当代中国的"好讼"现象与"无讼"治理

改革开放以来我国经济发展突飞猛进,与之相伴的是人们的权利意识日渐彰显,进入诉讼渠道的民事案件数量同步快速增长。据《中国法律年鉴》的统计数据显示,全国法院1990年受理第一审民事案件总量约为244万件,2000年约为471万件,2010年约为609万件,2020年约为1330万件。张文显教授提出了一个"诉讼社会"的命题,认为诉讼社会的表征是,"人人都在告状,到处都有官司,诉讼就像'流行病'一样到处蔓延;如果一个社会每年约有10%的人口涉诉(每个案件按6人涉案计算),则该社会可被认定为"诉讼社会"。❸ 按此,则中国社会已经达到"诉讼社会"的门槛。

诉讼社会是社会转型和法治现代化进程中的必经阶段。当今时代,人民群众法律意识和权利意识日益觉醒,仅靠"说教"和"劝阻"已不可能阻止人们通过诉讼维权的冲动,限制、抑制起诉又与法治精神背道而驰。与此同时,市场经济带来的陌生人社会形态削弱了调解的伦理基础,如何兼顾保障

---

❶ 《文忠集 卷六十二·居士外集卷十二》。
❷ 陈卫东:《诉讼爆炸与法院应对》,《暨南学报》(哲学社会科学版)2019年第3期。
❸ 张文显:《现代性与后现代性之间的中国司法——诉讼社会的中国法院》,《现代法学》2014年第1期。

人民群众的诉权与应对"诉讼爆炸"的消极影响,确实是一个棘手的问题。党的十九大以来,中央提出了让人民群众在每一个司法案件中感受到公平正义的司法理念。在司法政策上,齐鲁法律文化传统中的"无讼"思想仍有批判传承和借鉴的价值。

首先,在全面推进依法治国的时代,保障人民群众的司法救济权是一个首要的任务。即便中国法院系统面临"案多人少"的审判压力,2014年党的十八届四中全会审议通过的《中共中央关于全面推进依法治国若干重大问题的决定》指出,"改革法院案件受理制度,变立案审查制为立案登记制,对人民法院依法应该受理的案件,做到有案必立、有诉必理,保障当事人诉权",❶从而作出了推行立案登记制改革的重大决策。此后,最高人民法院也迅速作出回应,通过司法解释明确立案登记制。有的学者认为,如果司法拒绝受理和裁判案件,后果将是司法规制公权和保障私权的功能失灵,不仅导致国家法治建设运行机制不畅,而且影响国家长治久安的基础。❷ 而立案登记制改革决策的施行,着眼于解决人民群众"起诉难"问题,践行了司法为民的理念,提升了司法公信力,同时彰显了人民法院充分发挥司法功能、畅通纠纷诉讼解决渠道、保障当事人诉权行使的司法使命担当。就此而言,当代中国司法已彻底抛弃了传统社会中"抑讼""限讼"的窠臼,体现了鲜明的司法人民性时代特征。

其次,在案件日渐增多的背景下,如何化解法院承受的"案多人少"(案件多、审判法官人数有限)的压力?如何避免诉讼周期过长的问题呢?需要指出的是,"案多人少"是世界各国普遍存在的现象。例如,美国是一个诉讼大国,在20世纪60年代也遭遇了"诉讼爆炸"的危机。如1940—1960年美国法院的案件增长率在77%以下,而1960—1975年案件增长率达到了106%,1983年美国联邦地方法院受理案件是1960年的3倍(增长率为250%),1990年美国各州法院受理案件更是达到惊人的1亿件(占美国法院案件总量的90%)。❸ 除了"案多"外,美国基于其根深蒂固的普通法传统和正当程序司法文化形成了一种几乎只有律师才能胜任的"对抗制"诉讼机制,以法官消极中立、当事人冲突对抗、专业律师代理和陪审团审判为主要特征,造成

---

❶《十八大以来重要文献选编》(中),中央文献出版社2016年版,第169页。
❷ 王建国:《法治中国视域下立案登记制的回顾与展望》,《河北法学》2016年第12期。
❸ 齐树洁:《民事司法改革研究》,厦门大学出版社2006年版,第512页。

诉讼程序极其烦琐、高度专业化、高成本和长周期，人民寻求司法救济的渠道遇到了制度性障碍。❶ 我国当前面对"案多人少"的问题，则形成了"两个分流"的司法改革决策。一是外部分流，即构建纠纷的多元化解机制，强化诉前调解、诉调对接；二是内部分流，即法院内诉讼案件的繁简分流，构建普通程序、简易程序、速裁程序等相配套的多层次诉讼制度的供给。❷ "两个分流"，是对中国传统社会注重非诉讼纠纷解决机制经验的借鉴，通过优化审判资源，保障人民群众对纠纷解决机制的多元需求。

最后，无论是立案登记制改革，还是"两个分流"，最终都是"诉讼社会"背景下的纠纷应对机制，如何化解纠纷产生的根源，达到全民守法的理想法治目标，仍然有必要从传统"无讼"文化中汲取经验。前文已述及，作为一个思想流派，儒家所倡导的"无讼"并非禁止诉讼，而是颇具"以讼去讼"的哲学思辨思维，即通过公正的听讼，达到"没有诉讼""消除诉讼"或"诉讼不再发生"的诉讼效果和社会治理效果。

四、以和为贵：中国司法调解的历史传承与文化底蕴

司法调解是中国处理民事纠纷的传统方式，在国际上有"东方经验"之誉。正如美国学者科恩（Cohen）所言："中国法律制度最引人注目的一个方面是调解在解决纠纷中不寻常的重要地位。"❸ 一般来说，西方国家的纠纷解决制度是"审判主导型"的，而中国则是"调解主导型"的。但深究起来，中国的司法调解源于何时、经历了什么样的发展轨迹？调解制度背后蕴含了什么样的法律文化？在当代中国，如何对其进行时俱进的改革和发展？这些问题仍值得研究。

---

❶ 王德新：《小额诉讼的程序功能与程序保障》，《江西社会科学》2022 年第 1 期。
❷ 胡仕浩、刘树德、罗灿：《〈关于进一步推进案件繁简分流优化司法资源配置的若干意见〉的理解与适用》，《人民司法》（应用）2016 年第 28 期。
❸ Cohen, J., Chinese Mediation of the Eve of Modernization, 54 Calif. L. Rev. 1966, p.1201.

（一）中国古代的官府调解及其文化底蕴

1. 中国古代的官府调解

在中国古代，官府调解最早可以追溯到西周时期。据《周礼·地官·调人》记载，周代设有"调人"之职，"调人掌司万民之难，而谐和之"。到了汉、唐时期，"教化为主、以求无讼"已经成为官府处理民事纠纷的基本指导思想。此后，宋、元、明、清等历朝历代莫不沿袭。

古代的官府调解在不同时期有一定的差异，但调解方法概括起来不外乎以下三种：

第一，官府直接调解，即在行政长官的主持下，对民事案件或轻微刑事案件的调解。官府调解主要是官员通过现身说法，晓之以理、动之以情，以促成当事人和解。《汉书》记载了这样一起案件：西汉宣帝神爵三年（公元前59年），左冯翊韩延寿出行巡查属县，至高陵，有兄弟二人因田产纠纷前来投诉。韩延寿感叹道，我"为郡表率，不能宣明教化，至今民有骨肉争讼，既伤风化，重使贤长吏、啬夫、三老、孝弟受其耻，咎在冯翊，当先退"（《汉书·韩延寿传》）。当天称病不处理公务，在传舍闭门思过。该县县令、县丞、啬夫、三老也都把自己囚禁起来等候论罪。发生争议的兄弟二人亦深感懊悔，髡首肉袒前来谢罪，愿相互谅解，至死不再争讼。韩延寿闻讯大喜，设酒宴宴请二人以示勉励。

第二，官批民调，是指官府在审理案件过程中，如果认为情节轻微、不值得传讯，或认为事关亲族伦理、不便公开传讯，即批令亲族长者加以调处，并将调处结果报告官府。如亲族调解成功，则请求销案；调解不成，则需禀明两造不愿私休，由官府裁判。例如，南宋时期的官员刘克庄，在审理德兴县董党诉立继事一案中，虽然查明了本案是非曲直，曲在董党养母一方，但因是继母与养子之间的争讼，事关伦常，所以劝令董党"亦宜自去转恳亲戚调停母氏，不可专靠官司"。❶ 这种官批民调的方式，具有半官方的性质，类似于我们现在所谓的委托调解。

第三，民间调解，官府认可，是指纠纷发生后，当事人并不到官府起诉，

---

❶《后村先生大全集》卷一九三《德兴县董党诉立继事》。

而是邀请乡党宗族自行调处，官府一般也承认调处的效力。例如，宋代有朱司户与族人朱元德因立继之事起争，在族人劝和之下达成和解协议，由朱司户捐钱五百贯给朱元德了事，各方签字画押。没想到，朱元德领完五百贯之后，又毁约再索要两千贯，并告到官府。官府经审理，不但承认原五百贯了事的和解协议的效力，驳回朱元德诉讼请求，还在判词中说，"今后朱元德再词，定照和议状，追入罚钱断罪，仍回申使、府照会"。❶ 但如果亲族乡党的调解不合法，或有恃强凌弱的情形，官府也不承认其效力。

2. 中国古代官府调解的文化底蕴

中国古代的官府调解不仅仅是一种纠纷解决的技术手段，如果没有深厚的文化底蕴和社会观念基础，调解是绝不可能获得如此强大的生命力而传承数千年的。官府调解的生命力，深深植根于历史社会文化的沃土之中。

其一，儒家"克己复礼""明德慎刑"的治国思想。儒家先师孔子以西周时期"亲亲""尊尊"为基本原则的周礼为基础，建构了庞大的"仁"学体系。孔子讲"仁"就是为了恢复"周礼"。《论语·颜渊》载："克己复礼为仁，一日克己复礼，天下归仁焉。"众所周知，"礼"是以血缘为基础、以等级为特征的氏族统治体系，孔子将"孝""悌"作为"仁"的基础，把"亲亲""尊尊"作为"仁"的标准，实际上是把"礼"的氏族血缘关系转化为"仁"的政治主张。可见，孔子的"礼治"（或曰仁治、德治）思想，对于以"合情合理""合乎道德"（而非"合乎法律"）为首要标准的调解来说，在精神上无疑是息息相通的。而调解这种温和的纠纷解决手段，由于极大地维护了血缘亲族关系和封建等级秩序，符合统治阶级的利益，因而获得了强大、持久的生命力。

其二，儒家"德化教育""以求无讼"的社会治理思想。在儒家看来，法与"刑"合而为一，常常与赤裸裸的暴力镇压相联，因而难免染上血腥味；而儒家"仁学"体系向往的是一种既具有严格的等级秩序，又极富人情味的温情脉脉的阶级统治。所以，孔子才会认为，"道之以政，齐之以刑，民免而无耻；道之以德，齐之以礼，有耻且格"（《论语·为政》）。也就是说，在如

---

❶ 谭景玉：《宋代乡村社会的多元权威——以民间纠纷的调解为例》，《江淮论坛》2007年第1期。

何治理社会方面，儒家反对刑治（法治），主张德治（礼治）、教化。孟子说，"人之有道也。饱食暖衣、逸居而无教，则近于禽兽……教以人伦"（《孟子·滕文公上》）。儒家主张的教化有两方面要求：一方面，要求统治者以身作则，作为道德楷模来引导老百姓不要兴讼，前引《汉书》记载的韩延寿办案一事就是明证。另一方面，要求老百姓不要兴讼，极力宣扬贱讼、耻讼思想。受儒家思想熏陶，古代社会的人们耻于将纠纷诉诸司法，形成"家丑不可外扬""屈死不告状"等社会心理，重视调解传统的形成自然是水到渠成。

其三，"和为贵""以和为美"的社会意识和古典审美观。从深层文化根源看，调解即"和解"，其基石乃是古代中国独特的"和"的观念，以及由此产生的"以和为美"的审美观念与"和为贵"的社会意识。既然社会的和谐是美的，而人际相互矛盾和冲突则是应当竭力避免的，这就难怪孔子要提出"无讼"的理想，而民众要视"诉讼"为灾难了。虽然纠纷是对美（"和"）的破坏，但纠纷的发生毕竟是客观存在的，既然出现了纠纷就得尽力消除，消除纷争的最佳手段自然莫过于体现着"和"文化的"调解"。除儒家思想以外，道学也蕴含着丰富的和谐思想。如道家的人生哲学中主张"和之以是非"，并强调"不争""居下""取后""以屈求伸""以退为进"，其政治哲学主张"处无为之事，行不言之教"（《道德经》）。从某种意义上说，传统文化中具有哲学意义的和谐文化，是传统上重视调解司法政策的深层文化原因。

（二）新中国的法院调解政策及其文化底蕴

新中国的法院调解政策直接渊源于陕北革命根据地时期的"马锡五审判方式"。所谓马锡五审判方式，是指马锡五同志自1943年初在担任陕甘宁边区高等法院陇东分庭庭长期间，与其他法官一道在实践中摸索出的以"审判和调解相结合"为典型特点的民事审判方式。早在1944年1月6日，陕甘宁边区政府主席林伯渠就在《边区政府一年工作总结报告》中特别指出，"提倡马锡五同志的审判方式，以便教育群众"。[1] 1944年5月，陕甘宁边区政府对

---

[1] 张希坡：《马锡五审判方式》，法律出版社1983年版，第55页。

◎ 齐鲁法律文化研究

"马锡五审判方式"的总结是"审判与调解、法庭与群众相结合的审判方式"。❶ 曾任陕甘宁边区政府秘书长的李维汉在回忆录中说,他觉得"马锡五审判方式"很好,因此"提出一个'调解为主,审判为辅'的审判方针,经过党中央和西北局同意,也经过边区政府委员会讨论同意,推广施行"。❷ "马锡五审判方式"是人民司法在早期卓有成效的探索,后被认为是人民政法工作的一项优良传统。

1949年以后,新中国的法院调解政策大致经历了三个大的发展阶段。

1. 第一阶段（1949—1990年）：调解为主

调解为主,就是法院对民事案件主要以调解的方式进行审理,并主要以促成双方当事人达成协议的方式结案,不轻易作出判决。在1982年《民事诉讼法（试行）》颁布之前,我国法院在长达三十余年的时间里主要靠党和最高人民法院的政策方针办案。1958年毛泽东指出,"解决民事案件还是马青天（马锡五）那一套好,调查研究,调解为主,就地解决"。❸ 1963年在第一次全国民事审判工作会议上,最高人民法院正式把"调查研究、调解为主、就地解决"确定为民事审判工作的十二字方针。1964年,最高人民法院又将其发展为"依靠群众、调查研究、就地解决、调解为主"的十六字方针。❹ 直到1982年10月1日《民事诉讼法（试行）》颁布实施,我国才结束了民事诉讼程序无法可依的立法缺失状态。该法第6条规定："人民法院审理民事案件,应当着重进行调解；调解无效的,应当及时判决。"一般认为,《民事诉讼法（试行）》所规定的"着重调解",与此前"调解为主"的审判方针并无本质上的不同。在"着重调解"的政策下,法院民事案件的调解结案率长期处于高位。如1985年最高人民法院工作报告中指出,"人民法院处理民事纠纷,继续发扬了人民司法工作的优良传统,坚持走群众路线和着重调解的原则。在人民法院办结的民事案件中,调解解决的占85%左右"❺。

---

❶ 李维汉：《陕甘宁边区政府工作回顾》,转引自刘全娥：《陕甘宁边区司法改革与"政法传统"的形成》,吉林大学博士学位论文,2012年,第105页。
❷ 李维汉：《回忆与研究》（下）,中共党史资料出版社1986年版,第535页。
❸ 高洪宾：《民事调解的理论与实务》,人民法院出版社2006年版,第41页。
❹ 潘怀平：《陕甘宁边区民事审判模式之选择》,《中国延安干部学院学报》2009年第3期。
❺ 郑天翔：《最高人民法院工作报告——一九八五年四月三日在第六届全国人民代表大会第三次会议上》,《中华人民共和国最高人民法院公报》1985年第1期。

第六章　齐鲁法律文化传统的现代启迪

对这一时期"调解为主"的司法政策的成因，学术界存在两种解读。一种观点认为，以马锡五审判方式所代表的调解运动是中国传统法律文化的体现，是儒家"无讼"思想在当代的体现和延伸，❶ 这种观点可称为"文化延伸论"。另一种观点认为，中国共产党所推行的调解与中国历史上的调解传统在性质、权威依据、目的和手段等方面截然不同。如美国学者陆思礼就认为，"中国的调解已被发展为一种社会动员工具，一方面是为了解决纠纷，另一方面是（为了）提高群众政治觉悟和意识，以此来贯彻党的主张、维持社会秩序、实现对社会的重建"❷。这种观点，可称为"文化断裂论"。客观地说，这一时期的法院调解与古代官府调解的文化基础的差异是显而易见的。其中，儒家"克己复礼""明德慎刑"的治国思想，以及"德化教育""以求无讼"的社会治理思想，构成了古代官府调解最基本的文化底蕴——但这些显然已经不是人民法院调解的文化基础。如果说还有历史传承关系的话，也主要是"和为贵""以和为美"的社会意识和审美观。尤其值得注意的是，在新中国成立前后，毛泽东提出的"人民内部矛盾和敌我矛盾区别对待"理论构成这一时期法院调解最重要的思想和文化基础。

1957年2月27日，毛泽东在《关于正确处理人民内部矛盾的问题》的讲话中，系统阐述了社会主义社会两类不同性质矛盾的学说。他指出，"在我们的面前有两类社会矛盾，这就是敌我之间的矛盾和人民内部的矛盾。这是性质完全不同的两类矛盾"，"敌我之间和人民内部这两类矛盾的性质不同，解决的方法也不同"，"凡属于思想性质的问题，凡属于人民内部的争论问题，只能用民主的方法去解决，只能用讨论的方法、批评的方法、说服教育的方法去解决，而不能用强制的、压服的方法去解决"。❸ 这在当时是一种非常重要的政治思想，也是贯彻于各领域（包括司法领域）的指导思想。这种思想对法院调解的影响，可从两方面理解。首先，这种思想虽然是在1957年被系统提出的，但此前就已经产生了。例如，在1942年陕甘宁边区政府时期，就"曾经把解决人民内部矛盾的这种民主的方法，具体化为一个公式，叫作'团

---

❶ 梁治平等：《新波斯人信札——变革中的法观念》，贵州人民出版社1988年版，第146－156页。

❷ Lubman, Mao and Mediation: Politics and Dispute Resolution in Communist China, California law review, vol. 55, 1967, pp. 1284－1359.

❸ 《毛泽东文集》（第五卷），人民出版社1999年版，第204－205、206、209页。

结—批评—团结'"。❶ 1949 年毛泽东所写的《论人民民主专政》里曾经说过，"对人民内部的民主方面和对反动派的专政方面，互相结合起来，就是人民民主专政"；解决人民内部的问题，"使用的方法，是民主的即说服的方法，而不是强迫的方法"。❷ 其次，这种思想被诉讼法学家广泛接受，并作为法院调解最重要的理论基础。例如，老一辈民事诉讼法学家柴发邦主编的《民事诉讼法学新编》中，有如下论述："中国民事诉讼法和人民法院的审判实践，都非常重视和强调法院调解，有其理论基础和实践中的必要性。从理论上讲，民事案件是人民内部矛盾，这种矛盾可以通过法制宣传教育和思想疏导方法来解决，存在着调解解决的可能性。"❸ 这种观点，在当时的民事诉讼法教科书中具有代表性和普遍性。

显然，上述强调"人民内部矛盾和敌我矛盾区别对待"是一种政治理论，也是一种革命的法律意识形态。从某种意义上说，法院调解在发挥解决纠纷功能的同时，更担负起提高群众政治觉悟和意识，以此来贯彻党的主张、维持社会秩序、实现对社会的重建的任务，这就导致了中国司法调解的理论基础从古代到当代的第一次重大转换。

2. 第二阶段（1991—2012 年）：调判结合

20 世纪 80 年代，随着中国商品经济的发展和民主与法制观念的深入人心，强调法院依法审理和判决的观念开始抬头，加之实践中出现部分法官"强制调解""以判压调""以拖促调"等侵害当事人权益的现象，调整"着重调解"司法政策的呼声四起。❹ 在此背景下，全国人大开始着手修改民事诉讼法。1991 年《民事诉讼法》第 9 条规定："人民法院审理民事案件，应当根据自愿和合法的原则进行调解；调解不成的，应当及时判决。"此后，学术界围绕法院调解与市场经济和法治社会的适应性进行了持续的讨论，甚至有学者建议以诉讼和解制度取代法院调解制度。❺ 这种观点对司法界产生了一定的影响，法院对民事案件的调解结案率开始一路走低，在 2004 年前后跌入谷

---

❶ 《毛泽东文集》（第五卷），人民出版社 1999 年版，第 210 页。
❷ 《毛泽东选集》（第四卷），人民出版社 1991 年版，第 1475、1476 页。
❸ 柴发邦、常怡、江伟：《民事诉讼法学新编》，中国法律出版社 1992 年版，第 250－251 页。
❹ 季卫东：《法制与调解的悖论》，《法学研究》1989 年第 5 期。
❺ 张晋红：《法院调解的立法价值研究》，《法学研究》1998 年第 5 期。

底。2005年最高人民法院工作报告指出，全国各级法院"诉讼调解结案的1334792件，调解结案率（为）31%"[1]。

在审判实务中，最高人民法院在2005年工作报告中提出"能调则调，当判则判，调判结合，案结事了"的新十六字方针。从总体上看，新十六字方针较好地处理了"调判关系"，要求"能调则调，当判则判，调判结合"；更加重视办案效果，即为了达到"案结事了"的效果，要综合运用调解和裁判两种方式。同时，强调法院调解要遵循民诉法规的"自愿合法原则"，反对为法院调解结案率设定指标。如2007年肖扬院长在全国高级法院院长会议上强调：一方面要加大调解力度；另一方面"司法调解必须坚持'能调则调、当判则判，调判结合、案结事了'的原则，不能给调解定指标，不能久拖不决，不能以损害司法效率换取调解率"[2]。

2008年以后，又出现了"调解优先、调判结合"的八字方针。2009年3月王胜俊院长在最高人民法院工作报告中指出，"高度重视运用调解手段化解矛盾纠纷。着眼于促进社会和谐，转变审判观念，坚持'调解优先、调判结合'原则，把调解贯穿于立案、审判、执行的全过程"[3]。2009年3月26日最高人民法院在制定的《人民法院第三个五年改革纲要（2009—2013）》中，再次重申"调解优先、调判结合"的八字方针，法院调解被置于比判决方式更加优先的地位，从而完成了从"调解自愿、调判结合"到"调解优先、调判结合"两代调解政策的转换。2010年9月16日，最高人民法院又颁布《关于进一步贯彻"调解优先、调判结合"工作原则的若干意见》，将"调解优先、调判结合"工作原则予以明确化、具体化、规范化。在此背景下，中国审判实践中调解结案率进一步攀升。据统计，2009年全国各级法院审结的一审民事案件中，调解和撤诉结案共359.3万件，占全部民事案件的62%；而2010年1—11月，全国法院民事案件调解率达66%以上。[4] 与此同时，某些

---

[1] 肖扬：《最高人民法院工作报告——2005年3月9日在第十届全国人民代表大会第三次会议上》，《中华人民共和国最高人民法院公报》2005年第4期。

[2] 肖扬：《莫给调解定指标》，《人民日报》2007年1月17日，第14版。

[3] 王胜俊：《最高人民法院工作报告——2009年3月10日在第十一届全国人民代表大会第二次会议上》，《人民日报》2009年3月18日，第2版。

[4] 吴秋余：《全国法院民事案件调解率达66%以上》，《人民日报》2010年12月12日，第4版。

地方法院的调解率更是突飞猛进，有的甚至高达90%以上。❶ 刻意追求高调解率，使得司法调解政策进入了非理性、不冷静的状态。

在1991年《民事诉讼法》第9条已经对"法院调解原则"作出明确规定的情况下，为什么又先后提出了新十六字方针和八字方针呢？司法政策变动的背后，有两重考量。其一，纠正实践中部分法官"一判了之"的现象。20世纪90年代中期以后，市场经济和法治社会理念的强化，导致部分法院和法官"重判决、轻调解"的思想蔓延，法官只重视裁判案件的数量，而不重视矛盾的化解，导致涉法申诉、上访、缠诉等问题日益严重。❷ 为了解决涉法上访、申诉等问题，构成了实践动因。其二，贯彻建设社会主义和谐社会的政治理论。2004年9月，党的十六届四中全会审议通过《中共中央关于加强党的执政能力建设的决定》，第一次明确提出"构建社会主义和谐社会"这个命题。正如2006年肖扬院长在山东考察工作时所言，"如何认识和把握新形势下人民内部矛盾产生的特点和规律，建立健全社会矛盾纠纷调处机制，是构建和谐社会所必须研究和解决的具有全局性、前瞻性、战略性的重大课题。……最高人民法院明确将'能调则调，当判则判，调判结合，案结事了'作为新时期人民法院民事审判工作的重要指导原则，提出将加强司法调解作为促进和谐社会构建的一项十分重要和突出的工作来抓，具有重要的现实意义"❸。2009年7月王胜俊院长在全国法院调解工作经验交流会上进一步强调，全国法院要正确认识和把握"调解优先、调判结合"原则的科学内涵，树立"调解是高质量的审判、高效益的审判，调解能力是高水平的司法能力"的观念。❹ 实践驱动和政治考量，是这一时期司法政策对1991年《民事诉讼法》第9条进行调整和细化的双重动因。

---

❶ 郭宏鹏：《龙岩新罗区法院首创"连锁调解超市"当事人各取所需调解率达90%》，《法制日报》2010年6月6日，第3版。

❷ 杨润时：《最高人民法院民事调解工作司法解释的理解与适用》，人民法院出版社2004年版，第6页。

❸ 肖扬：《充分发挥司法调解在构建社会主义和谐社会中的积极作用——在山东青岛、日照、东营、济南考察工作时的讲话》，载黄松有主编：《民事审判指导与参考》（第2辑），法律出版社2006年版，第2页。

❹ 罗东川：《人民法院调解工作的历史新定位——解读王胜俊院长关于人民法院调解工作的重要讲话》，《中国审判》2009年第9期。

3. 第三阶段（2013年至今）：规范调解

我国法院的民事案件调解结案率，按时间的推进呈"V"字形分布。在20世纪80年代以前，基于对传统诉讼文化和马锡五审判方式的崇尚，"高调解率"被认为是我国司法的一大特色。到了20世纪90年代，"低调解率"一度被认为是市场经济法治的需要和民事审判方式改革成功的标志。但2004年以后，"低调解率"又被认为是"机械司法""案结事不了"的罪魁祸首，成了亟须解决的"问题"。"调解优先"政策的背后隐含着这样一个认知逻辑：调解结案率越高，办案质量就越好，社会就越和谐；反之，调解率越低，办案质量越差，社会越不和谐。从司法实践看，调解率高，并不必然意味着社会矛盾得到了化解、社会更和谐，也不必然意味着办案质量高、司法公正得到了实现。❶关键是，刻意追求高调解结案率将违背司法理性，容易滋生强制调解、变相强制调解，这反而损害了当事人的权益，也无助于案结事了和涉法涉诉信访问题的解决。

2013年以后，随着"全面推进依法治国"方略的实施，我国法院调解政策进入"规范调解"阶段。2013年11月，党的十八届三中全会确立了健全司法权力运行机制的改革目标。2014年3月最高人民法院提出，"坚持合法自愿原则，规范司法调解"。❷2014年10月党的十八届四中全会审议通过的《中共中央关于全面推进依法治国若干重大问题的决定》指出，要"规范司法行为，加强对司法活动的监督"，"在司法调解、司法听证、涉诉信访等司法活动中保障人民群众参与"，"加强对司法活动的监督……依法规范司法人员与当事人、律师、特殊关系人、中介组织的接触、交往行为"。❸随着全面推进依法治国战略部署的推进，用法治思维解决问题，把权力关在制度的笼子里，已成为一个常识性的法治理念。这样，"规范调解"的司法政策寻找到新的理论根基，那就是规范审判权、规范调解行为，保障诉讼当事人的诉讼权益，尽最大可能让人民群众在每一个司法案件中感受到公平正义。

---

❶ 王德新：《中国调解主导型司法政策的检讨与转型》，《河南社会科学》2013年第12期。
❷ 周强：《最高人民法院工作报告——2014年3月10日在第十二届全国人民代表大会第二次会议上》，《中华人民共和国全国人民代表大会常务委员会公报》2014年第2期。
❸ 《十八大以来重要文献选编》，中央文献出版社2016年版，第170、171页。

(三) 重构我国司法调解政策的思考

"和为贵""和为美"是中国文化孕育的独特的哲学审美观,在纠纷解决领域形成的调解文化是独具中国特色的法律文化传统。承认调解文化传统是一个问题,如何在新时代背景下以更为合理的方式将这种传统发扬光大是另一个问题。因为,任何一个司法政策都是在具体语境和特定社会环境中生成的,也只有在那个特定的环境中才能最大限度地发挥其积极作用。在当代中国,在全面推进依法治国、建设社会主义法治国家的大背景下,法院调解可沿着调解社会化的思路继续改革探索,但须保持改革的稳定性和渐进性。

1. 推动"法院调解"向"社会调解"转型

需要重申的一点是,中国古代社会"官府调解""官批民调""民间调解"三位一体的调解体系,是在礼乐教化、无讼是求的法律文化环境下建构的。但不得不承认,在视民事纠纷为"细故""小事"的时代,官府对调解的推崇具有漠视个人权利、维护统治秩序的时代局限性。尤其应当重申的是,中国古代的调解制度体系的重心其实是发达的民间调解,而并不是司法调解(官府调解)。

在当今时代和当下中国,以人民为中心是党领导国家治理的基本理念,全面推进依法治国是基本方略,法治是纠纷解决的基本思维。因此,对于"和稀泥"式的、压制性的、以牺牲当事人利益为代价的调解,应当坚决予以摒弃。法院和司法程序不应是调解的主战场。重构我国司法调解政策的基本思路之一,就是要坚持"调解社会化",建立健全非诉讼(或诉讼外)的调解机制;在实现"法院调解"向"社会调解"转型的同时,健全法院对社会调解结果的司法确认机制。

所谓调解社会化,是指压缩法院直接主持调解的范围,转而主要借助社会民间力量来主持调解化解社会纠纷。通过调解社会化的转型,充分调动民间调解的积极性,同时完成法院审判权行使方式的常态"复归",即让审判权归于法院,让调解权还于社会。推动"调解社会化",既顺应了社会转型发展的需要,又能解决法院在调解活动中的角色紊乱问题。一方面,调解社会化是"纠纷解决社会化"的重要体现,与西方国家"接近正义"(access to justice）的司法改革运动精神暗合。"接近正义"司法改革运动的"第三波"浪潮，基本理念就是将"正义"与"司法"区分开来，强调通过"替代性的纠纷解决机制"（alternative dispute resolution）来保障公民接近正义的权利，即保障公民获得纠纷解决的权利。❶ 另一方面，法院作为行使审判权的国家机关，对同一案件在同一诉讼程序中既行使"判决权"，又行使"调解权"；既充当裁判者，又充当调解人，鉴于判决和调解的目标、方法等方面存在重大差异，不可避免地出现角色的紊乱。面对外来干预、人情关系和棘手案件时，调解也为个别法官滥用权力、谋取私利等提供了借口。最重要的是，法院充当调解人，与审判权的性质天然地存在矛盾性。"司法部门既无军权、又无财权，不能支配社会的力量与财富，不能采取任何主动的行动。故可正确断言：司法部门既无强制，又无意志，而只有判断。"❷ 就我国而言，不少人喜欢援用"和谐社会"政治理念来论证法院调解的正当性，其实，"维稳"和"促和谐"等政治性任务由社会调解主体承担更为适宜，对于法院来说实在是不能承受之重。因为，这不仅会使法院偏离中立判断的立场，而且会将社会矛盾不正当地集中到法院身上，严重损伤司法权威和司法公信力。

在近年来的司法实践中，已有不少地方法院在探索"调解社会化"的改革，改革探索有以下三种思路。

第一种思路，协助调解模式。所谓协助调解，是指在诉讼过程中，审判法院邀请与本案有关的单位和个人协助法院进行调解，调解达成的协议经法院确认后赋予其调解书的法律效力。我国现行《民事诉讼法》第98条规定："人民法院进行调解，可以邀请有关单位和个人协助。被邀请的单位和个人，应当协助人民法院进行调解。" 2020年修订后的《最高人民法院关于人民法院民事调解工作若干问题的规定》第1条将民诉法规定的"有关单位和个人"明确为两种人，一是"与当事人有特定关系或者与案件有一定联系的企业事业单位、社会团体或者其他组织"；二是"具有专门知识、特定社会经验、与当事人有特定关系并有利于促成调解的个人"。这种模式并没有从根本上改变法官对调解事务的主导地位，有关组织和个人在调解过程中依然从属于法院的审判活动，因此，很难从根本上化解法院在调解中的角色紊乱问题。

❶ 齐树洁：《司法改革与接近正义》，《司法改革论评》2013年第2期。
❷ [美]汉密尔顿等：《联邦党人文集》，程逢如等译，商务印书馆1980年版，第291页。

第二种思路,司法附带调解模式。所谓司法附带调解,是指在诉讼过程中,审判法官将调解的任务以指引当事人选择的方式,由当事人自行选择社会调解主体进行调解,调解不成的再重新启动诉讼审判程序。《民事诉讼法》第125条规定:"当事人起诉到人民法院的民事纠纷,适宜调解的,先行调解,但当事人拒绝调解的除外。"该条文在解释上尚存在模糊空间,一是哪些纠纷"适宜调解",范围上尚不明确。二是"先行调解"是由"法院"主持,还是由"社会组织"主持?前者代表了强化法院调解的趋势,后者代表了调解社会化的趋势。三是"先行调解"是"立案前"的调解,还是"立案后、开庭前"的调解?基于调解社会化的理念,本书认为,宜把《民事诉讼法》第125条解释为司法附带ADR的一种,即司法附带调解制度。这种理解既有法律依据,也有实践依据。法律依据是2004年最高人民法院《关于民事调解工作若干问题的规定》第3条第2款创设了一种新型的"委托调解"方式,"经各方当事人同意,人民法院可以委托前款规定的单位或者个人对案件进行调解,达成调解协议后,人民法院应当依法予以确认"。如果按照这种理解,司法附带调解(委托调解)是在"司法社会化"理念推动下,不逾越现行民事诉讼法律框架的一种纠纷解决机制的创新方案。

第三种思路,诉前调解模式。所谓诉前调解,是指法院在收到当事人起诉状或者口头起诉之后、正式立案之前,引导当事人借助于社会调解力量达成争议解决方案。由于《民事诉讼法》第125条语言表述的模糊性,也可以将该条文中的"先行调解"解释为"立案前"的调解。其实,早在民事诉讼法修改之前,不少地方法院就开始在实践中探索这种改革思路了。北京市朝阳区人民法院的"诉前调解联动机制"最具代表性,其主要内容是:对于劳务纠纷、物业纠纷等案情简单、事实清楚的案件,起诉到法院后,立案庭的工作人员建议当事人先找人民调解员进行调解,并将当事人材料移交相关街、乡司法所;人民调解员主持调解达成协议后,经法院确认,等同于法院的判决书,具有强制执行力。[1] 这种探索为我们解释《民事诉讼法》第125条和法院调解社会化政策的转型,提供了有益的思路。

无论是前述第二种思路,还是第三种思路,这种社会化的调解在性质上

---

[1] 陈虹伟、焦红艳:《一个基层法院的调解工作布点与制度突围》,《法制日报》2007年4月8日,第6页。

都已经不再是"法院调解",不再是法院的审判活动。因此,至关重要的一点就是,调解达成的协议具有什么效力?我国2011年1月生效实施的《人民调解法》第33条规定,经人民调解委员会调解达成调解协议后,双方当事人可以向人民法院申请司法确认,法院确认调解协议有效的,协议内容具有强制执行效力。该法虽然是针对"人民调解委员会"主持下达成的调解协议的,但由于人民调解与行业协会、其他社会组织的调解同属于社会调解,因此,《人民调解法》的立法精神完全可以类推适用。

2. 构建"和解为主、调解为辅"的新型司法调解政策

推行"法院调解社会化"政策的结果,是由各种社会组织分担了法院原有的调解职能。这样,法院就能从繁重的调解工作中解脱出来,以更好地依法公正审判案件。本书认为,在单纯的财产争议、经济纠纷案件中,不宜再继续保留法院调解的职能。但考虑到我国的实际情况,完全取消法院的调解职能是不现实的,法院调解仍然有其存在的空间。在当前阶段下列类型的案件不宜急于推行调解社会化的政策:(1) 婚姻家庭、继承和身份关系确认案件(涉及社会公共利益);(2) 物权权属争议案件(涉及物权法定问题);(3) 公益诉讼和群体性诉讼案件(涉及公共利益或集合性利益)。

在前述三种特定类型的案件中,一方面暂时保留法院调解职能,另一方面应当对调解行为进行一定的规制和调整。(1) 为了防范法院"强制调解""和稀泥式调解"和"诉讼欺诈"等不当现象的发生,在调解过程中应当严格贯彻自愿原则、不违反法律强制规定原则和诚实信用原则,调解活动也不得侵犯国家利益、社会公共利益和案外他人合法权益。(2) 为了确保前述调解原则的贯彻落实,应当完善相应的程序机制。一是事前告知制度,即法院在调解开始前,应当告知当事人调解与审判的区别、调解本身的风险和法律效果。二是事后救济程序机制,对于违反自愿、合法等原则的调解活动,应当建立法院调解行为无效宣告制度;❶ 对于当事人恶意调解或者通过调解进行诉讼欺诈等情形,应当构建程序责任与实体责任相配套的综合法律制裁措施体系。

---

❶ 王德新:《民事诉讼行为的无效及确认程序——以法院的诉讼行为无效为中心》,《河北科技大学学报》(社会科学版) 2011年第2期。

除在特定类型的案件中保留法院调解职能以外,在其他类型的案件中应尽可能地限制法院调解权的运用。这丝毫不会影响民事诉讼处分原则的作用空间,因为法院调解权力退出后留下的空当,完全可以由当事人和解制度填充。我国《民事诉讼法》第53条规定:"双方当事人可以自行和解。"但是,我国法律尚缺乏有关和解的程序、和解协议的审查、和解协议的法律效力等详细规定。通过重视和完善当事人诉讼和解制度,既能够更好地贯彻私权自治的精神,又能避免法院调解带来的一系列问题。

总之,中国司法调解政策调整的基本思路应该是:一方面,改变法院内部调解和审判"肩并肩"的现状,逐渐实现由法院直接调解向社会调解的转型;另一方面,充分考虑诉讼的特点、机理和运行机制,在限制法院调解适用范围的前提下合理规制法院的调解行为,并不断完善法院调解的程序和制度。唯有适用范围有限的司法调解,才能使司法调解政策真正发挥积极效应,才能使有"东方经验"之誉的司法调解焕发出新的青春活力。

五、乡村治理:自治、法治、德治融合的治理体系之构建

(一)国家治理与乡村治理

乡村是整个社会的毛细血管,党的方针政策和国家的法律法规最终都要落实到乡村社会,直面最广大的基层人民群众,"乡村治,则天下安"。乡村治理是国家治理的重要一环,乡村治理成效直接关系国家治理能力和治理体系的现代化程度。随着中国特色社会主义进入新时代,特别是党的"三农"工作重心转移至全面实施乡村振兴战略的背景下,乡村治理的重要意义再次得以凸显。

党的十九大以来,党中央曾多次对乡村治理作出战略部署。2017年10月党的十九大提出"乡村振兴战略",其中明确提出"要健全自治、法治、德治相结合的乡村治理体系"[1],这是我们党在新的历史方位对乡村治理作出的新的战略部署。2019年《中共中央 国务院关于坚持农业农村优先发展做好

---

[1]《十九大以来重要文献选编》(上),中央文献出版社2019年版,第23页。

"三农"工作的若干意见》再次提出要"完善乡村治理机制，保持农村社会和谐稳定"❶。2019年6月《关于加强和改进乡村治理的指导意见》提出了乡村治理的近期和远景目标。近期目标是：到2020年，现代乡村治理的制度框架和政策体系基本形成，农村基层党组织更好发挥战斗堡垒作用，以党组织为领导的农村基层组织建设明显加强，村民自治实践进一步深化，村级议事协商制度进一步健全，乡村治理体系进一步完善。远景目标是：到2035年，乡村公共服务、公共管理、公共安全保障水平显著提高，党组织领导的自治、法治、德治相结合的乡村治理体系更加完善，乡村社会治理有效、充满活力、和谐有序，乡村治理体系和治理能力基本实现现代化。❷

乡村治理主要应当立足于当前乡村实际，立足于依法治国的总体治国方略，进行与时俱进的改革、创新和发展。但是，乡村社会是社会发展中受传统影响最深、变革相对较慢的环节，习俗、文化和传统的连续性强，因此，乡村治理有从法律文化传统中汲取经验的天然优势。

（二）古代乡村治理的历史变迁

1. 周代的"国野乡遂"和"乡官治理"模式

中国的乡村治理可以追溯至西周时期的"国野乡遂"制度。在西周时期，以王城和诸侯国的国都为中心，把王城国都及其四郊分别称为"国"和"乡"，由居于统治地位的宗族集团及其庶民居住；把四郊外的统治区域称为"野"，由居于被统治地位的宗族集团及其庶民居住。除了王城和国都，"国之乡、野之遂"大体上都属于乡村的范畴，由乡官治理。

在周王直辖的王畿地区，以王城为中心构建了"国野乡遂"制度。"国"，是指王城及周边四郊之地（周王统治的核心区），居此地的人称"国人"（周族的平民，平时耕种、战时为兵、可以议政），是周王倚重的军事政治统治力量。王城之外的四郊，设六乡。乡内分六个层级的组织，"五家为比，五比为间，四间为族，五族为党，五党为州，五州为乡，一万两千五百

---

❶ 《中共中央　国务院关于坚持农业农村优先发展做好"三农"工作的若干意见》，《中华人民共和国国务院公报》2019年第7期。

❷ 《中共中央办公厅　国务院办公厅印发〈关于加强和改进乡村治理的指导意见〉》，《中华人民共和国国务院公报》2019年第19期。

户为一乡"(《周礼·地官·司徒》)。四郊之外的区域称为"野",居此地的人称"野人"(居住在野的庶民,没有当兵、受教育的权利);卿大夫受封的采邑称"都鄙",也在野的范围。野设六遂,野内分六个层级的组织,"五家为邻,五邻为里,四里为酇,五酇为鄙,五鄙为县,五县为遂"(《周礼·地官·遂人》)。六乡设置比长、闾胥、族师、党正、州长、乡大夫等职,六遂设有邻长、里宰、酇长、鄙师、县正、遂大夫等职,统称"乡官"。

在周代"分封制"下,诸侯分封建国,原则上参照周王室的"国野乡遂"之制进行管理。按周礼,周王室是六乡六遂,公国三乡三遂,侯国、伯国二乡二遂,子国、男国一乡一遂。《尚书·费誓》说,伯禽时代鲁国有"三郊三遂"("郊"为"乡"的异名),是符合礼制的。但周礼所说的"国野乡遂",在各诸侯国执行过程中可能有所变通。例如,在春秋时期的齐国,管仲根据"士农工商四民者……不可使杂处"的原则,采用"三国五鄙"的治理模式,齐国国君与高子、国子各掌一国一军。❶据《管子·小匡》载,齐设三国,"制国以为二十一乡:商工之乡六,士农之乡十五。公帅十一乡,高子帅五乡,国子帅五乡。三国故为三军……制五家为轨,轨有长;十轨为里,里有司;四里为连,连有长;十连为乡,乡有良人;三乡一帅";设五鄙,"制五家为轨,轨有长;六轨为邑,邑有司;十邑为率,率有长;十率为乡,乡有良人;三乡为属,属有帅。五属一五大夫。武政听属,文政听乡,各保而听"。按此,"乡"、"连"(率)、"里"(邑)、"轨"是齐国特色的乡村治理机制。

周代的"国野乡遂"治理制度,具有以下几个特点。(1)国野乡遂是耕战一体的体制,所以有天子"六乡六军"之说。《周礼·夏官·序官》载:"凡制军,万有二千五百人为军。王六军,大国三军,次国二军,小国一军。"(2)周代的乡村治理兼有"官治"和"民治"的特点,乡官负有向周王输送人才的重任。据《周礼·地官·司徒》载,乡大夫秉承大司徒的"教法"(政教禁令),令乡吏施教于乡民,三年进行"大比","考其德行道艺",将贤能者贡于周王。(3)周代实行"乡官"(地方官)和"事官"(政务官)兼治的模式,是一种纵横交错的治理模式。以教育为例,西周的官学包括国

---

❶ 高氏、国氏皆为姜姓,出身于齐国公族。春秋时期,周天子封姜姓国氏、高氏于齐国,子爵,辅助吕氏(齐侯)守齐国,称为齐国"二守";其任命由周天子直接授予,为齐国上卿,凡齐之政务,皆由二卿与吕氏共同裁决。

学和乡学。国学是国子入学之所，是在周王城和诸侯国都设置的学校（分别称为辟雍、浮宫）。乡学是在王城、国都之外的四郊之地设置的学校，"乡有庠，州有序，党有校，闾有塾"。❶

2. 秦汉隋唐的"乡里"与"乡吏治理"模式

秦汉时期，废除了分封制和贵族世袭的统治模式，取而代之的是具有明显地域划分和层级划分的地方政权，即"郡县制"。在县以下设置"乡、里、亭"，由官方任命的"吏"管理，❷ 兼有官治、地方自治色彩。在秦汉以后的乡里制度下，有"国权不下县，县下惟宗族，宗族皆自治，自治靠伦理，伦理造乡绅"之说。❸

秦朝的乡里制度，源自周代诸侯国秦国的旧制。公元前356年秦孝公任用商鞅变法，废除了分封制，强化中央集权，在地方推行郡县制。为贯彻"连坐、告奸"的法家治理思想，在县以下的基层，"令民为什伍，而相牧司连坐"，即令五家为保、十家相连；一家有罪，九家举发；若不纠举，则十家连坐。据《史记·商君列传》载，什伍连坐制，"行之十年，秦民大悦，道不拾遗，山无盗贼，家给人足，民勇于公战，怯于私斗，乡邑大治"。秦统一六国后，将全国划为36郡、郡下设县，国家政权到县一级为止。县以下为"乡里"，形成了"县—乡—亭—里—什—伍—户"这种金字塔式的基层社会控制体系。秦朝的"乡里"组织方式是：什主十家、伍主五家，设什长、伍长；百家为一里，设里魁；十里为一亭，设亭长、主求；十亭为一乡，乡置三老（有秩、啬夫、游徼）；另设乡佐，协助收税。❹

汉承秦制，在秦的郡县制、乡里制度的基础上进行了完善。西汉在全国范围内普遍建立了乡、亭、里三级乡村基层组织，以十里为一亭、设亭长，十亭为一乡、设三老（《汉书·百官公卿表上》）。里有里魁、掌一百户（里下有什伍组织），与现代的村民委员会有一定的相似性。据考证，"西汉平帝

---

❶ 王进锋：《西周学校的等级体系、升汰机制与学员出路》，《文史哲》2021年第5期。
❷ 秦汉以后，"官吏"分置，官为"流官"，由朝廷直接任命、异地轮换任职，防其坐大为诸侯；吏则为"地官"，从地方乡绅中任命。如，刘邦就曾任秦的"泗水亭长"。
❸ 秦晖：《传统十论——本土社会的制度文化与其变革》，复旦大学出版社2003年版，第3页。
❹ 唐鸣、赵鲲鹏、刘志鹏：《中国古代乡村治理的基本模式及其历史变迁》，《江汉论坛》2011年第3期。

时全国有县道邑国 1587，乡 6620，平均每县四乡有余；东汉有县道邑国 1180，永兴元年（153 年）有乡 3651，平均每县三乡有余"❶。魏晋和南朝时期，在基层治理方面沿袭汉制，实行乡、亭、里制；北朝则仿照《周礼》，实行邻、闾、党三长制，或者里、党两长制，不过在组织形式上与秦汉没有太大差异。

隋朝初年，一度废"乡"，原因在于担心乡官判事不公、就地坐大，即乡官"为其里闾亲识，剖断不平，今令乡正专治五百家，恐为害更甚"（《资治通鉴·隋纪》）。所以，隋朝初年实行规模更小的族（党）、闾（里）、保三级乡村组织方式。据《隋书·食货志》载："颁新令，制人五家为保，保有长。保五为闾，闾四为族，皆有正。畿外置里正，比闾正，党长比族正，以相检察焉。"但隋文帝开皇九年又颁诏，"五百家为乡，正一人；百家为里，长一人"（《隋书·高祖纪》）。这样，族、闾、保三级制又被改为乡、里两级制。

唐朝延续了隋朝的思路，"乡"的功能被弱化，一度被废除。唐太宗贞观九年，"每乡置长一人，佐二人，至十五年省"（《通典·职官十五》）。所以，唐朝的乡村组织以里、村为主。另外，在"里"一级还出现了"村、坊"的形式，形成了"乡、里（村、坊）、保、邻"四级基层治理。据《唐六典·户部尚书》载："百户为里，五里为乡。两京及州县之郭内，分为坊，郊外为村。里及坊村皆有正，以司督察。四家为邻，五邻为保。保有长，以相禁约。"另据学者考证，里正权责较大，"掌按比户口，课植农桑，检察非违，催驱赋役"，成为乡里组织的实际领导者。村正、坊正的职责主要是辅助性的，主要是"掌坊门管钥"和"督察奸非"，负责助捕、纠告、治盗、捕亡等。其人选主要由县司从"勋官六品以下白丁清平强干者充"，"并免其课役"。❷ 此后，五代十国的乡村治理主要是沿袭隋唐，变动频繁，但主体精神基本一致，即大规模的"乡"这种基层组织时存时亡，而规模较小的"里"在乡村治理中越来越发挥着主体作用。

3. 北宋以后的"保甲"与"职役制"治理模式

自北宋王安石变法之后，"保、甲"正式取代"乡、里"成为基层社会

---

❶ 孟祥才：《中国政治制度通史》（第三卷 秦汉），人民出版社 1996 年版，第 236 页。
❷ 唐鸣：《中国古代乡村治理的基本模式及其历史变迁》，《江汉论坛》2011 年第 3 期。

自治的组织主形式。"保、甲"取代"乡、里"不只是名称上的差异，更是身份和功能上的变化。在原来的乡里制度下，乡正、里长由乡举里选、官方任命，是一种"乡官"身份，领取薪俸或者免其课役；而在保甲制度下，都保正、大保长、保长不再是朝廷命官，其任命由县官直接定夺，其身份由"乡官"转变为具有强制性徭役的职役身份。也就是说，"县以下实行以代表皇权的保甲制度为载体，以体现族权的宗族组织为基础，以拥有绅权的士为纽带而建立起来的乡村自治政治"❶。

北宋神宗熙宁年间，王安石推动变法，首次推行"保甲"制度。按保甲制度，以户为单位、设户长，十户为甲、设甲长，十甲为保、设保长。这里，"甲"和"家"通用。《宋史·志·卷一百四十五》有更为详细的记载："十家为一保，选主户有干力者一人为保长。五十家为一大保，选一人为大保长。十大保为一都保，选为众所服者为都保正，又以一人为之副……同保犯强盗、杀人、放火、强奸、略人、传习妖教、造畜蛊毒，知而不告，依律伍保法。余事非干己，又非敕律所听纠，皆毋得告，虽知情亦不坐……遂推之五路，以达于天下。"北宋的保甲制度具有如下特点：一是"都保"成为乡村治理的中心，也是辅助县一级政权办差的主要力量，凡差县差役、政府科敷、县官杂使、监司迎送等皆责办于都保之中；二是"保"兼有两重治安防治功能，一方面相当于民兵组织、外防盗贼，另一方面相当于保内之民相互监督的组织、有人犯罪知情不报的连坐；三是"乡规民约"开始成为"都保"自治的重要手段，北宋神宗熙宁九年陕西蓝田吕氏兄弟首先创立了具有浓厚自治色彩的"吕氏乡约"，开了中国古代"乡规民约"的先河。

此后，宋、元、明、清的多数时期都延续了保甲制度，基层组织政治化色彩日渐浓厚。保甲制度一直延续到民国时期，据1928年南京国民政府颁布的《县组织法》的规定，县为国家最基层的政权组织，其下分区、村（里）、间、邻四级自治组织；1929年以后又颁布实施了《县保卫团法》《清乡条例》《邻右连坐暂行办法》等，形成了"以村里（乡镇）邻间自治制度系统为主体，以自卫及治安保甲系统为附属"的乡村治理制度系统。❷

---

❶ 白钢：《中国农民问题研究》，人民出版社1993年版，第137页。
❷ 武乾：《南京国民政府的保甲制度与地方自治》，《法商研究》2001年第6期。

（三）古代乡村治理的现代启发

中国古代乡村治理既蕴含着一些值得借鉴的精华，也不乏糟粕，下面着重结合三个问题进行讨论。

1. 乡村治理与"乡贤"问题

在中国传统的乡村社会，事实上存在两种秩序：一种是官方的统治秩序，由"乡官"代表王权或皇权向民间渗透；另一种是民间的乡土秩序，由宗族、乡里和乡绅进行一定程度的自治管理。其中，"宗族"是土生土长的本地血缘关系组织；"乡里"是政府在乡村建设的半官方组织；"乡绅"是指有官职或功名的地方士绅，他们游走于官方和乡土之间。有的时候，三者可能融为一体，宗族长、乡绅摇身一变成为官方任命的乡正、里长。

关于乡贤与士绅、乡绅、官绅、学绅的关系，中国古代乡村是"乡绅之治"还是"乡贤之治"，学术界仍存在争鸣。❶ 明朝中叶以后，乡绅阶层渐渐形成，成为官府、乡民沟通的重要桥梁。关于乡绅乡贤在乡村社会治理中发挥了积极作用，则是有一定共识的。其一，承担家族自救的重任，传播社会正能量。如北宋时期的范仲淹，出身寒门，宋仁宗时期科举取士后曾任朝廷大员，晚年回家乡苏州，捐献毕生积蓄购置良田千余亩，设立义庄，在家族范围内救困济贫。其二，发起乡规民约，推动社会自治。如宋神宗时期的吕大钧，科举取士后曾任光禄寺丞，辞官回家乡西安蓝田，后在家乡发起《吕氏乡约》，由乡民自愿参与，对其约众"其来者亦不拒，去者亦不追"。❷《吕氏乡约》以儒家价值观为指导，对德业相劝、过失相规、礼俗相交、患难相恤等问题发起乡民自治的组织，对淳化民风、协助社会治理起到了重要的补充作用。其三，兴建公共设施，弥补政府财力不足。如清代《牧令书》卷七

---

❶ 春秋战国时期，活跃在乡村社会的是"士"（或士绅，以学识闻名的读书人），"士为民之首，一方之望。凡属编氓，皆尊奉之，以为读圣贤之术，列胶庠之选"（参见清代王杰：《钦定学政全书》，转引自秦德君、毛光霞《中国古代"乡绅之治"：治理逻辑与现代意蕴——中国基层社会治理的非行政化启示》，《党政研究》2016 年第 3 期）。秦汉时期产生了乡里组织，以官派为主、民选为辅产生了"乡官""乡绅"群体，已不限于读书人。宋代以后，卸任官员、暂居乡里的官僚、乡正、里正、饱学之士等都被归为"乡贤"之列（参见胡彬彬：《古代乡贤与乡村治理》，《文史知识》2016 年第 6 期）。

❷ 吕大钧：《答伯兄》；陈俊民辑校：《蓝田吕氏遗著辑校》，中华书局 1993 年版，第 568 页。

《取善》记载:"地方利弊,生民休戚,非咨访绅士不能周知……况邑有兴建,非公正绅士不能筹办;如修治城垣、学宫及各祠庙,建育婴堂,修治街道,俱赖绅士倡劝,始终经理。"

古代乡村的乡贤自治,很大程度上是人才(知识分子)下沉乡村社会的结果,对知识分子有一定的依赖性。但到了清末民国,科举制的废除导致科举取士的渠道被阻断,乡村中的读书人只好走向城市,乡贤大量流失。由此,造成了乡村社会人才流失、风气渐坏、社会秩序混乱的后果。正如巴林顿·摩尔所言,"所有的隐匿豪杰、不法商人、匪盗之徒以及诸如此类人物都从地下冒了出来,填补因前统治阶级的倒台所产生的真空"❶。所以,乡绅是一个中性词,没有品格的乡绅就成了"土豪劣绅",成了革命的对象。因此,"打土豪劣绅,平均地权"就成为新民主主义革命时期的革命口号。

新中国成立以后,也发生了类似的乡村人才向城市流动的现象。改革开放以前,高度集中的计划经济虽然束缚了乡村生产力的发展,但由于人口流动的机会甚少,乡村社会的治理精英都能在当地发挥主力作用。改革开放以后,特别是市场经济改革以来,一方面农村劳动力向城市快速转移,另一方面学生、富人、官员只要有机会大都会选择向更大的城市流动。在这种情况下,学术界开始关注乡村社会"新乡贤"阶层的培育问题。❷

以什么标准作为选拔乡村治理的管理者呢?一种思路是"富人治村",如2003年江苏省射阳县就要求,村党支部书记或村主任个人资产必须在10万元以上。❸ 这符合一种通常的逻辑,即先富带后富,如果自己都没富起来,怎么带领村民致富呢?但也有研究显示,富人治村容易滋生贿选现象,富人竞选村干部不少是抱着金钱投资(牟利)的态度的。❹ 而对于贿选,不少村民居然表示认可。也许,这是受市场经济大潮中"拜金主义"思潮的影响,这也对我们的乡村治理的目标提出了新的课题。我们到底是为了乡村致富,还是一种综合的发展?如何平衡乡村基层组织干部的身份、利益、上升空间等需求上的矛盾?在乡村出身的学生、富人、官员无法回流的背景下,2006年中

---

❶ 巴林顿·摩尔:《民主与专制的社会起源》,华夏出版社1987年版,第176页。
❷ 王文龙:《新乡贤与乡村治理:地区差异、治理模式选择与目标耦合》,《农业经济问题》2018年第10期。
❸ 郑燕峰:《射阳10万元村干部:富干部带领村民致富》,《中国青年报》2003年10月8日。
❹ 魏程琳:《富人治村:探索中国基层政治的变迁逻辑》,《南京农业大学学报》(社会科学版)2014年第3期。

央组织部等八部委联合下发通知,开始实施大学毕业生到农村基层支教、支农、支医和扶贫的"大学生村官"计划。这在一定程度上缓解了乡村人才"只出不进"的困境,但如何让大学生村官扎根基层,仍然考验智慧。

2. 乡村治理中的自治、德治、法治问题

党的十九大报告提出,加强农村基层基础工作,健全自治、法治、德治相结合的乡村治理体系,这是新时代实施乡村振兴战略背景下,在治理领域的一项关键性工作。建设自治、法治、德治相结合的乡村治理体系,关键是要处理好三者之间的关系。

(1) 自治为根。中国幅员辽阔,乡村人口众多,古代政权建设无力遍布乡村社会角角落落,这是建设乡村自治的治理体系的客观决定因素。古代社会基于中央集权的统治需要,在乡里,通过"什伍之法"或"保甲之法"强化对人民的监控,已不适应"民主法治"和"以人民为中心"的新时代乡村建设的形势。依靠儒生为主的乡贤乡绅群体,对乡村社会进行伦理教化的路径,也已经失去了治理的历史文化土壤。所以,新时代乡村社会的自治,重点是培育乡村村民的民主议事意识,让人民群众通过举荐、选举等方式推选代表,代表乡民进行公共事务的治理,也就是完善村民委员会或类似组织的选举、议事、执行和监督机制,是乡村社会自治建设的基本思路。

(2) 法治为魂。当前,"全面推进依法治国,建设社会主义法治国家"是我国国家和社会治理的基本方略。这是对中国古代国家社会治理智慧和经验教训的总结,也是对世界范围内优秀治理文化借鉴的结果。法治的基本要求是法律面前人人平等,乡村与城市不可能实行两套不同的法治体系,民法、刑法、行政法等应平等适用。但是,也要看到乡村社会的特殊性:一是作为国家制定法的补充,对产生于乡村社会的"公序良俗"应该高度重视,做好乡村习俗、乡规民约与法律的对接;二是制定乡村社会治理的特别法,做到一般法与特别法在治理中的相得益彰;三是加大普法宣传的力度,让全民守法成为乡村治理的理想追求;四是在法治框架内,创新乡村治理的新形式,特别是在乡村纠纷化解方面。

(3) 德治为辅。"道之以政,齐之以刑,民免而无耻;道之以德,齐之以礼,有耻且格"(《论语·为政》)。儒家倡导的德治,有两个层面:一是对统治者的要求,即"为政以德,譬如北辰,居其所而众星共之"(《论语·为政》);二是对一般民众的要求,"仁远乎哉?我欲仁,斯仁至矣"(《论语·述而》)。孟子虽然提出"人皆可以为尧舜"的思想,但又说对于仁义"君子存之,庶民去之"(《孟子·离娄下》)。正是在这种背景下,统治者和人民群众都对以乡贤为代表的"德治"寄予了厚望。但对于乡贤与乡村德治,我们必须一分为二地看待。一方面,古代社会的乡绅,并非都是"乡贤"。虽然历史上不乏乡贤的例子,当"开明乡绅"在任时,乡民过着自给自足的小民经济生活;但当"土豪劣绅"在任时,就会导致民不聊生。归根结底,是乡村治理的"人治"模式所致。在当今社会,是培育新型的乡贤阶层,还是培育乡村民主议事机制,是一个值得谨慎思考的问题。寄希望于一两个,或者一个少数精英群体的"新乡贤"出现,本质上还是对"圣人之治、贤人之治"的追求,既与法治精神相悖,也不利于培养基层民主意识。另一方面,也要重视乡村治理中的德治。重视乡村治理中的德治,路径不是依赖于少数几个"新乡贤",而是要营造一个积极向上、健康持久的乡村文化。"村民自治的实质就在于村民永远是村治活动的主体"[1],乡村道德文化需要在全体村民中宣传、共同塑造、合理引导。

3. 创新乡村社会的纠纷解决机制

从社会治理的最高理想来看,儒家提倡的"无讼"文化(大同社会)与马克思主义所说的"无国家、无法律"的社会(共产主义社会)理想是有相似性的。两种理想社会形态的实现都有前提条件,前者倚重"圣王""贤人"和"仁政",后者倚重"物质极大丰富""思想道德素质极大提升"。在当前社会发展阶段,重要的是构建合理的纠纷预防与解决机制,这种机制不应走古代社会"抑讼""息讼""贱讼"的老路,而应探索符合社会发展规律、满足人民群众需求的新路。

但是,这绝不是说古代社会的乡村治理经验没有可资借鉴之处。在纠纷解决方面,古代社会的一大特点是"官府审判"与"乡村调处"相结合,本质上是"官治"与"民治"相结合的思路。根据费尔斯丁勒(W. Felstinler)的"纠纷金字塔理论",纠纷解决方式包括双方协商、寻求第三方仲裁、向国家司法机关提起诉讼等高低不同层次;如果大量纠纷通过民间方式解决,就

---

[1] 戴玉琴:《村民自治的政治学解读》,《淮海工学院学报》(社会科学版)2007年第2期。

可以降低诉讼的规模和司法运行成本。❶ 中国古代的乡里组织，一个很主要的功能就是解决民间纠纷或者行使民间司法权。如秦汉时期，乡里设有啬夫，"职听讼，收赋税"（《汉书·百官公卿表》）。唐代的村正、坊正，有权助捕、纠告、治盗、捕亡等。北宋时期设有"耆长"，"主盗贼、词讼"（《宋会要·职官》）。元代鉴于"民诉之繁，婚田为甚"，规定"诸论诉婚姻、家财、田宅、债负，若不系违法重事，并听社长以理谕解，免使妨废农务，烦挠官司"（《元史·刑法志》）。历史经验表明，乡村社会的"乡正里老人"等个人威望越高、组织力量越强，民间纠纷解决效果越好；反之，则乡村社会的自治能力减弱，村民付诸司法的概率就大大提升。明代顾炎武在《日知录》一书中曾总结道："洪武中，天下邑里皆置申明、旌善二亭，民有善恶则书之，以示劝惩。……今亭宇多废，善恶不书，小事不由里老，辄赴上司，狱讼之繁，皆由于此。"在当代社会，完善乡村社会的纠纷解决机制，重点需要做好以下几个方面的工作。

一是基于契约精神，发挥人民群众的创造性，探索乡村纠纷解决的新形式。在当代中国乡村治理中，不乏出于乡村村民智慧的治理典型，如山西昔阳大寨公社的"大寨经验"、安徽小岗村民的"农业联产承包责任制"、浙江绍兴枫桥镇村民的"枫桥经验"等。20 世纪 60 年代初浙江绍兴枫桥镇干部群众创造了枫桥经验，核心特征就是"发动和依靠群众，坚持矛盾不上交，就地解决。实现捕人少，治安好"。❷ 因此，推动乡村社会治理的现代化，一个重要的方向就是建立并完善"契约化治理"理念，即在一定的村民范围之内，"以平等、意志自由为条件，通过社区居民广泛参与，民主协商，充分沟通，建立以村规民约为主体的社会规范"❸，在法治轨道内各自探索治理特色模式。

二是基于法治精神，做好司法与民间纠纷解决机制衔接工作，增强民间纠纷解决的权威性。如果民间纠纷解决没有法律上的强制力，就会造成在法治框架内难以终局性地解决纠纷的效果，乡村村民就会失去对其的信任，转而依赖国家司法途径，民间纠纷解决也就失去了生命力。当然，这种强制力

---

❶ 陆益龙：《纠纷解决的法社会学研究：问题及范式》，《湖南社会科学》2009 年第 1 期。
❷ 朱力：《"枫桥经验"在浙江遍地花开——枫桥镇：新农村建设公开民主》，《长安》2013 年第 10 期。
❸ 汪世荣：《"枫桥经验"视野下的基层社会治理制度供给研究》，《中国法学》2018 年第 6 期。

和权威性与司法应有所不同，它应当主要是一种基于公信力的自觉服从或者公共秩序的自觉维护的权威，而不应当过于关注其与法院执行机制的对接方面。

三是基于专业精神，培养一批善于调处化解民间纠纷的专业人士，让民间调解永葆青春活力。对于国家司法而言，其被民众信赖的根基在于公正性与强制力；对于民间纠纷解决而言，其优势只能从国家司法机制不能达到的领域去寻找，专业性、快速性、低成本、实效性是其生命之源。要根据中国乡村社会特点，在乡土社会培育一批"专业"人士，既熟悉乡土，又善于调停，充分发挥乡村社会纠纷解决机制的司法补充机能。在这方面，齐鲁法律文化传统中蕴含着不少古代智慧，较之于移植西方法律制度会更容易，也更有效。

参考文献

[1] 艾兰，汪涛，范毓周. 中国古代思维模式与阴阳五行学说探源 [M]. 南京：江苏古籍出版社，1998.

[2] 陈淳. 文明与早期国家探源：中外理论、方法与研究之比较 [M]. 上海：上海世纪出版集团，2007.

[3] 陈来. 古代宗教与伦理——儒家思想的根源 [M]. 北京：生活·读书·新知三联书店，1996.

[4] 陈成国. 点校四书五经（上下）[M]. 长沙：岳麓书社，2014.

[5] 范忠信，郑定，詹学农. 情理法与中国人 [M]. 北京：中国人民大学出版社，1992.

[6] 冯天瑜. 中国文化生成史（上、下册）[M]. 武汉：武汉大学出版社，2013.

[7] 顾颉刚. 古史辨（1—5册）[M]. 上海：上海古籍出版社，1982.

[8] 郭沫若. 十批判书 [M]. 北京：东方出版社，1996.

[9] 胡启勇. 先秦儒家法伦理思想研究 [M]. 北京：民族出版社，2012.

[10] 胡旭晟. 狱与讼：中国传统诉讼文化研究 [M]. 北京：中国人民大学出版社，2012.

[11] 黄松. 齐鲁文化 [M]. 沈阳：辽宁教育出版社，1991.

[12] 黄宣民，陈寒鸣. 中国儒学发展史 [M]. 北京：中国文史出版社，2009.

[13] 金贵晟. 黄老道探源 [M]. 北京：中国社会科学出版社，2008.

[14] 金景芳. 周易·系辞传 [M]. 沈阳：辽海出版社，1998.

[15] 金荣权. 中国神话的流变与文化精神 [M]. 天津：天津人民出版社，1998.

[16] 李鹏程. 当代文化哲学沉思 [M]. 北京：人民出版社，1994.

[17] 李学勤. 东周与秦代文明 [M]. 北京：文物出版社，1984.

[18] 刘泽华. 先秦政治思想史 [M]. 天津：南开大学出版社，1984.

[19] 刘作翔. 法律文化理论 [M]. 北京：商务印书馆，1999.

[20] 马承源. 上海博物馆藏战国楚竹书 [M]. 上海：上海古籍出版社，2002.

[21] 孟祥才. 中国政治制度通史（1—3卷）[M]. 北京：人民出版社，1996.

[22] 钱穆. 周公与中国文化 [M]. 北京：生活·读书·新知三联书店，2009.

[23] 苏秉琦. 中国文明起源新探 [M]. 北京：生活·读书·新知三联书店，1998.

[24] 王国维. 观堂集林 [M]. 北京：中华书局，2006.

[25] 王献唐. 炎黄氏族文化考 [M]. 济南：齐鲁书社，1985.

[26] 王震中. 中国文明起源的比较研究 [M]. 西安：陕西人民出版社，1994.

[27] 王志民. 齐鲁文化与中华文明 [M]. 北京：人民出版社，2015.

[28] 武树臣等. 中国传统法律文化 [M]. 北京：北京大学出版社，1994.

[29] 徐复观. 两汉思想史 [M]. 上海：华东师范大学出版社，2003.

[30] 徐旭生. 中国古史的传说时代 [M]. 桂林：广西师范大学出版社，2003.

[31] 杨玲. 先秦法家在秦汉时期的发展与流变 [M]. 北京：中国社会科学出版社，2017.

[32] 余英时. 士与中国文化 [M]. 上海：上海人民出版社，1987.

[33] 张光直. 中国青铜时代 [M]. 北京：生活·读书·新知三联书店，1983.

[34] 张晋藩. 中国法律的传统与近代转型 [M]. 北京：中国政法大学出版社，2005.

[35] 张文显. 二十世纪西方法哲学思潮研究 [M]. 北京：法律出版社，1996.

[36] 张文显. 法哲学范畴研究 [M]. 北京：中国政法大学出版社，2001.

[37] 张中秋. 中西法律文化比较研究 [M]. 北京：中国政法大学出版社，2006.

[38] [德] 卡尔·雅斯贝尔斯. 历史的起源与目标 [M]. 魏楚雄，俞新天，译. 北京：华夏出版社，1989.

[39] [古希腊] 柏拉图. 理想国 [M]. 郭斌和，张竹明，译. 北京：商务印书馆，1986.

[40] [古希腊] 色诺芬. 回忆苏格拉底 [M]. 吴永泉，译. 北京：商务印书馆，2009.

[41] [古希腊] 修昔底德. 伯罗奔尼撒战争史 [M]. 谢德风，译. 北京：商务印书馆，1978.

[42] [古希腊] 亚里士多德. 政治学 [M]. 吴寿彭，译. 北京：商务印书馆，1983.

[43] [美] 塞缪尔·亨廷顿. 第三波——20世纪后期民主化浪潮 [M]. 刘军宁，译. 北京：生活·读书·新知三联书店，1998.

[44] [美] H. W. 埃尔曼. 比较法律文化 [M]. 贺卫方，高鸿钧，译. 北京：生活·读书·新知三联书店，1990.

[45] [美] 霍贝尔. 原始人的法 [M]. 严存生，译. 北京：法律出版社，2006.

[46] [美] 克莱德·克鲁克洪. 文化与个人 [M]. 高佳，何红，何维凌，译. 杭州：浙江人民出版社，1986.

[47] [美] 路易斯·亨利·摩尔根. 古代社会 [M]. 杨东莼，马雍，马巨，译. 北京：

商务印书馆，1981.

[48]［美］塞缪尔·亨廷顿，劳伦斯·哈里森. 文化的重要作用：价值观影响人类进步［M］. 程克雄，译. 北京：新华出版社，2002.

[49]［日］滋贺秀三，寺田浩明，岸本美绪，夫马进. 明清时期的民事审判与民间契约［M］. 王亚新，范愉，陈少峰，译. 北京：法律出版社，1998.

[50]［以色列］尤瓦尔·赫拉利. 人类简史：从动物到上帝［M］. 林俊宏，译. 北京：中信出版社，2014.

[51]［意］莫诺·卡佩莱蒂. 福利国家与接近正义［M］. 刘俊祥，等译. 北京：法律出版社，2000.

[52]［英］李约瑟. 中国科学技术史（第二卷）［M］. 何兆武，等译. 上海：上海古籍出版社，1990.

[53]［英］马林诺夫斯基. 文化论［M］. 费孝通，等译. 北京：中国民间文艺出版社，1987.

[54]［英］梅因. 古代法［M］. 沈景一，译. 北京：商务印书馆，1959.

[55]［英］西蒙·罗伯茨. 秩序与争议：法律人类学导论［M］. 沈伟，张铮，译. 北京：上海交通大学出版社，2012.

后 记

齐鲁大地素有"一山一水一圣人"的美誉，人文历史与地理风光的交融让这片土地自古就充满人文气息。我自2004年到山东师范大学任教，尽管厚重的齐鲁文化一直吸引着我，但从未想过会涉足齐鲁法律文化领域的研究。

2016年一次偶然的机会，我拜读了王志民教授的讲演集《齐鲁文化与中华文明》，对齐鲁文化历史之悠久、人文之厚重感触颇深。然而当我尝试检索"齐鲁法律文化"的相关文献时，却发现专门性的学术讨论非常稀少。出于好奇，我申请了山东省社会科学规划研究项目（齐鲁法律文化传承与创新研究）并获准立项。此后我开始留意齐鲁文化的著述，有段时间还对三皇五帝神话传说非常痴迷，一度步入扑朔迷离的古史泥沼。

直到2019年才折返齐鲁法律文化传承与创新的既定思路，这得益于两件事。一是2019年10月山东省教育厅启动了首批高等学校青年创新团队人才引育计划，我牵头组织申报了诉讼法学新兴领域研究创新团队，并有幸邀请到著名法学家张卫平教授担任团队导师。在设计团队的五个特色研究方向时特意设置了一个"司法文化与裁判方法"方向，当时有意从司法文化的传承视角来重建研究思路。二是2019年11月党的十九届四中全会围绕"推进国家治理体系和治理能力现代化"作出了重要战略部署，彼时结项书稿已经完成一半，古汉语中"文化"（人文化成）的初始意蕴、先秦诸子学说的治国理政的本来定位等一直困扰着我的问题忽然明朗起来。此后，"齐鲁法律文化研究——国家与社会治理创新的传统智慧"的研究思路逐渐沉淀定型。

当然，在研究过程中我有意无意地与自己的诉讼法专业背景进行了一些结合，突出了纠纷解决活动与国家和社会治理的关联，重点关注了齐鲁法律文化中的"无讼""调解"等传统资源。作为一个并非专门从事文化学、法律史研究的学者，即便在完成本书书稿之后也没有感到轻松和愉悦，反而愈加认识到齐鲁法律文化研究的多面性，担心稍不留神就成了史学考据或者造成对法律文化传统断章取义的遗憾。

  本书的完成得益于一众师友和家人的关心帮助。感谢青创团队导师张卫平教授，他对青创团队和我个人都给予了很大的支持和无私的帮助！感谢山东师大的青创团队队友们，感谢有你们一路同行！最后，要感谢我的夫人和岳父岳母，是他们一直承担着照料孩子的任务，才让我有时间顺利完成这本书稿！

于济南长清

2022 年 1 月 10 日